暨南经济文丛

本书受广东省省级学科专项资金——暨南大学应用经济学学科建设专项经费（52702030）和国家社会科学项目（13CTY005）资助

全球产业转移下中国知识密集型服务业的开放研究

张 珺 ◎ 著

暨南大学出版社
JINAN UNIVERSITY PRESS

中国·广州

图书在版编目（CIP）数据

全球产业转移下中国知识密集型服务业的开放研究/张珺著．—广州：暨南
大学出版社，2014.4
（暨南经济文丛）
ISBN 978 - 7 - 5668 - 0993 - 3

Ⅰ.①全… Ⅱ.①张… Ⅲ.①知识经济—应用—服务业—研究—中国
Ⅳ.①F719

中国版本图书馆 CIP 数据核字（2014）第 069213 号

出版发行：暨南大学出版社

地　　址：	中国广州暨南大学
电　　话：	总编室（8620）85221601
	营销部（8620）85225284　85228291　85228292（邮购）
传　　真：	（8620）85221583（办公室）　85223774（营销部）
邮　　编：	510630
网　　址：	http：//www. jnupress. com　http：//press. jnu. edu. cn

排　　版：	广州市天河星辰文化发展部照排中心
印　　刷：	佛山市浩文彩色印刷有限公司

开　　本：	787mm×1092mm　1/16
印　　张：	14.75
字　　数：	278 千
版　　次：	2014 年 4 月第 1 版
印　　次：	2014 年 4 月第 1 次

定　　价：	36.00 元

（暨大版图书如有印装质量问题，请与出版社总编室联系调换）

目录
CONTENTS

第 1 章

绪　论

本章主要对课题研究的基本情况作一下简单介绍，具体包括国内外研究现状和背景、选题意义、研究的内容以及所采用的主要研究方法等内容。

1.1　选题背景和意义

中国改革开放政策的实施至今已有三十六年，中国经济从封闭走向开放，其中制造行业的开放尤其显著。中国各制造行业吸引了大量外资，中国制造因为工业制成品出口到世界各地而为世人所知。然而服务业的开放却进展缓慢，由此有学者提出中国存在二元生产体系，制造业和服务业存在非对称性开放（张捷，2009）。而服务业的开放程度与制造业的开放程度究竟有多大差距？要回答这一问题，对服务业的开放加以测度，并给出具体的数量指标是最简单而又清楚明了的方法。

另一方面，随着全球产业转移从制造业延伸到服务业，特别是中国对软件外包等服务业的承接，中国的服务业对外开放是经济发展的大势所趋。中国承接国际服务业转移的这一时期，也是中国加入世界贸易组织，对服务贸易开放作出入世承诺的时期。可见，在全球产业转移的背景下，中国服务业融入服务业全球生产网络发展的过程，也是中国服务业开放的过程。在这一进程中，中国在服务业领域的开放程度以及对入世承诺的履行情况是否如同美国等发达国家和其他发展中国家在与中国的贸易摩擦中所指责的：中国在服务业领域的开放程度不高，中国在许多行业未履行入世承诺？要有力地反击这些指责，也需要我们对中国服务业的开放度加以研究并给出答案。

世界贸易组织的各轮贸易谈判在商品贸易领域取得了重要进展，发达国家的平均关税率降至 4% ~6%，发展中国家的平均关税率也大幅下降。世界贸易组织从 2000 年启动服务贸易谈判以来，服务贸易领域签订了服务贸易总协定、电信服务贸易协定、金融服务贸易协定等，服务贸易领域的开放取得了一定的进展。下一轮国际贸易谈判的重点将集中在服务领域，因而服务业开放是各成员国在服务贸易谈判要价和出价中要面对的现实问题。面对下一轮的谈判，中国要针对他国各服务行业开放进行出价和应对世贸组织其他成员国对中国服务业开放的要价，这需要我们对服务业开放的现状有清楚的了解。

已开放的经济各部门要素集聚，互相竞争的企业数量众多，行业的投资边际报酬递减，因而对总体经济的带动能力不强。而未完全开放的部门，随着外部要素的转移和集聚，促进规制的放开，将获得高速增长的机会，从而成为带动整体经济增长的主要行业。目前，服务业的开放程度有限，它将是中国继制造业全面开放后下一个面临进一步开放的行业，并将可能成为中国下一次经济高速增长的源泉。只有对服务业的开放进行研究，才有可能进一步深化服务业开放对服务业升级和产业升级的影响研究、服务业开放对服务贸易显性比较优势的影响研究，进一步考察服务业开放对服务贸易的推动作用，以及进一步探讨开放的适度性问题和服务业开放与产业安全之间的联系等。

鉴于各国经济发展水平存在差异以及服务业发展水平存在差异，各国不同服务部门的竞争力以及对经济的影响程度不同，各国对服务业各部门开放的态度也有差异，因而本研究将重点放在中国入世前后知识密集型服务业的开放上，研究的背景则是产业的国际转移，特别是关于全球服务业产业转移成为国际产业转移的新趋势等内容。

1.2　研究的主要内容

本研究关注的是产业开放，并将研究重点集中于知识密集型服务业的开放上。在全球产业转移的国际背景下，将产业开放与全球服务产业转移结合起来，考察中国知识密集型服务业在中国加入世界贸易组织前、加入世界贸易组织五年后和加入世界贸易组织十年后的开放状况。

各研究章节的编制和研究结构按照以下逻辑顺序展开。首先，分析中国服务业开放的国际背景，构造服务业全球生产网络作为中国知识密集型服务业开放研究的分析框架。其次，对全球产业转移下中国的产业开放进行概括性的分析，明确农业、制造业和服务业开放的不同之处。在分析的基础上，对产业开放进行理论分析，再结合服务业的不同特性，对服务业开放进行理论分析，进而构造衡量服务业对外开放度的指标体系和测度模型。再次，结合中国国民经济行业分类标准和体系，对中国知识密集型服务业进行类型划分，并对所划分的五大类知识密集型服务业分入世前、入世五年、入世十年三个阶段进行开放度的测度。最后，依据分析和测度的结果，对中国知识密集型服务业入世前后的开放进行总结。

在这一研究背景和思路下，本研究共分为八个章节，第二章分析了知识密集型服务业的全球转移，构造了服务业全球生产网络作为分析服务业开放的框架。综合知识密集型服务业、现代服务业和生产者服务业主要涉及的行业内容，将研究的对象锁定在通信服务业、软件和信息服务业、科学研究和技术服务业、商务服务业、金融服务业这五大类别上，这五大服务业涵盖了知识密集型服务业的所有内容，是现代服务业和生产者服务业的主体。对其融入服务业全球生产网络的开放研究分布在第四至第八章，分别考察各类别知识密集型服务业入世前、入世五年以及入世十年后的开放情况，内容涉及开放的过程和纵向时间维度的开放程度的比较，以此刻画出中国知识密集型服务业开放的状况，了解开放中的主要障碍，并进一步了解开放要着眼的主要问题。

1.3　研究方法

本研究在实施过程中综合采用了多种研究方法。

在研究问题的提出和文献综述部分，主要采用文献阅读法，对本研究领域及相关问题的已有研究及研究成果进行文献编码统计分析，建立了全球生产网络和产业开放以及知识密集型服务业专业文献资料库，并进行了文献综述，在理论综述的基础上明确了现有的研究成果和未研究到的地方，进而提出本研究的核心内容。

在构建产业开放和服务业开放的基础理论模型，构建服务业开放度测度的模型并对中国知识密集型服务业在入世前后不同阶段的开放度进行测度时，主要采用演绎、归纳、统计数据等方法展开理论研究和进行数据分析。

此外，在对入世前后中国知识密集型服务业的开放进行分析和开放度的测度时，还需要对相关行业的政策法规和规章制度等采用归纳总结和政策分析的方法。研究中还采用了焦点小组讨论、专家咨询等方法，以此设计和完善研究方案，并解决研究中碰到的疑难问题。

第 2 章

中国知识密集型服务业
融入全球生产网络的发展

2.1 国际产业转移的新趋势

2.1.1 新一轮国际产业转移

目前，全球正经历着由机器经济向信息经济、工业经济向服务经济转变的产业变革，具体表现为发达国家的产业结构向后工业化社会转变，服务业和高新技术产业在发达国家产业结构中的比重不断增加，全球工业化的重心由西半球（发达国家）向东半球（尤其是东亚及东南亚地区的新兴工业化国家）转移（黄卫平、朱文晖，2004）。

在全球经济变革过程中出现国际产业转移的趋势。自 20 世纪 60 年代开始，发达国家将附加价值较低的劳动密集型和资源密集型产业转移到新兴工业化国家，再由新兴工业化国家梯度转移到亚洲其他发展中国家，以跨国公司为载体的生产国际化成为经济全球化最重要的标志之一。20 世纪 90 年代后期以来，跨国公司不仅大规模转移了生产制造环节，还将转移延伸到研发、设计、采购、销售和售后服务等环节，服务业从发达国家向发展中国家转移的速度明显加快，特别是金融、物流、保险、咨询、软件开发、研究等知识密集型环节的转移增加，由此引发了新一轮全球产业布局调整，带来了国际产业转移的新趋势。

Gereffi 提出全球价值链（Global Value Chain，缩写为 GVC）的概念，区分了生产者驱动和购买者驱动这两种全球商品链，从组织学习的角度分析了融入全球价值链的产业升级机制、路径和模式（Gereffi G.，1999）。而 Ernst 构建的全球生产网络的模型框架，将全球生产网络定义为生产和提供最终产品与服务的一系列企业关系，并将这一模型框架作为信息产业等制造业全球转移的分析框架（Ernst，1999）。通过研究发现，网络旗舰企业不仅外包制造环节，还外包高端的知识密集型支持性环节。然而目前全球生产网络对其他形式知识的扩散，尤其是对知识密集型支持性服务的影响，却被大大地忽略了，尤其当其扩散到低成本地区时（Ernst，2000）。Ernst 认为必须将研究扩展到与生产联系密切的、功能交叉的且在地理位置上分散的知识密集型服务业上，即使这些活动没有包含正式的R&D，它们也会带来一定程度上的学习和创新，所以服务业应纳入这一分析框架中。

2.1.2 知识密集型服务业

随着知识经济的到来，知识密集型产业成为经济演变中的主动力，其中知识密集型服务产业（Knowledge Intensive Service Industry，缩写为KISI）的增长尤其显著，其增长已成为推动经济发展的重要因素，同时也是知识经济兴起的重要特征。

国内外学者对知识密集型服务业进行了广泛的研究。Miles、Windrum、Tomlinson对其概念进行了界定并提出了不同的分类（Miles，1997；Windrum，Tomlinson，1999）。魏江、Muller等探索了服务创新和知识密集型服务业创新的基本理论，对知识密集型服务业的创新轨迹和创新范式进行了研究，并探讨了知识密集型服务业在国家和地区创新系统中的作用及机理（Muller，2001；魏江，2004）。而Strambach则谈及了知识密集型服务业是知识转移的载体（Strambach，2001）。也有学者从知识密集型企业内部网络（包括正式的组织结构和非正式的组织结构）和外部网络（包括外部环境、客户、竞争对手）以及内外部网络之间的关系对知识密集型服务企业的发展进行网络分析。以上研究仅从知识密集型服务企业自身涉及的网络关系出发，并未放在国际背景下进行讨论（Penato，2003）。姚国会虽然谈到知识密集型服务业的国际转移，但未提供相应的理论分析框架（姚国会，2004）。

目前业界对知识密集型服务产业存在多种提法，如知识密集型服务业（KIS）（OECD，1999；Eurostat，2003）、知识密集型商业服务业（KIBS）（Tomlinson，2000；Werner，2001）、专业服务业（Professional Services）（Lowendahl，1997；Hermenlin，2001）、与技术相关的知识密集型商业服务业（T-KIBS，Technology-related Knowledge Intensive Business Services）（Skogli，1998；Den Hertog & Bilderbeek，2000），在中国相应的用得较多的概念为现代服务业（Modern Service Trade）。本文则采用知识密集型服务业（KIS）这一概念。

知识密集型服务业指那些明显依赖于专门领域的专门知识，并向社会和用户提供以知识为基础的中间产品或服务的公司和组织（Miles，1997）。知识密集型服务业是工业化发展到较发达的阶段而产生的，依托现代信息通信技术而发展起来的，知识和技术相对密集的服务业。按照经济合作与发展组织的统计分类方法，可将知识密集型服务业分为八大类（OECD，1999）：第一类，信息服务业，包括硬件设计顾问、软件设计顾问和服务、数据处理、数据库服务以及其他计算机相关服务；第二类，研发服务业，包括在医学技术开发、其他自然科学技术、工程技术、人文社会科学等研究领域中，为社会提供有偿服务的研究开发活动；第三类，法律服务，包括法律咨询与顾问、法律事务代理、有关专利产权方面的顾问以及其他法律服务；第四类，金融服务，包括簿记服务、审计服务、其他会计服务、债务法理服务；第五类，市场服务，包括市场调查、公众调查、广告代理、广告设计、其他广告活动、贸易展示和产品演示等；第六类，技术性服务，包括城市规划设计、民用工程服务、建筑服务、水电气技术设计、电力工程设计、其他建筑设计、机械工艺设计、技术测试分析、工业设计等；第七类，管理咨询业，包括项目可行性分析、投资决策分析、有关资质认证机构、质量认证体系、内部管理咨询、人力资源开发管理、管理顾问等；第八类，劳动就业服务，包括劳动力招聘代理、人才市场、劳动力市场、猎头公司、其他与劳动力提供相关服务等。知识密集型服务业中的一部分是通过应用信息技术对传统服务业进行改造而产生的，与现代工业发展相配套，为制造业提供服务的生产性服务业，比如以上分类中涉及的金融、物流、会展、会计、广告服务等。另一部分是因为信息技术的发展而产生的新兴服务业，比如计算机和软件服务、网络通信、移动通信服务、信息咨询服务等。

我们可将知识密集型服务业看作是信息技术融合的发展，主要投入品是具有专业知识的服务业，其利润主要来源于智力资本，并通过提供高附加值的服务，促进现代制造业的发展和经济的迅速发展。知识密集型服务业具有以下几个方面的特征：第一，知识密集型服务业的服务在很大程度上基于专业能力和专业知识，知识是其核心产品和竞争优势的主要来源；第二，由于专业能力和专业知识的提供，又与人力资源紧密联系在一起，因而知识密集型服务业中有较高比例的雇员接受过高等教育或相应的专业培训，雇员的知识化程度较高；第三，知识密集型服务企业在提供服务时多利用高科技手段，其中一些行业，比如IT信息服务业中的软件开发、计算机相关服务等既是高科技发展的产物，又不断地推动着新技术的应用和创新；第四，知识密集型服务业通过与最终用户的密切互动促进了知识的转移和扩散，在区域和国家创新系统中发挥着重要作用。在其迅速发展的过程中，知识密集型服务业的增加值份额和就业份额不断增加，知识密集型服务业在经济中成为产出增长最快的行业，并成为新技术的重要促进者和创新的重要推动力量。

2.1.3　知识密集型服务业的国际转移

美国在20世纪60年代中期率先向服务型经济转型，自此，发达国家向服务型经济转型的步伐不断加快，带动了世界经济结构向以服务业为主的转变，全球服务型经济格局形成并不断巩固。与此同时，服务业结构发生改变，金融服务业、专业服务业、信息服务业、研究开发与科技服务业等知识密集型服务业迅速崛起，在服务业中的增加值比重明显提高，就业比重提高。各知识密集型服务业行业发展迅速，代表着未来产业的发展状况。据世界银行统计，2008 年全球服务业占地区生产总值的平均比重已超过了 60%，发达国家甚至超过了 70%。其中，现代服务业已超过服务业总量的 50%。[①]

伴随着知识密集型服务业快速发展的是知识密集型服务业向外转移的加快，包括技术性服务、软件开发、芯片设计、建筑设计、数据录入、金融分析及各类研发性工作等，并开始出现有规模地从发达国家向具有智力人才优势的发展中国家转移的趋势（姚国会，2004）。如 IBM 在 2003 年已将美国本土的 4 730 个编程工作岗位转移至印度和中国。Oracle 已在印度的班加罗尔和海得拉巴地区设立两个软件研发中心，雇有约 6 000 名工程师。微软、HP、Oracle、Lucent 等高技术企业已把部分后勤保障和咨询服务部转移到了亚洲，世界银行的会计部门也已经转移到了印度。

服务业转移加快，体现在服务业利用外资迅速占据主导地位上。20 世纪 70 年代初，服务业仅占世界对外直接投资存量的 1/4，据 WTO 估计，目前通过"商业存在"（即在国外设立实体机构，是对外直接投资的主要形式）实现的服务贸易额大约是跨境提供的 1.5 倍。从流量上看，每年服务业约占全部对外直接投资的 2/3。[②] 金融、保险、信息、会计、法律服务等知识密集型服务业随着全球对外投资的扩张和增长，也快速地进入全球贸易领域，世界服务贸易结构发生了很大的变化。1990—2005 年，以通讯、计算机和信息服务、金融、保险、专有权利使用费和特许费为代表的知识密集型服务类型占世界服务贸易的比重从 37.5% 增长到 47.8%。[③] 服务业跨国投资和知识密集型服务贸易的迅速发展又加快了知识密集型服务业国际转移的步伐。全球软件和信息服务等外包市场正以每年约 20% 的速度增长，根据 OECD 的数据分析，全球软件与信息服务离岸业务由 2005 年的 810 亿美元增长到 2010 年的 2 520 亿美元，内容涉及金融、保险、医疗、人力资源、资产管理、顾客关系和营销等多个领域。

推动知识密集型服务业从发达国家向发展中国家转移的因素包括：第一，信息技术的发展为知识密集型服务业的国际转移提供了技术上的保证。20 世纪 70 年代以来，通讯和信息技术的迅速发展，对服务的组织和选址产生了深远的影响。信息技术的发展促进了管理与生产中相关服务的分离，尤其是那些高度成熟和可以标准化的服务（刘曙华、沈玉芳，2007），使得远距离提供服务成为可能，知识密集型服务业的跨国转移成为现实。第二，产业分工的细化带来规模经济效应和专业化效应。产业分工的细化使企业能够向第三方

① 曾培炎. 贯彻党的十七大精神　促进服务业加快发展. 人民日报，2008-02-24.
② 杨正位. 国际产业转移与我国的对策. 求是，2005（3）.
③ 胡景岩. 世界服务贸易呈现六大趋势. 企业党建，2006（10）.

购买原来由企业内部提供的服务，如将原来由企业内部提供的物流、软件服务、金融服务和管理服务转移到企业外部甚至国外企业去完成，由此推动和形成了知识密集型服务业的国际转移。第三，伴随着制造业的跨国转移。在产业升级过程中，跨国公司已将制造业大规模地转移到发展中国家，这些被转移的制造业需要电信、物流、金融保险、咨询等知识密集型服务业提供支持。特别是随着现代制造业和服务业融合的趋势越来越明显，知识密集型服务业加速向现代制造业的前期研发、设计，中期管理、融资和后期物流、销售、售后服务、信息反馈等全过程的渗透。制造业产业链上各环节与服务业出现融合，进一步推动了伴随制造业转移的知识密集型服务业的跨国转移。第四，跨国公司为了提高国际竞争力而转移知识密集型服务业。在激烈的国际竞争中，跨国公司为了提高竞争力，将一些非核心服务业务剥离出去。一方面在于此举能够节约生产成本，包括人员工资、招聘成本等。据麦肯锡环球研究所估计，西方公司向海外每转移一美元业务，就能降低58美分的成本，同质同量的服务外包可以平均节省65%～70%的费用。① 欧洲地区公司采用离岸服务或外包后可降低的成本幅度达到50%～60%。另一方面，服务质量能够得到提高。通过知识密集型服务业的国际转移，跨国公司能以更低廉的成本雇用更高素质的人才，从而支持更高技术要求的工作，加快创新或是推出新的应用方案与服务。在一些领域，知识密集型服务业的国际转移也使跨国公司能充分利用各地的时差，在24小时内连续不间断地提供服务，缩短开发应用方案所需的时间和工作周期，使企业整体效率大为提高，国际竞争力大为增强。第五，国际宏观经济环境的改变。随着经济全球化的速度加快，经济贸易自由化程度不断提高，各国政府不断放开对本国金融、民航等各门类服务业的经济管制，欧盟、北美自由贸易区、东盟等区域性经济合作组织采取了多项开放服务市场的举措，《服务贸易总协定》、《全球基础电信协议》、《信息技术协议》和《开放全球金融服务市场协议》等国际性的制度安排加速了各国服务市场的开放进程，极大地推动了知识密集型服务业的国际转移。

知识密集型服务业转移的形式包括：第一种，外包，即企业把非核心辅助型业务委托给国外其他公司，如传统的IT服务外包（ITO）、新兴的业务流程外包（BPO）（包括人力资源、采购、财会、客户中心、研发、营销等）和知识流程外包（KPO）。2002年，全球业务流程外包（BPO）收入为1 100亿美元。2012年，全球BPO市场达到9 750亿美元。② 第二种，跨国公司业务

---

① 李子慧，李志强. 当前全球服务外包的发展趋势与对策. 国际经济合作，2004（11）.
② 赵新远. 2012年全球BPO市场达9 750亿美元. 中国服务外包网，2013–11–15.

离岸化，即跨国公司将一部分服务业务转移到低成本国家。跨国公司通过建立可控制的离岸中心或海外子公司向第三方提供服务。第三种，一些与跨国公司有战略合作关系的服务企业，如物流、咨询、信息等服务企业为了给跨国公司在新兴市场国家开展业务提供配套服务，从而将服务业进行国际转移，或是服务企业为了开拓东道国市场和开展国际服务贸易而进行服务业国际转移。此外，较少见的形式还有间接外包和交钥匙运营。其实质是企业以价值链管理为基础，将其非核心业务通过合同方式发包、分包或转包给本企业之外的服务提供者，以提高生产要素和资源配置效率的跨国生产组织模式。转移的业务往往是跨国公司的非核心商业流程，因而，与跨国公司在母国进行的业务相比较，其业务的技术含量和附加值通常相对较低。

随着知识密集型服务业转移速度的加快，其呈现出以下的发展趋势：第一，转移的规模日益扩大。Gartner 公司发布的报告显示：在 2004 年全球所有信息技术服务市场中，向海外转移工作岗位的方式占 53% 的份额，离岸外包正在成为企业购买 IT 服务时的主导方式。[①] 据美国商务部的统计，2003 年，美国公司向外转移的呼叫中心及数据输入工作达到 773.8 亿美元，比 2002 年增加近 800 万美元。预计到 2015 年，美国转移到海外的服务业工作岗位将达 340 万个。[②] 第二，转移的种类越来越多。跨国公司不仅将低端的数据输入、呼叫中心等技术含量低和附加价值低的知识密集型服务业转移出去，而且随着承接国技术水平的提高，来自发达国家的跨国公司不断将金融分析、研发等技术含量高、附加价值高的知识密集型服务业转移出去。第三，参与知识密集型服务业国际转移的国家日益增多，参与程度日益加深。目前，向外转移的多为发达国家的大型跨国公司，随着知识密集型服务业转移规模的扩大和种类的增加，不但发达国家的中小企业向外转移知识密集型服务业，而且发展中国家的企业也开始向外转移。同时，承接知识密集型服务业的范围也日益扩大，一些国家除原来已承接的业务外，还承接了更多种类的知识密集型服务业。一些国家为了更深入地在知识密集型服务业的国际转移中承接更多业务，而在其他承接国设立公司或机构。比如印度的软件公司为了扩大其承接软件服务的规模而在中国设立分公司，以承接更多相关业务。

---

① 纪乐航. 美加速向海外转移工作岗位 信息技术领域最为突出. 国际金融报，2013 - 11 - 15.

② 李子慧，李志强. 当前全球服务外包的发展趋势与对策. 国际经济合作，2004（11）.

2.2 国际产业转移与全球服务生产网络的形成

2.2.1 全球生产网络的基本概念和类型

二战后，在贸易自由化、资本流动化和对外直接投资自由化的带动下，在全球经济日益朝着自由化方向发展的宏观背景下，在世界市场日益激烈的竞争压力下，世界生产与贸易的微观主体从跨国公司转向全球生产网络。全球生产网络被定义为生产和提供最终产品与服务的一系列企业关系，这种关系将分布于世界各地的价值链环节和增值活动连接起来，从而形成了全球价值链（Global Value Chains）或全球商品链（Global Commodity Chains）（Sturgeon，2002）。全球生产网络的基本组织结构中既包含跨国公司原有的独资公司、合资公司，也包含外部的独立供应商、经销商和其他合作伙伴，其中存在着公司内部、公司之间两种交易协商机制（见图 2 - 1）。全球生产网络的分析框架被广泛应用于服装、玩具、计算机制造等制造业的分析中，并按领导厂商角色的不同，被分为购买者驱动型与生产者驱动型两种基本类型（Gereffi，1999）。

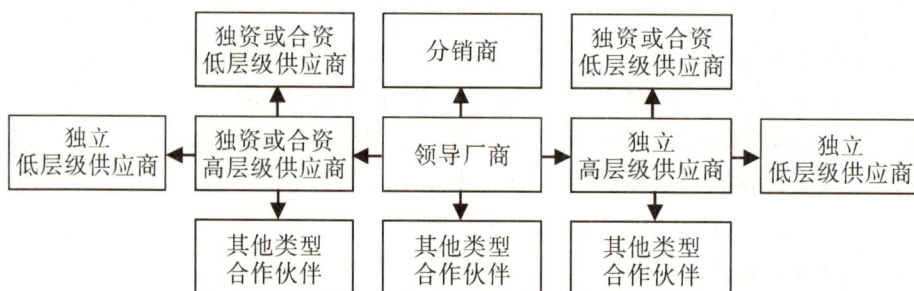

图 2 - 1　全球生产网络的基本组织结构

资料来源：刘德学等. 全球生产网络与加工贸易升级. 北京：经济科学出版社，2006.

2.2.2 全球服务生产网络的形成和基本结构

服务业特别是知识密集型服务业的附加值的日益提高，促使越来越多的服务型跨国公司将其服务产业链加以分解，将服务产业链的一部分转移到发展中国家去完成，以充分利用发展中国家拥有高技术的低廉劳动力资源的优势。由此，全球形成了以掌握高新技术和市场资源的发达国家服务型跨国公司为核心，和其他各层级的服务提供商共同组成的全球服务生产网络（GSN）（见图 2 - 2）。

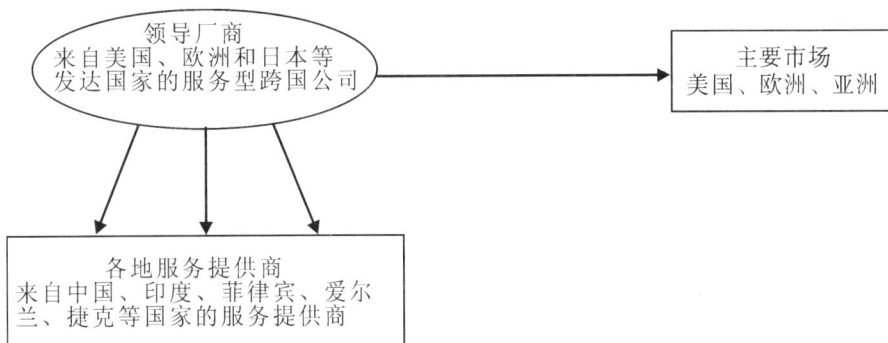

图2-2 发达国家跨国公司主导下的全球服务生产网络

全球服务生产网络中的领导厂商主要由来自美国、欧洲和日本等发达国家的服务型跨国公司构成，其来自国内高度发达的服务市场的经验和方法、日常积累的资源、在激烈的国际竞争中逐步确立的公司声誉和形象，以及丰富的高层次的人力资本，构成其国际竞争优势的主要来源。为了更好地在全球资源配置中参与国际竞争，网络中的领导厂商将知识密集型服务产业链的一部分转移到发展中国家，其中转移最多的是美国，约占2/3，而欧洲和日本则约占1/3。承接转移最多的是亚洲，约占全球知识密集型转移业务的45%。[①] 典型的承接知识密集型服务业转移的国家有七个，包括欧洲的爱尔兰、捷克和亚洲的中国、印度、菲律宾、马来西亚和新加坡。印度、墨西哥、东欧分别成为承接亚洲、北美和欧洲知识密集型服务业转移的中心。除上述七个典型国家以外，还有亚洲的以色列、韩国、中美洲的勒比地区，东欧的罗马尼亚、匈牙利、爱沙尼亚、俄罗斯，以及拉丁美洲的阿根廷等国都在一定程度上承接了欧洲、美国、日本等国的跨国公司转移过来的知识密集型服务业，并各自形成了具有自身特色的领域（见表2-1），共同构成了全球服务生产网络中分散于各地的服务提供商体系。

表2-1 各国知识密集型服务业的业务类型

国家	业务类型	国家	业务类型
爱尔兰	欧洲软件外包中心	韩国	动画、游戏
俄罗斯	软件	中国	软件外包、数据处理
印度	呼叫中心、软件开发、工程及设计、后台设计和数据输入	菲律宾	呼叫中心、动画、数据输入、医学影像处理

---

① 杨正位. 国际产业转移与我国的对策. 求是，2005（3）.

（续上表）

国家	业务类型	国家	业务类型
以色列	研发中心、软件	新加坡	亚洲信息港、金融服务的后台支持
马来西亚	后台运作、客户服务、ASEAN 信息	加勒比地区国家	数据输入、呼叫中心

资料来源：根据相关资料整理得来。

全球服务生产网络中的服务提供商大致可分为两类：一类是制造业的承接国承接随之转移而来的知识密集型服务业。制造业转移过来之后，对为制造业提供支持的服务业，特别是生产性服务业的需求日益扩大，全球生产网络中高低层级供应商的职能从生产制造延伸到设计、开发、产品定制化，甚至 R&D 等服务环节，促使知识密集型服务业随之转移过来，其中比较典型的承接国有中国和菲律宾等。另一类是在制造业转移的过程中并未过多参与，而是直接承接从发达国家转移过来的知识密集型服务业，从而融入全球服务生产网络，其中典型的承接国包括印度和爱尔兰等。这些通过承接转移过来的知识密集型服务业融入全球服务生产网络的服务提供商所在国家具有以下共同特征：第一，国内拥有一定数量受过良好教育并且具有创造力的人力资源，具有一定的智力人才优势。第二，在劳动力素质较高的同时，劳动力成本低廉。在一些新兴工业化国家，技术研发和管理工作人员的工资较低，一般只相当于英国和美国同等职位薪酬的 1/10 到 1/7。[1] IBM 公司在美国为一个程序员支付的工资成本大约是每小时 56 美元，而在中国只需每小时 12.5 美元。[2] 第三，这些国家的基础设施在工业化的过程中得到改善，商业基础环境良好，技术条件日益成熟，为其服务能力提供了物质条件，使其能够快速应对领导厂商的要求。

2.2.3　全球服务生产网络的特征

由来自美国、欧洲、日本等发达国家的服务型跨国公司和发展中国家的服务提供商构成的全球服务生产网络具有以下特征：

第一，由于服务行业自身的特性，服务质量的高低在很大程度上取决于服务的提供商，由此决定了发达国家的服务型跨国公司向外转移服务生产链时，中间的中介应尽可能少。全球服务生产网络不像制造业的全球生产网络，

---

[1]　史妍媚. 全球服务业的转移趋势及其影响. 学习时报，2004（258）.

[2]　姚国会. 全球服务业涌动转移潮——发达国家知识型服务业开始成规模地向发展中国家转移. 国际商报，2004 – 11 – 17.

领导厂商向高层级供应商转移一部分制造环节的业务后，高层级供应商又可以将业务进一步分解转移到低层级供应商处。在全球服务生产网络中，由于服务行业的特性，领导厂商一般直接将业务流程转移到服务提供商处，而较少出现由中间环节进行的多次转移的情况，因为进行中间环节的转移成本反而更高，甚至可能影响服务质量。

第二，在全球服务生产网络中，从领导厂商转移到各地服务提供商的服务业种类繁多，涉及的领域广，并且不断有新种类的服务业涉及其中。转移的服务业有后勤、财务、寻呼中心、研究开发、软件设计、经营管理、金融财务分析、办公支持、售后服务、集成电路设计、工程、样本制作、测试、医学诊断等。其中既有较低端且附加价值较低的后勤、寻呼中心等，也有较高端且附加价值较高的软件开发、纳米技术研究和研究开发中心等；既有为制造业提供支持的生产性服务业，也有单纯的服务业价值链条的转移，涉及的产业包括微电子、生物技术、医药、化学和咨询行业、金融业、软件产业以及创意产业等。随着生产水平的发展和服务业的成长，不断有新种类的服务业被转移出去，比如制药公司和生物技术公司在新药开发过程中开展的外部采办业务。除了美国的专业技术公司，如千年制药、Pharmacopeia Drug Discovery、Albany Molecular Research 承接这些业务外，印度和中国的一些公司也参与其中，如印度的 Shanthan 生物技术公司除了开发自己的新药以外，还为德国默克集团（Merck KGaA）公司在美国的一家附属企业 Calbiochem 公司制造酶类产品，还有中国上海睿星基因技术公司也获得了来自美国和日本客户的订单。此外，大型制药企业还通过合同形式将新药临床试验的管理权外包给一些专业公司，如 Covance Pharmaceutical Product Development[①] 等。

第三，各地服务提供商承接的服务链环节各有不同，因此承接的来源国也各有侧重。如印度主要从事软件开发、呼叫中心、工程及设计、后台运作及数据输入等服务，中国主要从事数据处理、软件外包等服务，爱尔兰主要从事软件业，以色列主要从事软件业并作为一些发达国家跨国公司研发中心的选址地，菲律宾主要作为呼叫中心并提供动画制作、数据输入和医学影像处理服务，马来西亚则主要提供后台运作服务和客户服务。

第四，在全球服务生产网络中，分散与集中并存。在全球服务生产网络中，涉及的服务业在转移过程中，呈现出高端服务业仍然较集中而低端服务业则较为分散的特征。对信息产业的研究表明：核心的研究和最初的产品开发高度集中于公司总部，如英特尔将芯片设计等关键技术一直留在美国总部，其他的知识密集型服务业则广泛分散（Ernst，1999）。软件设计和工程行业中

---

① 陆志城. 外包生产与药物研发. 医药经济报，2004 – 11 – 03.

的高端业务高度集中于美国和欧洲等地，而相对低端的高度松散的数据处理、软件编码、软件测试等业务则分散于中国、菲律宾、印度、越南、匈牙利和加勒比群岛地区等处。

第五，网络中的各层级在网络中的地位、权力和获取的利润等方面存在着非对称性的特点。网络领导厂商控制着网络资源，决定着转移出去的服务链环节以及转移的国家。与此相适应，领导厂商通过其在网络中的控制地位和保留下来的高附加值环节的工作，从而获得较高的利润。分散于各地的服务提供商则只能被动地接受转移过来的服务业环节，从事较低附加值环节的工作，并在与其他低成本服务承接国的激烈竞争中赚取微薄的利润。

第六，知识是联系起网络领导厂商和各地服务提供商的黏合剂。领导厂商在转移服务业流程的同时，需要将相应的知识转移到各地区的服务提供商处，一旦服务提供商升级了自身能力，则会刺激领导厂商进一步转移更加复杂、技术密集程度更高的服务业务，知识的共享成为推动网络运作和发展的必要黏合剂。由于服务行业的特性，服务提供商和客户之间存在着密切的互动关系，进一步推动了知识的转移。特别是在领导厂商和服务提供商组成团队提供 24 小时不间断的服务时，领导厂商和服务提供商之间更是需要实时交换信息，共享技术和知识。

随着服务业价值链环节的转移，特别是信息技术、金融、保险、咨询以及基础性研发等智力含量高的知识密集型服务业的转移，承接转移的发展中国家通过融入全球服务生产网络，从而享受参与全球分工体系所带来的好处。转移过来的服务业虽然在全球价值链中属于技术层次较低的工作，但仍高于当地企业的水平，并且符合发展中国家的相对比较优势，能高效率地使用发展中国家的生产要素（何自国，2003）。特别是知识密集型服务业的转移，推动了发展中国家从工业化阶段向后工业化阶段的发展，增大了服务业占 GDP 的比重，优化了产业结构。承接外包服务还可以增加发展中国家的就业岗位。研究表明：美国潜在的服务外包将给承接服务的国家创造多达 1 400 万个就业岗位，仅在金融服务业，服务外包给东道国创造的就业机会就将有 200 万个。[①] 服务外包也可以扩大发展中国家的服务出口，改变国际服务贸易中发达国家长期处于顺差的局面。此外，发展中国家通过承接转移过来的服务业进入全球服务生产网络，由此可以借助发达国家服务型跨国公司的营销网络进入全球分工体系。同时，随着领导厂商将全球研发作为重要战略，领导厂商在各地设置 R&D 中心的趋势更明显。如美国 SUN 公司在爱尔兰、印度等地建

---

① 詹晓宁，邢厚媛. 中国承接服务外包的战略思考. 商务部研究中心网站，2005 - 02 - 22.

立了主要的技术中心，^① 英特尔、微软等公司纷纷开展全球研发，在具有人力资源优势的发展中国家设立 R&D 中心，促进了当地技术水平的提高，增强其自主创新能力，部分发展中国家还能够借此机会实现跨越式发展。

2.3 中国知识密集型服务业融入全球服务生产网络的发展

2.3.1 中国知识密集型服务业发展的基本状况和政策

与发达国家相比，中国知识密集型服务业出现得较晚。1985 年，在国家统计局递交给国务院的一份报告中，服务业的概念首次被提出来。进入 20 世纪 90 年代中期，随着工业化的进一步发展以及信息技术的出现，服务业中一部分知识、技术密集型的行业，如信息通讯、电子商务、金融保险、咨询业等在社会经济生活中显示出了强大的生命力和无穷的发展潜力，并逐渐成为社会经济发展的引擎。1992 年 6 月，国务院颁布了《关于加快发展第三产业的决定》，明确提出了要加快发展科技、法律、会计等其他咨询业务。同年 8 月，国家科委发布了《关于加速发展科技咨询、科技信息和技术服务业的意见》。1997 年，中共第十五届全国代表大会上第一次提出了要加快发展知识密集型服务业（中国称之为现代服务业）的号召，从此，知识密集型服务业在中国的发展受到了越来越多的关注。十五届五中全会关于"十五"计划的纲要中又一次提出"现代服务业发展"的问题，而后在 2000 年中央经济工作会议提出"既要改造和提高传统服务业，又要发展旅游、信息、会计、咨询、法律服务等新兴服务业"。2002 年 11 月召开的中共第十六届全国代表大会明确指出，推进产业结构优化升级，形成以高新技术产业为先导、基础产业和制造业为支撑、服务业全面发展的产业格局。加快发展现代服务业，提高服务业在国民经济基础中的比重，由此为现代服务业的发展指明了方向。十六届五中全会通过的《中共中央关于制定国民经济和社会发展第十一个五年规划的建议》进一步指出"要大力发展金融、保险、物流、信息和法律服务等现代服务业"。

中国各地也纷纷出台相关政策，以推动知识密集型服务业的发展。

北京的知识密集型服务业发展较早且迅速，规模较大的产业有软件、生物医药和计算机等，"十一五"规划纲要明确提出产业升级，优先发展现代服务业。北京正通过积极承接国际服务业的转移，来发展服务功能强和辐射力强的知识密集型服务业，目前具有竞争优势的有金融、文化等产业。来自世界各国的金融机构和咨询公司纷纷在北京设立分支机构。以加拿大为例，加

---

^① 杨正位. 国际产业转移与我国的对策. 求是，2005（3）.

拿大排名第一的加拿大皇家银行和排名第二的加拿大帝国银行于1981年在北京设立了代表处，排名第四的加拿大丰业银行也于1982年在北京设立了代表处，排名第五的蒙特利尔银行则于1996年在北京设立了分行。旅游会展、现代物流、信息服务和商务服务等发展潜力大的生产性服务业在有力的政策措施推动下正快速发展。

上海明确提出了"大力发展现代服务业"的目标，并编制了《上海加速发展现代服务业实施纲要》，把优先发展现代服务业作为推进产业结构升级的首要任务。上海金融、物流、商贸、房地产、旅游和信息服务行业占全市服务业增加值的比重已超过70%，① 成为服务业的主要支撑力量。1995年至2003年，上海知识密集型服务业年均增速达到16.1%，② 已引进埃森哲、IN-FRSYS等一批较大规模的服务外包公司，吸引了英国汇丰银行、瑞士汽巴精细化工股份公司等国际知名公司的地区总部、研发中心等入驻上海，以创意产业集聚区作为发展创意产业的载体成为上海的一大特色。上海已建成的创意产业集聚区已有50家，总建筑面积50万平方米，来自美国、日本、比利时、意大利等30余个国家和地区的1 000多家创意设计企业入驻，③ 如世界著名的建筑设计事务所SOM、日本HMA建筑设计公司、法国Femotion公关公司和WPP集团、IPG集团、日本电通等。通过成立上海市现代服务业推进协调机构，制定加速发展知识密集型服务业各重点领域三年行动计划和鼓励发展的知识密集型服务业导向目录等促进政策，上海正发展起一批具有竞争优势的知识密集型服务业集团。

广州的知识密集型服务业领域涵盖现代物流、金融保险、信息服务、文化创意和科技服务产业等，1995年至2003年，广州现代服务业年均增速为13.7%，④ 涌现出漫友传播机构、汇丰软件（广东）开发有限公司、阿里巴巴广东分公司、SGS通标标准技术服务广州分公司等一批现代服务企业。通过打造广州空港、黄埔港、南海港区三大国际物流园区，吸引国外知名的物流企业，如联邦快递（FedEx）、联合包裹（UPS）、TNT公司、伯灵顿（BAX Global）、马士基（Maersk）等进驻广州，并与广州本地的物流企业一起，为广州成为中国南方现代物流枢纽奠定了基础。

深圳也制定了《深圳市加快发展现代服务业行动纲要》，通过成立服务业工作领导小组，设立服务业发展引导资金，积极扶持优秀服务企业上市，加快对金融保险、现代物流、服务贸易等行业紧缺人才进行培育等手段来促进

---

① 谢学宁. 关于印度软件产业的考察报告. 广州调研，2006（9）.
② 根据1995年至2004年苏浙鲁粤统计年鉴整理计算得来。
③ 张立行. 上海创意产业形成规模效应. 文汇报，2006-06-13.
④ 根据1995年至2004年苏浙鲁粤统计年鉴整理计算得来。

现代服务业的发展。此外，江苏、浙江等省市也纷纷采取措施推动本区域知识密集型服务业的发展。2005 年 7 月，江苏省委省政府发布了《加快发展现代服务业实施纲要》，明确提出要"重点发展生产服务业，大力培育新兴服务业，全面提升传统服务业"。南京提出要把生产性服务业作为知识密集型服务业的主体来抓，优先发展金融保险、现代物流、软件研发、信息服务、会展、中介、咨询等生产性服务业，商贸流通、金融保险、旅游、物流、房地产等五大行业成为南京服务业的主要支撑，占服务业增加值的比重超过了 65%。①苏州则出台了《关于促进服务业跨越发展的政策意见》，制定了市场准入政策、财政税费政策、融资担保政策等六个方面五十六条促进政策。而无锡则吸引了来自台湾地区的金鼎科技、翰宇博得、东捷资讯等知识密集型服务业企业，台湾地区的金融、医药、房地产业则到无锡发展集群化服务业价值链。杭州的知识密集型服务业主要行业的增加值增长较快，其中信息传输、计算机服务和软件业的增加值增长 26.6%，增速高于第三产业平均增速 11.9%，②出台了 20 余条政策举措支持知识密集型服务业提速。天津出台了《天津市加快发展知识密集型服务业实施纲要》，通过进一步明确知识密集型服务业发展的目标和措施，推动各类资源向知识密集型服务业集聚，增加现代服务业发展引导资金等六项举措，促进知识密集型服务业的发展。

随着国内外对知识密集型服务业的需求越来越强劲，在政府政策的有力扶持下，中国符合知识密集型服务业发展的高素质人才和基础设施的供给不断增加，中国知识密集型服务业的从业人数不断增长，从事知识密集型服务业的机构数量也快速增多，知识密集型服务业的收入增长也非常快。

2.3.2　中国知识密集型服务业的发展特点

中国知识密集型服务业的发展呈现出以下几个方面的特点：

第一，中国知识密集型服务业的总体规模较小，发展水平较落后，仍处于起步阶段，缺乏国际竞争力。

改革开放以来，中国服务业增加值由 1978 年的 861 亿元增加到 2003 年的 38 886 亿元，增加值占 GDP 的比重从 1978 年的 23% 上升到 2003 年的 33.2%，服务业从业人员从 1978 年的 4 890 万人增加到 2003 年的 21 809 万人。服务业占中国 GDP 的比重小，其中知识密集型服务业如咨询业、会计服务业占 GDP 的比重则更小，而美国知识密集型服务业对其 GDP 的贡献率高达 50%，韩国知识密集型服务业对其 GDP 的贡献率也达到了 22.1%。③ 中国知

---

① 谢学宁. 关于印度软件产业的考察报告. 广州调研，2006（9）.
② 谢学宁. 关于印度软件产业的考察报告. 广州调研，2006（9）.
③ 魏江，王甜，孙阿楠. 中国知识密集型服务业国际化策略研究. 科技进步与对策，2005（1）.

识密集型服务贸易的进出口总额由 2001 年的 265.91 亿美元增长至 2011 年的 1 818 亿美元，增加了 6.84 倍，占服务贸易的比重由 2001 年的 36.6%上升至 2011 年的 43.2%。近六年来，知识密集型服务贸易占服务贸易的比重保持在 45%左右（见图 2 - 3）。无论是从增加值还是从就业的情况来看，中国知识密集型服务业如金融、信息服务、咨询服务等与发达国家相比差距还很大，在国际竞争中竞争力明显不足。

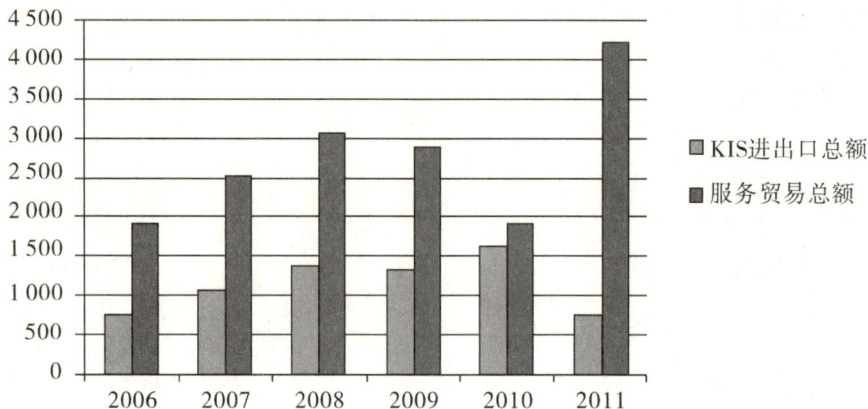

图 2 - 3 2006—2010 年中国知识密集型服务（KIS）进出口（单位：亿美元）

资料来源：根据 2006—2010 年《中国国际收支平衡表》相关数据计算所得。

第二，中国知识密集型服务业的发展呈现出不平衡的特点。

首先是知识密集型服务业内部呈现出结构性的不均衡。知识密集型服务业内部各行业发展快慢不一，参差不齐。2003 年，交通运输、仓储和邮政业占全部服务业增加值的 17.4%，明显高于美国（7.9%）、日本（8.8%）和德国（8.8%）的水平；而 2004 年，信息服务、商务服务和技术服务等新兴服务业仅占服务业增加值的 6.1%。[①] 信息服务业和法律服务业发展迅速，发展趋势明显，占服务业的比重增长较快；而咨询业、商业化的税务服务、民意测验服务等起步晚，发展规模还很小，尚未树立起有竞争力的品牌。在 2003 年到 2011 年期间，中国金融业增加值年均增长 13.7%，在第三产业增加值中所占比重由 9.2%上升至 11.8%，提高了 2.6%。

知识密集型服务业发展的不平衡也在服务贸易上有所体现。中国近年来大力发展服务外包产业，计算机和信息服务因此得到迅猛发展，在 2006 年至 2011 年期间，中国计算机和信息服务贸易额由 47 亿美元增长至 160 亿美元，

---

① 吕政，刘通，王钦. 中国生产性服务业发展的战略选择——基于产业互动的研究视角. 中国工业经济，2006（8）.

增长了3.4倍。中国巨大的保险市场吸引了国际保险巨头纷纷以独资、合资、参股的方式进入中国市场，外资保险公司带来了丰富的高端金融服务产品，并且凭借丰富的管理经验、灵活的经营策略、全球的服务网络、雄厚的资金实力和高素质的人才，在服务贸易中占据了有利的地位，中国保险服务贸易逆差由2006年的83亿美元增加至2011年的167亿美元，增加了两倍多。由于中国技术发展水平落后，科研成果产业化程度低，以及知识产权服务业不够发达，中国专有权利使用费和特许费进口额占据主导，专有权利使用费和特许费贸易逆差从2006年的64亿美元增加至2011年的140亿美元（见表2-2）。

此外，知识密集型服务业的发展也呈现出地区性的不均衡，地区分布的特征是东部发展快、西部发展慢。东部地区服务业占全国产业总量的比重达到58%，增长贡献率达到60.4%。① 知识密集型服务业中有些行业在东部的发展已具有一定的规模，在西部却未开始发展。一些新兴行业也首先在东部地区开始发展。这种地区性的不平衡，不利于知识密集型服务业的快速均衡发展。

表2-2 中国知识密集型服务（KIS）贸易总额和贸易差额（单位：亿美元）

年份 项目	2006		2007		2008		2009		2010		2011	
	贸易总额	贸易差额	贸易总额	贸易差额	贸易总额	贸易差额	贸易总额	贸易差额	贸易总额	贸易差额	贸易总额	贸易差额
通讯服务	15	0	23	1	31	1	24	0	23	1	29	5
建筑服务	48	7	83	25	147	60	154	36	196	94	184	110
保险服务	93	-83	116	-98	141	-114	129	-97	175	-140	227	-167
金融服务	10	-7	10	-3	9	-3	11	-3	27	-1	15	1

---

① 吕政，刘通，王钦. 中国生产性服务业发展的战略选择——基于产业互动的研究视角. 中国工业经济，2006（8）.

（续上表）

年份 项目	2006 贸易总额	2006 贸易差额	2007 贸易总额	2007 贸易差额	2008 贸易总额	2008 贸易差额	2009 贸易总额	2009 贸易差额	2010 贸易总额	2010 贸易差额	2011 贸易总额	2011 贸易差额
计算机和信息服务	47	12	65	21	95	31	97	33	123	63	160	83
专有权利使用费和特许费	68	−64	85	−78	109	−97	119	−106	138	−122	154	−140
咨询	162	−6	225	7	316	46	320	52	379	77	470	98
广告和宣传	24	5	32	6	41	3	43	4	49	8	68	12
电影和音像	2	0	5	2	7	2	4	−2	5	−2	5	−3
其他商业服务	310	84	451	87	491	29	435	59	528	184	506	140
合计	779		1 093		1 387		1 332		1 643		1 818	

资料来源：根据 2006—2011 年《中国国际收支平衡表》数据计算得来。

第三，在知识密集型服务业中，很多种类在中国还未发展起来。

虽然中国提出发展知识密集型服务业已有近十个年头，但知识密集型服务业中的很多种类和品种在中国还未开始出现，有待进一步开发和发展。比如中国商业化的信用查询与分析服务、安全调查服务等几乎处于空白的状态，其他如私人营养顾问、税收代理等服务领域和服务品种还有待开发，需要进一步开放服务市场，通过外资的进入带动其快速发展，以满足国内经济发展和人民生活的需要。

近几年来，中国知识密集型服务业发展快速，其中信息咨询服务业、公共设施服务业、房地产管理业、计算机应用服务业、房地产代理与经纪业等新兴行业增长尤为迅速，信息经济、创意经济、会展经济、休闲经济等新的服务种类不断涌现，知识密集型服务业的内部结构不断优化，创造出巨大的财富，对国民经济发展的贡献率呈上升趋势。中国加入世界贸易组织十多年来，部分知识密集型服务业通过吸引外国投资的增速实现了质的飞跃，远远高于服务业吸引外国投资的平均增速。比如 2010 年，中国金融业吸收外国投资金额达到 11.23 亿美元，是 2001 年的 32.09 倍，年均增幅达到 47.02%，高于服务业吸收外国投资金额平均增幅近 30%。流向其他知识密集型服务部门如医疗服务业、教育服务、环境服务、金融服务等的外国投资金额也不断增加，从 2001 年的 5.18 亿美元上升至 2010 年的 56.78 亿美元，年均增幅达到 30.48%，高于服务业吸收外国投资平均增幅 12.44%。同时所占比重也有大幅提高，教育服务、环境服务、金融服务等吸收外国投资的比重占服务业吸收外商投资的比重从 4.61% 增至 11.36%，增加了近 7%。①

2.3.3 发展知识密集型服务业对中国经济增长的现实意义

发展知识密集型服务业对中国经济增长具有重要的现实意义。

第一，发展知识密集型服务业有利于推动中国服务业的转型升级，提高中国服务贸易的竞争力，促进中国服务贸易的发展。

中国历年的服务业进出口差额显示：20 世纪 90 年代末期以来，中国除了传统服务部门如旅游业等长期保持顺差外，金融、保险、专有权利使用费和特许费等知识密集型服务贸易项目仍处于赤字状态。中国知识密集型服务贸易长期处于逆差状态的主要原因是知识密集型服务业发展滞后，国际竞争力不强。2005 年，中国服务贸易进出口主要集中在旅游、运输和其他商业服务等传统服务贸易项目，分别占服务贸易进出口总额的 32.5%、27.9% 和 16.7%，合计占 77.1%；金融、通信、计算机和信息服务等知识密集型服务贸易项目占比相对较小，分别占服务贸易进出口总额的 0.2%、0.7% 和 2.2%，合计占 3.1%。到 2012 年，中国传统服务贸易项目运输和旅游在服务贸易进出口总额中的占比为 58.8%，旅游进出口总额首次突破 1 500 亿美元，居各类服务贸易之首，同比增长 25.6%；运输进出口总额达到 1 248 亿美元，位居服务贸易第二位，同比增长 7.5%。随着中国知识密集型服务业的快速发展，高附加值服务比如咨询、计算机和信息服务、广告宣传、金融服务、专有权利使用费和特许费等知识密集型服务贸易出口也快速增长，分别比上一年增长了 17.8%、18.6%、18.2%、122.5% 和 40.1%，并且咨询、计算机和信息服务等行业实现了较大数额顺差。通过加快知识密集型服务业的发展，提高行业内企业的国际竞争力，可以促进中国服务贸易的发展，能有效减少赤字，并扭转中国服务贸易在国际竞争中长期处于不利的局面，从而促进中国服务贸易的快速发展。

① 聂平香. 入世十周年我国服务业吸收外商投资评析及对策. 四川省商务厅网站，2013 – 11 – 15.

第二，加速发展知识密集型服务业有利于中国承接国际服务业的转移。

继发达国家转移制造业之后，国际产业转移进入服务业国际转移的新阶段。与印度等国相比，中国在服务业转移的浪潮中承接力不够。2006 年，中国服务外包产业收入总额为 118 亿美元，其中 IT 服务外包产业规模为 75.6 亿美元，业务流程外包产业规模为 42.7 亿美元。[①] 2011 年，中国承接服务外包执行金额（含离岸外包和在岸外包）总额为 323.9 亿美元，其中信息技术外包（ITO）执行金额为 197.8 亿美元，同比增长 53.5%，所占比重为 61.1%；业务流程外包（BPO）执行金额为 48.7 亿美元，同比增长 22.1%，所占比重为 15.0%；知识流程外包（KPO）执行金额为 77.2 亿美元，同比增长 214.7%，所占比重为 23.8%。[②] 只有大力促进知识密集型服务业的发展，提高技术和基础设施的质量，培养一批高素质的科研、管理和技术人才，才能有效地吸引更高端的服务业转移到中国，使中国顺利完成产业升级。

第三，发展知识密集型服务业有利于中国产业结构调整。

知识密集型服务业多以人力资本、技术资本和知识资本为主要投入，产出中包含密集的知识要素，其中的研发、软件与信息服务、金融服务等具有较强的产业关联性，制造业竞争力的提高越来越依赖于设计策划、技术研发、物流等知识密集型服务业的支撑。知识密集型服务业可通过降低交易成本、专业化分工的深化等多种途径和方式增强制造业的竞争力，从而提升制造业的竞争力和经济效益。发展知识密集型服务业也有利于改变中国第三产业在 GDP 中比重过小的现状，通过促进第三产业的快速发展，提高第三产业在国民经济中的比重，进而优化中国的产业结构。

第四，知识密集型服务业是中国创新系统的主要构成部分。

知识密集型服务业多以人力资本、技术资本和知识资本为主要投入，产出中包含密集的知识要素，将日益专业化的知识技术导入商品的生产过程。在提供服务时，知识密集型服务业融入了技术、工程、科学等知识要素，通过技术与人力资本高密度的投入，能够为制造业、农业和其他服务业提高附加价值，协助其他产业实现再创新，是其他产业创新的重要动力和源泉（李红梅，2005）。

第五，发展知识密集型服务业有利于实现中国经济的可持续发展。

知识密集型服务业的发展只需较少的能源和较低的物质消耗，其污染低，而产出却具有高增值性，并且能够培养高素质人才，在其发展过程中也没有太大的资源压力，却能促进中国经济的迅速发展，因此是实现国民经济持续发展的主要增长点。

---

① 佚名. 中国服务外包产业现状与预测. 中国服务外包网, 2007 – 11 – 30.
② 资料来源：《中国服务外包产业发展报告 2012—2013》。

2.4　中国知识密集型服务业融入全球服务生产网络的发展——以软件和信息技术服务业为例

2.4.1　中国软件和信息技术服务业的发展概况

软件和信息技术服务业是利用计算机和互联网对信息进行生产、收集、处理加工、存储、传输、检索和利用，并以信息产品为社会提供服务的专门行业的集合体（盛世豪，2005）。该行业在生产过程中运用各种信息技术，形成信息服务产品用于解决用户的问题，其行业本身的知识密集程度以及从业人员的知识水平都高于其他行业。由于软件和信息技术服务业的快速发展，该行业已成为中国国民经济的重要支柱和知识密集型服务业的支柱产业，因此，计算机市场上增值部分的60%~70%来自软件和维护服务，在中国《国民经济行业分类与代码》2002年版国家标准中，将其归类为"信息传输、计算机服务和软件业"，在中国《国民经济行业分类与代码》2011年版国家标准中，更名为"软件和信息技术服务业"。按照新的分类标准，软件和信息技术服务业主要包括：软件开发、信息系统集成服务、信息技术咨询服务、数据处理和存储服务、集成电路设计以及其他信息技术服务业如数字内容服务、呼叫中心和其他未列明信息技术服务业。

中国软件和信息技术服务业由硬件产品支持服务发展起来，并逐步拓展到软件开发、支持服务和信息技术运营服务等各个领域。2005年，中国软件与信息服务业中软件产品占49.54%，软件服务占23.4%，系统集成占26.97%。到2006年，这一行业拓展到嵌入式系统和IC设计领域，各占21.42%和2.23%（见表2-3）。

表2-3　2005—2006年中国软件与信息服务业构成（单位：亿元）

年份	软件产品	软件服务	系统集成	嵌入式系统	IC设计	合计
2005	1 932	916	1 052	–	–	3 900
2006	1 282	1 059	1 324	1 028	107	4 800

资料来源：中国软件业协会内部资料（2007年）。

在软件和信息技术服务行业迅速发展的推动下，中国软件出口增长较快。2011年，中国软件和信息技术服务业务收入超过1.84万亿元，同比增长32.4%，比2010年同期提高1.4%，超过"十·五"期间平均增速4.4%。[①]

---

① 运行监测协调局.2013年1—9月软件和信息技术服务业主要经济指标完成情况表（二）.中华人民共和国工业和信息化部网站，2013-10-28.

2012 年，中国软件产业继续保持稳定增长的态势，实现软件业务收入超过2.5 万亿元，同比增长 28.5%。其中，数据处理和运营服务类收入增长突出，收入达到 4 285 亿元，同比增长 35.9%，比重占整个软件服务业的 17.1%；而嵌入式软件系统的增长速度同样也在加快，实现业务收入 3 973 亿元，同比增长 31.2%。① 在软件行业快速发展的推动下，2008 年至 2011 年间，中国软件出口金额分别增长 20.8%、36.5% 和 29.5%，但与发达国家相比差距依然很大。以软件即服务（SaaS）为例，虽然北美和西欧软件出口所占的比重呈下降的趋势，而亚太地区的比重有所上升，但北美和西欧在全球软件出口中所占份额依然高达 80%（见表 2-4）。

表 2-4　2008—2011 年中国软件出口增长情况

年份	软件产业出口金额（万美元）	增长率（%）
2008	1 620 821	—
2009	1 958 228	20.8
2010	2 673 526	36.5
2011	3 461 947	29.5

资料来源：2012 年中国对外贸易发展报告——服务贸易分析报告 . http://www. sinosure. com. cn/sinosure/xwzx/rdzt/ckyj/ckdt/xyzt/qcxy/fwyckyj/158210. html,2013-10-06.

　　为了改善软件和信息技术服务业的政策环境，国务院于 2000 年发布了《关于鼓励软件产业和集成电路产业发展的若干政策》，针对软件产业在投融资、税收、出口、收入分配、知识产权保护以及行业管理等方面的问题，制定了全面系统的鼓励措施。相关部委出台了《软件企业认定标准及管理办法》、《软件产品管理办法》、《鼓励软件产业和集成电路产业发展有关税收政策问题》、《关于软件出口有关问题的通知》和《国家软件产业基地管理办法》等文件。为了促进软件产业的发展，2002 年 11 月出台的《振兴软件产业行动纲要（2002 年至 2005 年）》在培育国内市场、扩大软件出口、扶持软件企业、支持核心技术开发、软件人才培养和优化产业环境等六方面给予了政策支持。2005 年 1 月 8 日出台的《国务院办公厅关于加快电子商务发展的若干意见》则提出了一系列促进电子商务发展的具体措施。

　　加入 WTO 后，中国政府在计算机及其相关服务领域实现了所有相关承诺。如在市场准入方面，不限制与计算机硬件安装有关的咨询服务及数据处

---

　　① 资料来源：中国软件与信息服务外包产业年会资料。

理和制表服务、分时服务；在软件实施的服务方面，包括系统和软件咨询服务、系统分析服务、编程服务、系统维护服务和数据处理服务，甚至输入准备服务，外国企业可以以合资形式在中国建立企业，并拥有股权。在国内外市场需求增加和政府政策的推动下，处于成长初期的中国软件和信息技术服务业呈现出快速发展的势头。2006 年，计算机和信息服务业总体规模达到4 800 亿元，比 2001 年翻了 6 倍多，与 2005 年相比增长 23%，其中软件与信息服务/软件出口总额达到 60.6 亿美元，比 2001 年翻了 8.4 倍，与 2005 年相比增长 68.8%；在世界计算机和信息业中所占的份额从 2001 年的 1.5% 增长到 2007 年的 8%。[1] 美国成为中国计算机和信息服务项目的第一大出口市场，其次是新加坡、中国香港地区和欧盟。计算机应用服务业合同外资和实际使用外资金额增幅高于服务贸易领域总体水平。2005 年，计算机应用服务业新设外商投资企业 1 295 家，合同外资金额 27.94 亿美元，实际使用外资额 9.28亿美元，分别增长 57.34% 和 12.69%。[2] 到 2011 年，中国软件和信息服务业规模进一步攀升至 18 468 亿元，比 2000 年增加了近 23 倍，中国软件出口从几乎为零上升到 143.4 亿美元，大连软交会等软件出口平台也被搭建起来。2011 年，中国软件出口超 1 000 万美元的企业有 281 家，比 2010 年增加了101 家，其中，超 1 亿美元的有 14 家，比 2010 年增加了 3 家，几乎所有的国内大型软件企业都在境外设立了分支机构。[3]

　　软件和信息技术服务业是中国发展最快的产业，也是对中国经济和社会影响最大的产业，在这一行业中，已涌现出一批有竞争力的企业，如国内软件和服务外包业务规模最大的东软集团，其公司业务涉及软件外包、系统集成等领域；浙大网新以及作为大型系统集成厂商的中国软件公司，其系统集成业务收入增长率达 25%。

　　处于快速成长阶段的中国软件和信息技术服务业，一方面得益于国家对该产业发展的大力支持，另一方面则源于该产业快速融入世界经济现代化的产业分工链条中，并从参与全球服务生产网络中获得了增长的好处。

2.4.2　中国软件和信息技术服务业融入全球服务生产网络的发展

　　2000 年至 2005 年间，全球软件市场规模由 6 975.75 亿美元增长到 8 239亿美元，其中美国、欧盟和日本占据全球软件产业规模的前三位，所占比重

---

① 资料来源：中国软件业协会内部资料（2007 年）。
② 中华人民共和国商务部. 中国服务贸易发展报告 2006. 北京：中国商务出版社，2006.
③ 佚名. 商务部：2011 年软件出口总值达 143 亿美元. 新浪科技，2012 - 06 - 15.

分别为 39%、29.5% 和 10.4%。① 受全球经济衰退的影响，软件行业同样经历衰退，在 2009 年全球软件市场销售收入下降 2.5% 之后，2010 年全球软件市场销售收入达到 2 450 亿美元，比 2009 年增长了 8.5%。微软、IBM、甲骨文、SAP 和赛门铁克成为全球软件市场的五大厂商，占全球软件市场份额的 50.2%。其中，微软继续保持全球软件市场的领先地位，占全球软件市场份额的 22.4%，销售收入增长 60 亿美元，达到了 540 亿美元。IBM 在全球软件市场中排名第二，占整个市场份额的 10.4%。全球排名前 25 位的软件厂商销售收入超过了 1 650 亿美元，占整个市场的份额将近 68%，整体增长率超过了 11.5%，其中 VMware 增长了 41%，Adobe 的增长率是 29%，Salesforce 的增长率是 28%。②

　　跨国公司将生产转移到世界各国，带来了服务转移的需求，软件厂商为了适应这种要求，必须进行全球转移以提供全球性服务和支撑网络。此外，在全球化的推动下，各国之间逐渐克服了语言障碍，这也为软件开发和编程带来了便利。信息技术产业的开放系统消除了不同国家软件市场间的差异，软件行业的认证程序日益普及并为世界各国广泛采用，这使得这一行业的产品日益标准化，尤其是在那些安全性要求较高的领域更是如此。在多重因素的推动下，软件产业的全球转移和扩张加快，形成了软件业的全球服务生产网络。而全球软件产业的三分之一是通过软件外包完成的现状，③ 为发展中国家参与全球服务生产网络，并借助网络使自身得到快速发展提供了机遇。

　　软件全球生产网络的领导厂商来自位于该行业规模前三位的美国、欧盟和日本的跨国公司，比如微软、IBM、HP 和 EDS 等。长期以来，美国一直处于核心技术和标准制定的上游地位，全球有 90% 以上的基础软件被来自美国的跨国公司所垄断。④ 在软件业国际分工趋势日益明显的情况下，作为领导厂商的美国、欧盟和日本软件跨国公司，将本国的生产转移到其他低成本的发达国家和发展中国家，为这些国家参与软件产业全球市场提供了机遇。领导厂商向外转移的生产链环节随着各个服务市场的扩大而增加，已经从软件产品的出口、应用程序的开发和维护转向原本限制在本地服务商所提供的服务，如应用和基础结构管理以及咨询、系统集成和软件服务等。并且开始在一些国家进行专业化的运作，把软件开发集中在某一个国家的研发中心进行，而

---

① 中华人民共和国商务部. 中国服务贸易发展报告 2006. 北京：中国商务出版社，2006.

② 中研普华. 2013—2018 年中国软件外包行业运行现状分析与市场运营态势报告. 中国行业研究网，2013 - 09 - 28.

③ 佚名. 我国软件外包年出口额突破 10 亿美元大关. 中国计算机世界，2008 - 04 - 21.

④ 苍浪客. 中国软件外包的崛起和致命的隐忧. 比特网，2004 - 09 - 09.

不像以前那样在各个国家都设立专门的研究机构。① 但另一方面，这些领导厂商为了保持自身的创新能力和竞争能力，都将核心技术和高端技术的研发留在母国。

来自印度、爱尔兰等国的软件厂商通过承接领导厂商转移的业务使本国迅速成长为软件强国，处于全球软件生产网络的第二层级。他们大多从事软件子模块的开发和独立的嵌入式软件开发工作，并参与到产业规则的制定中去。通过参与网络，本国软件业快速发展，印度已经成为仅次于美国的世界第二大计算机软件出口大国。

中国、俄罗斯、巴西、越南和菲律宾等其他新兴国家由于教育水平较高而工资较低，成为印度、爱尔兰之外发达国家产业转移的其他选择，构成了全球软件生产网络的第三层级。虽然处于这一层级的软件厂商大多从事软件产业链上附加价值较低环节的生产，但具有较大的发展潜力。

中国作为处于全球软件生产网络第三层级的国家，承接软件转移业务起步虽然较晚，但增长速度很快，2008 年第一季度国内软件离岸外包市场整体规模达到 39.27 亿元，同比增长 25.27%。2011 年中国承接的离岸软件外包市场规模达到 41.23 亿美元，同比增长 22.8%，预计未来五年将会持续以 25.3% 的复合增长率快速攀升。② 目前，中国软件产业的综合实力仍逊于印度和爱尔兰等处于第二层级的国家，总体规模也较小，处于行业成长初期，但中国以其独特的优势吸引着越来越多的跨国公司将其作为战略重心。

中国的优势主要体现在以下几个方面：

第一，中国通过参与全球生产网络，成为全球制造业转移的承接大国，转移过来的制造业迅速发展，在珠三角、长三角、京津唐一带形成产业群，为之服务的软件业随着制造业的大量转移而转移。

第二，大量高素质低成本的专业人才是中国吸引全球软件业转移的另一大优势。2003 年，中国普通高校培养的计算机软件专业人才约 14 万人，软件及相关专业毕业生 26.43 万人。③ 2005 年，中国有超过 40 万的工程类本科生毕业，使中国成为全球少数几个拥有大量的可培养的工程和 IT 人才的国家。④ 2010 年，普通高等教育本专科和研究生毕业生共 613.8 万人，相当于 2005 年的 1.9 倍。其中，经济学专业 29.8 万人，占 4.9%；管理学专业 119.1 万人，占 19.4%；工学专业 224.9 万人，占 36.6%。这些高素质人才为 ITO、BPO、

① 曹新. 区域开放与产业开放. 桂海论丛，1999（2）.
② 资料来源：《中国离岸软件外包市场 2012—2016 年预测与分析》报告.
③ 詹晓宁，邢厚媛. 中国承接服务外包的战略思考. 商务部研究中心网站，2005-02-22.
④ 佚名. 中国服务外包产业现状与预测（二）. 中国服务外包网，2008-01.

KPO 等各类服务外包业务的发展提供了充足的人才储备。[①]

特别是沿海地区，在多年吸引大量外商投资企业的过程中，形成了多层次的人才网络，为承接全球软件业的转移提供了准备条件。美国软件人才的使用成本是中国同等人才的 9 倍，印度软件人才的使用成本是中国的 2 倍。最早进入中国的甲骨文软件公司，其美国研发人员人均年薪 11 万美元，而中国研发人员的平均年薪只有 1.2 万美元左右。拥有大量受过高等教育、掌握基础技术且外语水平较高的人才符合美国、日本等软件领导厂商为了降低开发成本、吸引更多技术人员和便于进入当地市场而将产业链转移出去的要求。

第三，中国国内巨大的市场需求也促进了软件产业向中国的转移。中国自身经济发展迅速，对于软件产品需求巨大，广阔的国内市场和不断改善的投资环境也吸引了国外软件大公司在中国设立分支机构或是研发机构。

此外，中国良好的外部宏观环境，完善的基础设施，电信服务、国内服务业日益发展成熟，对外开放程度高，以及数据安全和知识产权保护程度日益提高等因素，也极大地促进了全球软件产业向中国的转移。

中国参与全球软件生产网络既有软件产品的开发设计，又有软件服务，从总体而言，中国处于全球产业链的末端，仍属于较低端的水平。

中国参与全球软件生产网络的途径主要有以下三种：

第一，通过外国跨国公司在中国设立的子公司或是位于中国国内的离岸开发中心（Off-shore Development Center，缩写为 ODC）承接转移来的业务。这种业务额最大，IBM、微软、HP 等跨国公司均将自身的软件业务或是从全球总部获得的业务转移到中国来完成。此外，国外大型跨国公司在中国设立的研发中心也成为中国承接软件产业转移的重要来源。目前，承接从美国市场转移来的软件业务大部分是通过美国的跨国公司在中国的研发中心转移过来。

第二，直接从国外发包商或是国外上游接包商处承接转移来的业务，这一类型的业务数量较大，但这类项目多是一些比较低端的业务类型，业务额较少。

第三，通过中介服务机构取得项目。

在业务来源方面，中国承接的软件业务转移主要有四大块：日本、美国、欧盟和印度。

中国承接从日本软件厂商转移来的业务已有十年以上的历史，由于中国在沟通能力等方面具有明显优势，在日本软件产业的国际转移中具有较大的吸引力，市场已有一定的规模。目前，日本仍是中国软件业务最大的来源地，

[①]　资料来源：《中国服务外包产业发展报告 2012—2013》。

占中国软件外包总收入的 60.15%，中国 60% 以上的离岸软件开发收入来自设立在日本的跨国公司。[①] 中国最大的软件出口商——大连华信计算机技术有限公司称其 70% 以上的收入来自日本客户。但由于日本企业整体的软件和服务外包程度远远低于欧美国家，市场仍有待进一步开发，因此，在今后一段时期内仍将继续保持较高速度的增长。

从美国软件跨国公司转移来的软件业务技术含量高，相应的利润率也较高，但总体规模小，只占美国每年向外转移的 2.3%。IBM 每年都有超过 1 000 万美元的软件外包项目转移给中国的服务商，SUN、微软、Orcale 和 HP 等领导厂商转移来的软件业务中有相当比例是软件本地化和测试工作。[②] 目前，浙大网新公司承接美国软件产业转移的业务规模居国内第一。从欧盟承接转移来的软件业务规模也较小，只占欧洲向外转移业务的 0.15%，但正处于快速增长的过程中。欧美市场转移到中国的软件业务占中国软件外包收入的 20.4%。[③]

印度软件厂商在中国建立的运营中心是中国承接从印度转移的软件业务的重要来源。

在承接国际软件产业转移方面，华北、东北和华东地区分别占据市场前三名，其中东软集团、海辉软件（国际）集团公司和浙大网新三大公司位列市场前三位。2006 年，东软集团以 1.01 亿美元的外包收入、61.1% 的增长率以及 7.1% 的市场份额成为中国第一个软件外包收入超过 1 亿美元的软件企业。[④] 2012 年，东软集团软件与系统集成业务实现收入 59.75 亿元，同比增长 23.69%，占公司营业收入的 85.85%。其中，国内软件业务实现收入约 37.88 亿元，同比增长 33.1%；国际软件业务实现收入 3.47 亿美元，较上年同期增长 11.9%。[⑤]

在承接国际软件业务转移的过程中，中国形成了四大类软件外包公司。第一类，跨国公司直接在北京设立的分包公司，以承接跨国公司总部发出的研发和业务外包为主；第二类，本土成长起来的专业外包公司，专门从事外包；第三类，中国传统的大型骨干软件企业向外包领域拓展设立的外包事业部或是外包公司，比如用友、中软和神州数码等大公司；第四类，跨国公司在北京设立的研发中心。[⑥]

———————————

① 王家炜. 软件与服务外包进入高速成长期. 中国电子报，2007 - 02 - 08.
② 佚名. 中国服务外包产业现状与预测（二）. 中国服务外包网，2008 - 01.
③ 王家炜. 软件与服务外包进入高速成长期. 中国电子报，2007 - 02 - 08.
④ 佚名. 广州服务外包业发展迅速. 中国服务外包网，2008 - 01 - 21.
⑤ 数据来源：东软集团 2012 年报。
⑥ 宋保强. 中国软件外包的机会在哪里. 比特网，2004 - 09 - 15.

中国参与软件全球生产网络，极大地促进了中国软件产业的发展，网络参与的好处体现在以下三个方面：

第一，参与软件全球生产网络是中国软件企业获得国外先进技术、管理经验和进入国际市场的重要手段。

软件全球生产网络领导厂商已形成成熟的企业技术标准体系，达到其技术标准是全球生产网络软件供应商承接转移业务的先决条件。国内软件厂商通过参与软件全球生产网络，通过完成产业链条上的业务环节，可以学到国外先进的技术、成熟的管理经验，同时，企业专业人才的技能也可以得到提升。比如中国 HP 公司在向中国市场采购和转移业务的同时，为合作伙伴提供了先进的解决方案和行业经验，有助于中国软件厂商能力的提高。金碟在成为国际巨头 E5 Systems 公司的中国软件外包商后，并在 E5 的协助下，在深圳建成一个 3 000 人规模的"软件工厂"，负责北美市场的软件外包业务。① 欧美软件领导厂商为配合业务的转移而向中国设立的子公司，为中国软件企业提供了可借鉴的成熟的欧美企业模式。印度供应商在中国建立的运营中心则带来了完善的流程和技术，产生溢出效应。此外，国外跨国公司配合业务转移需要而设立的研发中心进一步增强了中国软件业的实力。

为达到领导厂商的标准，获得认可和提高项目质量，中国软件厂商取得了各种资质认证，中国软件企业的项目管理水平和过程管理能力取得了长足进步。自东软股份有限公司于 2004 年通过 CMMI Level 5② 评估后，中国成为继美国、印度、日本之后第四个拥有 CMMI Level 5 认证的国家。③ 截至 2006 年底，中国已有 38 家软件企业通过 CMM 5（含 CMMI 5）级别评估，23 家企业通过 CMM 4（含 CMMI 4）级别评估，200 多家软件企业通过 CMM 3（含 CMMI 3）级别以上评估。另外已有 2 136 家企业获得系统集成资质。④ 2010 年，中国服务外包企业通过 CMM/CMMI 1 – 2 级认证的占 20.9%，通过 CMM/CMMI 3 级认证的占 62.8%，通过 CMM/CMMI 4 级认证的占 7.0%，通过 CMM/CMMI 5 级认证的占 9.3%。中国服务外包企业通过系统集成资质 1 级认证的占 16.7%，通过系统集成资质 2 级认证的占 16.7%，通过系统集成资质 3 级认证的占 58.3%，通过系统集成资质 4 级认证的占 8.3%。⑤

---

① 徐春艳. 国际外包业务与中国制造业的发展. 对外经济贸易大学硕士学位论文, 2004.

② CMM 软件能力成熟度模型，是对组织软件过程能力的描述，其核心是把软件开发视为一个过程，并根据这一原则对软件开发和维护进行过程监控和研究，以使其更加科学化、标准化，使企业能够更好地实现商业目标。共五级，CMM 5 是其中的最高等级。CMMI 能力成熟度模式整合，主要关注成本效益、明确重点、过程集中和灵活性四个方面。

③ 张杰. 东软通过 CMMI Level 5 认证. 中国计算机用户, 2004（47）.

④ 佚名. 中国服务外包产业现状与预测（二），中国服务外包网, 2008 – 01.

⑤ 王晓红. 中国服务外包产业发展报告 2012—2013. 北京：社会科学文献出版社, 2013.

此外，软件业作为知识密集型服务业中的一种，完成转移的业务需要双方密切合作，领导厂商倾向于选择有行业经验的、值得依赖的服务提供商，而参与全球软件生产网络是获得相关经验和声誉的有效途径。中国软件企业在完成从日本领导厂商转移来的业务的过程中，以较高的质量、准时交付能力而得到非常高的评价。在欧美市场通过参与 IBM、微软和摩托罗拉等领导厂商的全球生产网络获得了宝贵的行业经验，也逐步累积了声誉。浪潮软件通过与微软全球战略合作伙伴关系而获得了不少国际订单，从而也获得了与微软等领导厂商进一步合作的机会。中软、方正、中迅、浙大网新、海辉等一批软件企业正是通过网络参与提高了国际竞争能力，提升了国际知名度，为争取更多的业务转移和向价值链上游转移准备了条件。

第二，中国软件产业总体有一个大的提升，涌现出一批有竞争优势的地区和企业（见表 2 - 5）。

北京、上海、广州、深圳、大连、杭州、西安等地的软件产业发展迅速，其中，大连、西安等地主要面对日本市场，北京、上海已经逐渐开拓欧美市场，深圳、广州则主要针对东南亚和港澳地区。深港软件业开创了香港接单、深圳开发的模式。香港共有 700 多家软件公司，其中有 200 多家在深圳设立了分支机构，形成软件产业的"前店后厂"。[①] 广州在香港设立了广州软件（香港）合作中心，与香港软件外包联盟签订了穗港合作协议，共同开拓国际市场。大连的东软软件园、广州的天河软件园、上海的浦东软件园集聚了一大批软件企业。比如，以国家级软件出口基地为核心的浦东软件园集聚了 1 000 多家软件外包企业，2007 年的出口额超过 3 亿美元，相当于菲律宾整个国家的年度出口规模，已成为中国出口规模最大的软件外包基地。[②] 2008—2012 年，中国服务外包企业承接离岸服务外包执行额从 46.9 亿美元增长至 336.4 亿美元，年均增幅超过 60%，占全球离岸外包市场份额已增长至 27.7%。[③]

"十五"期间，全国软件业平均增速达到 40%，[④] 中国已在北京、上海等地形成 11 个国家软件产业基地、6 个国家软件出口基地、29 个国家火炬计划软件产业基地、172 个国家级重点软件企业和 41 家出口型重点企业，[⑤] 产生了集聚效应。2007 年，中国软件出口协议金额近 19 亿美元（不含嵌入式软件），同比增长 64.8%，办理软件出口合同登记业务的企业共计 1 179 家。软

① 佚名. 中国服务外包产业现状与预测（二）. 中国服务外包网，2008 - 01.
② 何骏. 聚焦中国的服务外包. 经济导刊，2008（5）.
③ 王珂. 寻找经济增长新亮点：服务外包 中国越来越内行. 人民日报，2013 - 05 - 30.
④ 沈则瑾. 上海出口软件企业位居全国第一. 经济日报，2007 - 03 - 01.
⑤ 陈东. 建设创新型国家 软件和信息服务出口大有作为. 国际商报，2006 - 07 - 26.

件出口市场呈多元化趋势，2007 年，出口的国别（地区）数量达 94 个，比 2006 年增加了 35 个。① 上海浦东软件园规模不断扩大，园区各类产品与服务超过 1 000 种，2011 年实现了经营总收入 341 亿元，软件出口额达 4.9 亿美元，其作为国家软件产业基地和软件出口基地的示范和集聚效应进一步提升。②

中国发布的《鼓励软件产业和集成产业发展的若干政策》和《振兴软件产业行动纲要（2002 年至 2005 年)》等指导性文件，针对软件企业制定了具体的税收优惠政策，科技部对重大软件和基础性软件开发给予了重大支持，国家 863 计划把推出自主知识产权的软件核心产品列为重点目录，规划和建设了一系列软件产业带和国家软件产业基础及软件出口基地。全国各地也纷纷制定相应的政策措施以谋求更大的发展。北京制定"长风计划"打造"亚洲软件新都"，组建起中软、方正等五家软件出口联盟，辐射带动了 50 家中小型软件企业进入国际市场。济南给予企业软件进出口权，设立贷款绿色通道等一系列优惠措施，以齐鲁软件园为龙头，筹建"软件出口特区"，在浪潮的倡导下成立了由浪潮软件、济南源华、山大华特、山东师创等企业组建的软件出口联盟。杭州制定了鼓励软件出口的政策，杭州出口加工联盟吸引了网新科技、恒生电子、富士制冷、华樱软件等 16 家企业的加入。

表 2 - 5　中国软件产业的主要城市和软件产业基地

主要城市	业务特点	主要公司	主要园区和基地	主要政策措施
大连	针对日本和韩国	海辉软件（国际）集团公司、大连华信计算机技术有限公司、大连拓天软件开发有限公司、SAP 大连公司、东软	东软软件园、大连软件园	关于加快发展软件服务外包产业的实施意见、加快发展软件产业的意见、大连市关于吸引软件高级人才的若干规定、大连市软件企业发展专项资金管理办法、大连海关支持软件出口的若干措施

---

① 商务部：我国软件出口出现新趋势. 新华网，2008 - 06 - 23.
② 上海浦东软件园成为新一代信息技术集聚高地. 东方网，2012 - 02 - 27.

（续上表）

主要城市	业务特点	主要公司	主要园区和基地	主要政策措施
成都	以日本市场为主	成都巅峰软件有限公司、成都思必达软件技术公司、成都泰德网络、成都启明软件有限公司	成都高新区、成都国家软件产业基地、国家软件出口创新基地、国家863软件专业孵化器	成都高新技术产业开发区加快软件产业发展的优惠政策、成都市鼓励软件产业发展的政策意见、成都市软件人才工作实施方案、成都软件人才队伍建设行动计划（2007—2010年）
杭州	以支持国内公司的外包业务为主（编程等），针对日本和欧美	神州数码有限公司、浙大网新科技股份有限公司、东忠软件、信雅达系统工程股份有限公司、浙江中控技术有限公司	杭州高新区西溪软件园、高新东方软件园、数源软件园和东部软件园	杭州市政府关于加快信息服务与软件业发展的若干意见、关于进一步调整规范软件企业认定和年审工作流程的通知、杭州市信息服务与软件业发展规划（2005—2010年）
上海	以日本市场为主，逐步转向欧美市场，针对国内市场的外包业务逐步扩大	汉略（上海）信息技术有限公司、上海启明软件股份有限公司	张江高科技园区、浦东软件园	关于转发财政部、国家税务总局、海关总署《关于鼓励软件产业和集成电路产业发展有关税收政策问题的通知》及本市实施意见的通知，上海市张江高科技园区"十一五"期间扶持软件产业发展的实施方法
深圳	主要针对东南亚和港澳地区	用友、金碟、神州数码、兆日科技、福瑞博德软件开发（深圳）有限公司、汉维软件（深圳）有限公司、	深圳软件园	深圳市"十一五"软件产业发展规划

（续上表）

主要城市	业务特点	主要公司	主要园区和基地	主要政策措施
广州	日本、港澳市场	微软（中国）产业基地、IBM软件创新中心、英特尔广州国际安全数据解决方案中心、拓欧公司、艾瑞公司	天河软件园	软件人才培训实施意见、发展软件业若干规定
西安	日本市场为主、软件外包为重点	日本NEC、日立、富士通（西安）系统工程有限公司	西安软件园	关于促进软件及服务外包产业发展的扶持政策
北京	日本市场为主，欧美市场快速增长	中软国际有限公司（China Soft）、福州数码通用软件有限公司、北京方正国际软件系统有限公司、文思创新软件技术有限公司	北京中关村软件园	北京市政府《关于贯彻国务院鼓励软件产业和集成电路产业发展若干政策实施意见》，北京中关村科技担保有限公司"软件企业外包业务贷款担保绿色通道管理暂行办法"调整和说明，关于对北京市软件企业设立境外企业或办事机构、通过CMMI三级以上评估、北京市高新技术出口产品研究开发补助和更新发行贷款贴息的通知
济南	对韩、日市场为主，积极拓展欧美市场	山东中创软件工程股份有限公司、浪潮集团有限公司、NEC软件（济南）有限公司、济南东忠软件有限公司	齐鲁软件园、历下软件园	济南市鼓励软件产业发展若干政策规定、济南市"十一五"软件产业发展规划、济南市软件产业发展专项资金管理办法（试行）、济南市人民政府关于进一步加快软件产业发展的意见

资料来源：根据相关资料整理得来。

第三，通过参与全球软件生产网络，中国软件企业快速提升自身能力，向附加价值高的产业链环节攀升，有的企业甚至构建起自己的全球生产网络。

以承接来自日本市场的软件转移业务为例。最初，日本企业仅仅为了降低成本而将编码工作转移给中国软件企业，但随着中国软件企业不断学习软件知识和日方管理经验，中国软件企业具备了相关能力参与到软件开发中去。通过进一步了解日本客户的需求，中国企业可以进行较大规模的开发。最后，只要进一步提高自身技术能力和管理水平，中国企业完全可以承接日本客户转移过来的业务。在欧美市场上，中国软件开发类项目在业务总额中所占比例最高，这说明随着业务经验的积累和能力的提高，整个产业正逐步向产业链的中高端上移。在承接国际软件产业转移的过程中，上海初步形成了"软件产品出口、来料加工、系统集成、整体方案和软件服务并举"的外包产业链。[①] 杭州从软件工程的上游开始，围绕软件开发、制造、售后服务直接承接国际软件业务转移。中国承接国际软件产业转移业务已经涉足金融、纺织印染、电信、软件本地化等多个领域，逐步向软件产业链附加价值高的环节攀升。

中国一些软件企业进行跨国并购，构建起自己的全球软件生产网络。浙大网新出资700万美元获取了境外软件外包公司COMTECH GEMS 51.5%的股权，将产业链进一步延伸，巩固了其在欧美软件外包市场上的优势。浪潮软件于2006年7月26日完成了对日本伸和软件的并购，伸和软件是以对日嵌入式软件开发、大型应用系统软件开发为主的专业软件外包服务商，在日本市场的交通、金融、制造、教育等行业具有较强的开发经验与市场开拓能力，借此，浪潮扩大了其在日本嵌入式软件开发的市场份额。[②]

此外，中国软件厂商在参与国际竞争的过程中，逐步意识到品牌的重要性，软件产业集聚效应也日益明显，整个行业的国际竞争力逐步增强，产业得到了快速发展，但在发展过程中也存在不少问题和发展的障碍。

问题一：中国软件市场规模和企业规模都较小。

2010年，全球服务外包的年度收益达到931亿美元，同比增长了2%，5年复合增长率达到了5.1%。据印度NASSCOM统计，2011年，全球软件外包从2 930亿美元增长到3 090亿美元，增长了5.6%。[③] 在中国国内经济快速稳步增长、内外需市场扩大的推动下，中国软件信息服务外包产业持续发展，2010年，中国软件信息服务外包产业规模达到2 750亿元，比上一年增长了

① 佚名. 中国服务外包产业现状与预测（二）. 中国服务外包网，2008 – 01.
② 焦集莹. 浪潮并购日企，着手组建软件外包领域航母. 新京报，2006 – 07 – 28.
③ 数据来源：《中国服务外包产业发展报告2012—2013》。

35.2%。2011 年，中国软件与信息服务外包产业持续快速发展，企业数量达到 7 080 家，从业人员达到了 99 万人，产业规模达到 3 835 亿人民币，同比增长 39.5%，① 但在全球市场中所占比例仍然有限。

另一方面，中国软件产业比较分散，前 10 名的软件公司只占 20% 左右的市场份额，而美国前 10 名的软件公司占市场份额的 70% 以上。中国软件企业自身规模也较小，数百家从事软件外包的软件企业的规模只在十人至数百人之间，2006 年，规模为上千人的中国软件企业约 80 家，② 而印度行业领头企业规模已达七八万人。资产总额过亿元的中国企业仅占少数，大多数是在 1 000 万元以下且产品少的中小型企业，与欧美、印度等跨国公司相比，还有较大差距。

由于企业规模小，很多企业为了生存不得不抢项目而进行恶性竞争，而产品开发和市场开拓能力有限则导致企业产品单一，质量不高。在低水平上竞争，对整个软件产业的发展十分不利。企业规模小也对中国软件公司在国际上承接软件业务有所限制，承接欧美软件业务要求企业至少有 500 人的规模，中国软件厂商往往达不到此要求，而在日本市场上一般只能承接 200～300 人的项目。③ 由于没有积累做大型项目的经验，项目管理经验比较差，企业只能承接最底层的编码订单业务，很难涉足系统设计业务领域，至于承接包括框架设计在内的整体业务就更难了。

问题二：人才限制了中国软件产业进一步发展壮大。

软件产业对人才需求呈金字塔结构，处于塔尖的是软件架构师和系统设计师，位于中层的是系统工程师，处于塔基的是软件蓝领。中国的软件人才供给呈现"橄榄型"，高端的软件架构师和系统设计师与作为产业基础的软件蓝领都严重缺乏，而中层的系统工程师则相对过剩。欧美企业在将软件业务转移出去时首先考虑的是高素质的人才，中国虽然拥有丰富的人才储备，但人才结构并不合理，因此中国在承接国际软件产业转移时无法与印度、加拿大和爱尔兰等国竞争。另一方面，中国软件人才培训适应不了产业发展的要求。目前，中国软件人才培训主要是在大学进行，由于软件专业开设时间较短、缺乏有行业经验的老师等原因，教学与实践脱节的现象相当严重，培养出的人才满足不了产业发展的需要。

问题三：中国软件企业自身技术水平和管理水平较低，核心竞争力不强。

融入全球软件生产网络为中国软件企业学习先进的技术和管理经验提供

---

① 佚名. 2011 年我国软件与信息服务外包产业增长近四成. 中华人民共和国商务部网站，2012－03－12.

② 佚名. 中国服务外包产业现状与预测（二）. 中国服务外包网，2008－01.

③ 韦巍. 中国软件外包欧美之旅亟待起飞. IT 时代周刊，2004－10－13.

了便利的条件，然而如果想吸引相应的知识和技术，就得要求中国软件企业自身具备一定的知识存量，然而目前，中国软件企业自身技术水平和管理水平仍较低，这限制了企业吸收自身从网络参与中转移来的知识和技能。比如在软件标准认证方面，中国排名前 30 位的软件企业中只有 20% 的企业获得 CMM 4 级或 5 级认证，从总体而言，通过的企业偏少，通过 ISO9000 等系列认证的软件企业也为数不多。而印度大多数软件企业都通过了 ISO9000 国际质量认证与 CMMI 质量认证，印度很多软件企业都把通过 CMM/CMMI 质量认证作为重要目标，全球每 4 家拿到 CMMI 5 级认证的企业有 3 家是印度企业，这让印度软件企业走在了世界前列。[①] 由此反映出中国企业对国际标准认证的认识程度不够，行业专业知识和能力有待进一步提高。

受自身技术水平和管理水平的限制，中国软件生产模式较落后。目前，中国软件出口主要是现场增援方式，中国对日本软件出口的主要方式也是派业务人员到现场去，像印度以离岸方式为主、现场服务为辅的交付方式所占比例还较小。此外，现场增援方式也处于初级的阶段。

问题四：中国软件产业在软件全球生产网络中处于低层级，从网络参与中获得的好处有限。

在承接美国和日本软件领导厂商转移的业务时，中国很多软件企业只能接到一些被转了二手、三手甚至更多手的业务，且集中在相对低端的数据处理和软件编码业务上，技术含量较低，项目金额也较小。比如从日本转移来的业务，由日本本土的企业 NEC、NTT 等进行上层的设计工作，只有底层的任务才转移到中国来完成以降低成本，中国软件企业只能从事经过日本软件企业详细设计后的编码工作，附加值较低，从中学习到的经验和技能也有限。即使是行业领导厂商如微软、SAP、甲骨文公司在中国设立的研发中心进行的工作，也集中在开展开发、测试和本地化等较基础的方面。

此外，中国软件产业发展存在两个不均衡。首先，软件产业发展地区分布不均衡。北京、上海、广东、辽宁、江苏等地的软件产业发展较快，产业竞争力强，这些地区的软件和信息服务出口金额均超过 1 亿美元，但中西部省市的软件产业发展则较慢，产业竞争力弱，大部分中西部省的市软件出口金额均在 100 万美元以下。其次，外商投资软件企业和国内软件企业发展不均衡。外商投资软件企业规模较大，技术和管理经验丰富，是中国软件出口的主体，占中国软件和信息服务出口的 85.2%；而国内软件企业则规模较小，技术和管理水平相对落后，在国际市场上知名度不高。目前，只有中国软件与信息服务外包产业联盟这一外包企业统一的国家品牌，但其品牌效应缺乏，

---

① 王晓红. 中国服务外包产业发展报告 2012—2013. 北京：社会科学文献出版社，2013.

国际影响力不够。很多跨国公司转移业务时对中国软件企业的交付能力、业务水平还不是很有信心，都是以试验性的小项目开始，在取得成功后再扩大规模。中国软件企业在国际市场上参与竞争也是通过一个个成功的项目赢得客户的认可，还未形成稳定的具有战略伙伴关系的客户资源。

2.4.3　中国软件产业融入全球软件生产网络的政策建议

基于以上分析，促进中国软件产业进一步发展的政策建议有以下几个方面：

第一，选取切入点，建立自己的核心竞争优势，向附加价值高的产业链环节攀升，与行业领导厂商接近。

在国际软件市场上，中国面临较大的竞争压力。在低端市场上，有来自菲律宾、越南、俄罗斯等国的竞争；而面对成熟度较高的欧美市场，又有来自软件外包强国如印度、爱尔兰的竞争，中国目前以低成本参与竞争的优势不能持久。在这里，中国可以借鉴印度软件产业发展的路径，首先从事软件编程的专业代工等价值链下游业务，在软件项目的系统需求分析、软件整体框架设计、开发流程控制、项目管理几个方面积累经验，而后向附加价值高的价值链上游攀升，逐步提供系统集成、整体解决方案设计与实施、信息技术咨询等服务，在巩固现有日韩市场的基础上积极拓展欧美市场。

中国软件企业要与应用行业建立长期的合作关系，重点开发大型行业应用软件、行业应用中间件、工业自动化和嵌入式软件等产品，建立自己的核心竞争优势，逐步过渡到具备提供全套信息技术外包以及流程服务的能力，从仅仅具有价格优势的企业转变成为行业领导厂商的长期战略合作伙伴。

第二，提高中国软件企业自身的能力和产业竞争力。

随着软件产业逐渐成熟，客户的要求也越来越高，中国企业要参与国际竞争应该更加注重自身业务能力的提高。比如对欧美出口软件需要进行详细设计、系统设计和需求分析，更加注重软件服务。为此，中国软件企业需要努力提高自身能力，以达到承揽国际项目所需的严格的内部流程及质量控制。

通过与国际知名软件公司的交流与合作，在更大范围更高层次上参与国际竞争与合作，由此，中国软件企业得以了解软件产业的最新发展趋势、国际软件开发和生产管理技术。同时，软件企业通过开展 ISO9000、CMM/CMMI 等国际标准认证，借助与大学机构、国内相关企业之间的战略联盟关系，提高自身研发能力和竞争力以及开拓国际市场的能力。

充分发挥软件业大型企业的示范作用，形成产业集聚效应和带动效应。通过联合形式形成行业旗舰企业，或是通过兼并收购进行行业内融合提升竞争优势。比如大展集团在中国本土收购了包括 ANS、上海业成、北方新宇在内的 8 家软件外包公司；海辉软件、天海宏业、科森信息三家公司合并组建海辉集团；软体动力收购联合创新；浙大网新还进行了跨国并购，企业综合实力有了明显的提升。[①]

第三，积极拓展国内国外两个市场。

中国软件业出口市场扩大迅速，但对国内市场的重视程度不够。中国软件与信息服务外包在岸内需市场潜力巨大，市场规模约为 129.2 亿美元，约占产业总体市场规模的 85%，通过充分挖掘国内市场潜力，进一步推动中国软件产业的发展。[②] 在中国内需市场迅速发展的带动下，中国国内外包业务保持较快增长，收入从 2004 年的 943.8 亿元增长到 2011 年的 3 355 亿元，年复合增长率为 37.3%，内需市场成为中国软件与信息服务外包产业的主要市场。2011 年，中国软件与信息服务外包国内业务集中度进一步上升，华东、华南和华北三个地区的发包量占全国总发包量的 75.7%，所占比重分别为 34.6%、22.6%、18.5%。[③]

第四，要解决人才瓶颈，需要把培训人才、完善人才激励机制与引进国外高层次人才结合起来。

通过大学、软件园和社会办学机构建立多层次的人才培养模式，鼓励类似于东软信息学院、大连理工大学软件学区等以民营资本为主的软件学院的建立，鼓励像浙大网新欧美软件外包人才培训基地等企业开办有针对性的培训中心，加强与英特尔、微软等跨国公司合作培训软件复合型人才。针对软件行业对人才的需求，重点培训软件架构师、系统设计师等高级人才和属于产业基础的软件蓝领人才，培养出既掌握技术、又具有较强语言能力的软件高端人才和复合型人才。

第五，政府的政策支持。

政府要重视软件产业的发展并予以支持。通过规范产业环境，制定适宜软件产业发展的投融资、税收政策，健全知识产权保护制度，推动《数据保密法》等知识产权立法，完善与知识产权制度配套的市场政策，为软件产业的发展提供宽松的成长空间，引导产业健康发展。政府转向引导、协调和规范产业发展的工作，鼓励成立行业自律组织来完成具体的组织管理工作。

[①] 佚名. 中国服务外包产业现状与预测（二）. 中国服务外包网，2008 - 01.

[②] 中国软件协会. 2008 年中国软件与信息服务外包企业发展调研报告. 工业和信息化部软件与集成电路促进中心，2008 - 06.

[③] 孔张艳，潘祺. 2011 年我国软件与信息服务外包国内收入增长 4 成. 新华网，2012 - 02 - 27.

第 3 章

全球产业转移下中国的产业开放

通过考察知识密集型服务业融入全球生产网络的发展及转型升级，我们可以清楚地看到，在全球化的背景下，各国产业已经不是孤立地存在，而是全球产业体系中的一个组成部分。在全球产业转移的背景下，一国通过承接产业转移融入到全球生产网络的发展过程中，产业面临开放已是不可回避的事实。产业发展落后的国家可以通过利用后发优势，融入全球生产网络，发挥其要素资源的优势，以取得快速发展。其中，不同产业的开放程度，又决定着该产业在融入全球生产网络过程中获取知识和技术转移的程度，进而影响着实现产业转型升级、带动经济发展的效果。可见，产业开放是一国融入全球生产体系进行产业转型升级和实现突破性跳跃式发展的重要结点。因此，本章将关注点放在产业开放上。首先将产业开放放在全球产业转移的国际背景下，对在全球产业转移下，中国农业、制造业和服务业的开放情况进行简要的考察。结合各产业开放的现实情况和理论研究的已有成果，提出产业开放的定义、内涵，对与产业开放相关的贸易自由化、投资自由化等相关问题进行论述。鉴于农业在国民经济中的特殊地位，以及中国制造业开放时间长、开放程度高而服务业开放缓慢、开放程度低的情况，结合经济发展的经验，产业或经济的发展想要取得突破性进展，最有可能是在未开放的领域取得，由此，本章将研究的关注点放在服务业的开放上。在产业开放的理论研究基础上，构建测度服务业开放程度的模型框架，结合知识密集型服务业的定义和分类，以及中国现代服务业的发展情况，从众多的服务业中归纳整理出五大类型的知识密集型服务业（这也是生产型服务业中的主要组成部分），并重点对其开放度进行测度和分析。

3.1 全球产业转移下中国产业开放概况

3.1.1 全球产业转移下中国农业的开放

随着中国工业化进程的加快，农业在中国产业结构中所占的比例逐年下降。根据中国统计年鉴的数据资料显示：农业占中国国民生产总值（GDP）的比重从 1978 年的 28.2% 下降到 2010 年的 10.1%，农村人口比重从 1978 年的82.1%下降到2010年的50.3%，农业就业结构从1978年的70.5%下降到2010年的36.8%。农产品出口在整个贸易中所占的比重从1980年的26.7%下降到2010年的3.1%，农产品进口在整个贸易结构中所占的比重从1980年的33.8%下降到2010年的5.2%。但作为人类社会赖以生存发展的基础产业，农业在作为世界人口大国的中国仍旧占据着举足轻重的地位，因此，中国对农业的开放态度也是十分谨慎的。

由于农业生产的特殊性，在农业生产中占据重要地位且使用密集的要素——土地完全不具有流动性，因此，农业开放的主要内容由农产品国际贸易和农业领域国际资本流动两部分组成。改革开放后，由于中国实行农业支持工业发展的政策，农业不仅不像欧美等发达国家那样得到政府的大量补贴和保护，反而实行工农产品剪刀差政策，从农业部门向工业部门输送大量利益。20世纪80年代，中国每年从农业部门净转出资源平均达到1 400亿元（崔大沪，1999），进而造成中国农业发展落后、农产品竞争能力不足的局面，因此，中国农产品市场在严格的控制下仍旧处于封闭状态，农产品贸易发展缓慢。

在国家整体的外资发展政策的带动下，1979年，广东潮州市与香港泰东物产有限公司签订了"人工养殖鳗鱼补偿贸易合同"，这个农业领域的首个"三来一补"合同拉开了农业利用外资的序幕。1980年，中国参加了国际农业发展基金会，为中国农业领域获取来自世界银行等组织多方面的贷款来源和援助创造了条件，比如联合国粮农组织援助中国的农技体系项目、世界粮食计划署援助中国的造林项目等。在这一时期，投入到农业基础设施建设和扶贫项目的国外贷款和援助的规模虽然较小，但构成了中国利用外资的主体。由于中国农业竞争力整体低下，加上中国以家庭联产承包责任制为主的发展状态，这制约了中国农业对外投资，因此，这一时期农业的开放只是单向小范围的开放。

20世纪90年代，中国农业领域吸引外资快速发展。1992年，农业利用外资2.25亿美元，1995年为17.4亿美元，1997年达到22.6亿美元，以年均66.1%的速度增长。至2000年，农业累计利用外资协议金额186亿美元，其中外国直接投资占55%，成为中国农业利用外资的主要方式。在这一时期，农业的对外开放领域主要集中在农产品加工业、种养业和林果业，全国各地都有不少项目引进外资加以发展。比如上海与法国合资创办上海申马酿酒有限公司，合资投入于葡萄酒加工行业，江门引进外商投资逾亿元于200多家"三高"农业，福建引入外资1 000万美元于农业项目（潘亮，1997）。外商直接投资继续保持增长，但与国民经济其他行业相比，农业利用外资的规模仍然很小。但这一时期的农业领域获取来自世界银行等国际金融组织的外国资本所占比重却不小。据1995年度中国农业白皮书的资料显示：1994年，中国农业领域引进国际机构贷款 1.8 亿多美元，引进外国援助资金 8 500 万美元。截至 2000 年，中国农业领域累计利用外资协议金额中来自国外贷款的占 40%，援助项目占 5%（王晓红，2009）。

农业开放吸引的外资参与中国农业生产，更加有效地促进了资源的利用。随着农业外资对中国的投入增加，中国农业内部产业结构进一步调整优化，农产品品质改善，优质农产品比重增加，农产品进出口贸易有大幅增长。1994 年，农产品进出口总值达到 190.3 亿美元，其中出口为 124.8 亿美元，比上年增长 22.6%。水产品、谷物以及蔬菜和水果类成为排在农业出口前三位的产品，初级农产品出口在总出口中所占的份额下降。农产品进口 65.5 亿美元，比上年增长 82.9%。① 1997 年，农产品进出口额达到 250.8 亿美元，其中进出口额分别为 100.1 亿美元和 150.7 亿美元。1999 年，农产品进出口额达到 218.7 亿美元，其中进出口额分别为 136.3 亿美元和 82.4 亿美元。农业是中国鼓励外商投资的重点领域，中国对外资在农业的投入无任何限制，农业的对外开放在贸易、投资、国际合作等多方面、多层次展开。

1999 年，"中美农业合作协议"的签署对中国农业开放有着特殊意义。协议中，中国对小麦、柑橘和肉类进口的动植物卫生检疫政策进行了调整，特别是针对来自美国西北部华盛顿、蒙大拿等七个州可能有"矮腥黑穗病"的小麦进口禁运的解除，是中国在农产品市场准入问题上迈出的重要一步，对于接下来的中国加入世界贸易组织谈判的成功具有关键意义。在"中美农业合作协议"中，中国不仅同意增加最低关税限额的农产品数量，还将美国有竞争优势的农产品如大豆的关税降至 3%，肉类和水果的关税降至 10% ~ 12%，乳制品关税降至 12% ~19%，红酒关税降至 20%，这使美国向中国出口的农产品大幅增加。"中美农业合作协议"还规定粮食进口配额必须按不同粮食品种的不同比例分配给私营部门，由此，农业领域的开放触及了中国农业体制的改革，带动粮食贸易从部门垄断制向农业和农产品流通体制的市场体制的转型。

继"中美农业合作协议"之后，2000 年，中国进一步与其他主要农产品出口国如加拿大、澳大利亚等就农产品的关税减让、关税配额等市场准入原则达成了协议，主要集中于关税减让以及配额的分配和确定等。随后，中国在与乌拉圭回合谈判中达成的《农业协定》的基础上，加入世界贸易组织，采取逐步开放的方式推动农业开放的新局面。从中国加入世界贸易组织到入世十年后，中国农业领域从局部开放迈入农产品贸易、农业投资、农业经营的全面开放。中国在加入世界贸易组织时，对农业领域的承诺集中在两个部

---

① 相关数据来源于 1995 年度中国农业白皮书。

分：第一，降低市场准入门槛。首先，削减关税，承诺在五年过渡期内将关税从 2001 年的 17.9% 削减到 15.35%，至 2010 年削减到 15%。其次，非关税贸易壁垒保持透明性，比如中国对粮食、棉、食粮、毛等实行进口配额制，如果 2007 年以后世界贸易组织没有启动新一轮农业谈判则配额不再增加，而植物油的关税配额在 2006 年 1 月 1 日取消后则重新谈判。对农产品的出口补贴在加入世界贸易组织后全部取消。对于反倾销标准和特定产品的保障条款也有专门的规定。第二，改革农业领域的垄断体制，放开贸易权和分销权。除小麦、玉米、大米和棉花等特定产品以国有贸易实体进口为主外，承诺分三年逐步授权国内外企业参与贸易和分销业务。通过削减关税壁垒和对非关税壁垒的限定，中国农产品关税到 2011 年已降至 15%，不到世界农产品平均关税水平 62% 的四分之一，中国成为世界上农产品关税水平最低的国家之一（隆国强，2011）。农产品贸易规模逐年扩大，2001 年，中国农产品的进出口总额为 279.4 亿美元，进口额和出口额分别为 118.5 亿美元和 160.9 亿美元。此后，农产品贸易总额持续增长，2002 年和 2003 年，中国农产品贸易总额分别是 306.3 亿美元和 403 亿美元。由于市场准入程度的提高，到 2004 年，中国农产品进出口贸易总额达到 514.4 亿美元，其中进口占 54.5%，为 280.5 亿美元，超过农产品出口的 233.9 亿美元，农产品贸易首次出现逆差。入世过渡期后，中国农产品贸易对外开放程度大幅度上升，促使农产品贸易总额保持递增的态势。2011 年，中国农产品出口额达到 607.7 亿美元，与加入世界贸易组织时相比，农产品出口增长了 277.7%，中国成为世界第五大农产品贸易国。2012 年，中国农产品进出口总额为 1 757.7 亿美元，同比增长 12.9%。其中，出口 632.9 亿美元，同比增长 4.2%；进口 1 124.8 亿美元，同比增长 18.6%；贸易逆差为 491.9 亿美元，同比扩大 44.2%（见表 3-1）。农产品贸易壁垒的降低为来自其他农产品出口国的产品提供了进入中国市场的机会，中国农产品进口大于出口，农产品贸易逆差成为常态。

表 3-1　2001—2013 年中国农产品贸易额（单位：亿美元）

年份	2001	2002	2003	2004	2005	2006	2007	2008	2009	2010	2011	2012	2013 (1—6月)
进口	118.5	124.7	189.7	280.5	287.8	321.7	411.9	587.9	527.0	725.7	848.9	1 124.8	553.8
出口	160.9	181.6	213.9	233.9	276.0	314.2	370.1	405.3	396.3	494.2	607.7	632.9	319.5
进出口额	279.4	306.3	403.0	514.4	563.8	636.0	782.0	993.3	923.3	1 219.9	1 556.6	1 757.7	873.3
逆差	—	—	—	46.6	11.8	7.5	41.8	182.6	130.7	231.5	341.2	491.9	234.3

资料来源：根据《中国农产品贸易发展报告 2012》、中商情报网等公布的资料整理得来。

　　中国加入世界贸易组织之后，农业领域进一步向外国资本开放，除了来自联合国粮农组织、世界粮食计划署、世界银行、亚洲开发银行等国际组织和外国政府的国际贷款、赠款和无偿援助外，农业及相关产业等绝大多数领域已有外商投资，外商直接投资占绝对优势。2001 年至 2012 年，中国农业实际利用外资达 148.73 亿美元（见表 3 - 2），涉及农业综合开发、生态农业、农业先进技术、畜禽水产养殖、农产品深加工等诸多领域，并遍及农业上下游的整个链条。2003 年至 2008 年，外国直接投资于中国农业上游的农机产业、农药产业、化肥产业和兽药产业的实际金额达到 193.43 亿元，占同期中国农业利用外国直接投资实际金额的 44.7%。在这一时期，外国直接投资于中国农业下游的农副食品加工业、食品制造业、农产品仓储业的金额分别达到 760.02 亿元、672.95 亿元和 8.35 亿元。[①] 外资引进的国外先进技术和设备，通过与当地的优势资源结合，加工出口创汇产品，又进一步促进了中国农产品贸易的增长。同时，外资弥补了中国在农业投入上的不足，促进农业转向农村清洁能源工程、环境污染治理等方向发展，推动中国国内农业企业进行改革，提高竞争力，推动农业产业结构升级。2006 年 12 月 17 日，农业开放进一步推进到农业生产资料领域，中国化肥行业的批发、零售向外资开放。农业在利用外资过程中出现不平衡的状况，中国大豆进口的 80% 以上被跨国粮商控制。在农产品加工领域，外资集中在几个领域，如油脂业，中国大型油脂企业都是以美国跨国公司为代表的合资企业。农业利用外资集中在广东、江苏、福建、山东等地，占全部农业利用外资的 80% 以上，[②] 农产品出口成为当地农民增收的重要来源，而河南、安徽、湖北、四川等中西部地区农业利用外资数额则较少。在全球产业转移的趋势下，中国农业融入到全球农业生产网络中，如美国嘉吉公司通过设立独资子公司和合资公司的形式投资中国肉类、棉花、大豆压榨和化肥等领域，美国约翰迪尔公司在中国农业机械领域设立独资或合资公司。同时，中国农业从"引进来"的单向开放发展为"引进来"、"走出去"的双向开放，例如山东潍坊农副产品建立起全球性销售网络，中国农业的国际化程度进一步提高。中国在亚非拉等国家建设农业技术示范中心，推动农业品种和技术输出，在南美、澳洲、俄罗斯等国家开展远洋渔业、农作物种植和农产品加工等领域的对外投资。

---

① 徐玉波. 农业利用外商直接投资对中国农业的影响. 中国农业科学院博士学位论文，2012.
② 王双正. 2011 扩大农业对外开放：现状、趋势及建议. 经济理论与经济管理，2011（4）.

表3-2　中国农林牧渔业利用外资情况（单位：亿美元）

年份	项目数（个）	全国合同外资总金额	实际利用外商直接投资金额
2000	821	14.83	6.76
2001	887	17.62	8.99
2002	975	16.88	10.28
2003	1 116	22.76	10.01
2004	1 130	32.70	11.14
2005	1 058	38.37	7.18
2006	951	31.99	5.99
2007	1 048	–	9.24
2008	917	–	11.91
2009	896	–	14.29
2010	929	–	19.12
2011	865	–	20.09
2012	882	–	20.62

资料来源：历年《中国统计年鉴》。

　　入世十年后，中国农业开放取得了较大进展，全面开放格局基本形成。根据中国学者对中国农业对外开放度的测算（熊启泉等，2011），按农产品出口依存度、进口依存度和农业资本市场开放度所占的不同比重计算出来的农业对外开放度从2001年的6.09扩大到2011年的10.72，这表明中国农业融入世界农业的程度得到了较大的提升。2011年，中国颁布的《外商投资产业指导目录》中针对农业、食品加工业、农业生产资料的鼓励投资条款有11种，涉及中低产田改造、农作物优质高产新技术、功能食品的开发与生产、生物农药开发与生产等，这将进一步推动农业领域的对外开放，增强农业产业竞争力，带动农产品贸易的开放。但中国农业在开放过程中也暴露出一些问题。中国仍较多地注重于农产品进口限制、贸易保护，农业对外开放政策体系还不完善，利用外资管理制度还不健全（程国强，2011）。面对农业国际竞争环境的变化，农业开放作为中国积极主动开放战略的重要组成部分，在中国加入世界贸易组织十年后面临着进一步扩大对外开放的挑战。一方面，积极参与农业跨国公司建立的全球生产网络，同时与全球农业跨国公司建立从粮源到贸易、加工、销售的全球产业链体系竞争，以建立中国农业的全球供应链为重心，建立和完善农业投资，实施"走出去"战略，进一步利用国际市场和国际资源。另一方面，积极参与农业国际谈判与协作，推动与建立国际农产品贸易规则，促进公平的国际农产品市场秩序的形成。积极参与多边贸易体系，通过推动自由贸易区的建设，给予农产品的出口更优惠的关税等待遇，扩大农产品贸易。通过前往自由贸易区进行农业投资，建立农业生产基地，扩大中国农业的海外投资。

3.1.2　全球产业转移下中国制造业的开放

随着经济全球化的推进和信息技术的发展，跨国公司在全球范围内寻求优势资源，以降低成本来应对日益激烈的竞争，而中国在改革开放中不断推出吸引外资的优惠政策，使来自发达国家的跨国公司将价值链向中国延伸。由于全球生产网络具有开放的特性，因此当中国制造业加入其层级成为网络中的结点时，产业便具有开放的特性。全球生产网络是一个开放式的网络，某一国的产业以一整体的形式加入全球生产网络，首先要开放，才能作为全球生产链条上的结点，并接受网络旗舰企业以外国直接投资、许可、交钥匙工程和技术咨询等形式进行的知识转移和其他非正式的技术支持，以达到网络旗舰企业技术上的要求，否则难以跟上全球生产网络的发展步伐。同时，在全球生产网络中，来自网络旗舰企业和高层级供应商的资本、技术、管理等要素的转移也使加入全球生产网络的产业必须保持开放的态势，承接相应要素的转移。中国制造业在全球产业转移的背景下融入全球生产网络发展的过程就是中国制造业不断开放的过程。目前，中国除国防军工等极少数关系国计民生的行业外，基本开放了制造业的所有领域，中国制造业的开放程度在发展中国家中位居首位。

中国廉价的劳动力优势和广阔的市场优势吸引了全球制造业中劳动密集型产业的转移，随着购买者驱动型全球生产网络在中国价值链的延伸（见图3 - 1），中国服装、鞋帽、玩具和家居用品等劳动密集型产业逐渐对外开放，其中服装和玩具是开放时间最早、开放程度最高的行业。

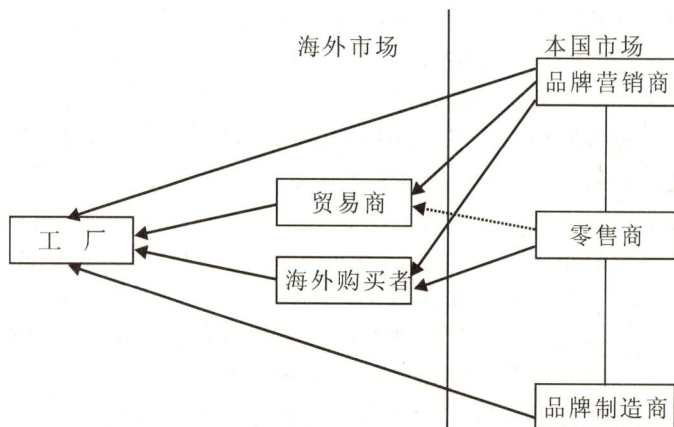

图 3 - 1　购买者驱动型全球生产网络的结构

资料来源：刘德学. 全球生产网络与加工贸易升级. 北京：经济科学出版社，2006.

改革开放之初，中国于1978年首先在纺织行业签订了第一份来料加工协议，随后在珠海创办了中国第一家加工贸易企业，这标志着中国制造业首先从服装纺织行业开启了对外开放的局面。到20世纪80年代初期，中国香港、台湾等地的服装、玩具企业将加工环节转移到珠江三角洲地区完成，带动了服装、玩具等劳动密集型企业产品品质的提高、加工技术的改进、经营理念和管理方法上的成熟，从而进一步吸引了全球生产网络的领导厂商，即服装、玩具等的大型零售商、品牌营销商和品牌制造商将服装、玩具等的加工制造环节转移到中国的工厂来完成。随着服装、玩具等行业的转型升级，产业开放的区域从珠江三角洲扩展到长江三角洲以及中西部地区。从1994年起，中国成为世界服装第一出口大国和世界上最大的玩具出口国。

劳动密集型行业融入全球生产网络的发展提高了中国制造业的生产能力，吸引了跨国公司增加对中国资本、技术密集型产业的直接投资，推动了产业转移速度的加快，世界上最重要的电脑、电信、电子器件、制药、石化等跨国公司纷纷在中国投资项目，中国资本、技术密集型产业在融入全球生产网络的发展过程中不断开放。以中国电脑及外设厂商融入全球生产网络的开放为例（见图3-2）。20世纪70年代末80年代初，中国台湾地区企业在中国东南沿海的福建、泉州和珠江三角洲地区投资设立工厂，从事来料加工或产品装配业务，生产键盘、鼠标等技术已经成熟的电脑及外围设备产品，生产出来的产品绝大部分出口到欧美等国市场上。20世纪80年代至90年代中后期，全球电脑及外设领导厂商将更多的资金、技术、产业转移到中国，已经进入中国大陆的台资企业带来的一批专业化分工协作的配套企业集体迁移至珠江三角洲地区，随着全球电脑及外设行业的领导厂商在上海、杭州、苏州及其下属的昆山、吴江等地建立起生产基地，产业开放进一步扩展到长江三角洲地区。中国加入世界贸易组织后，中国内地巨大的市场吸引英特尔、NEC、三星等美国、欧洲、日本和韩国的厂商纷纷到中国大陆投资，他们或在中国大陆建立独资或是合资企业进行生产，或是与当地的企业建立长期的战略伙伴关系，或是下订单进行委托加工生产。2004年，IBM公司在全球的绝大部分笔记本电脑订单在中国长城国际电脑公司完成，长城国际电脑公司在深圳的生产基础成为IBM笔记本电脑的主要生产基地。在显示器生产行业出现了以外资为主体的四大类厂商，即以三星、LG为代表的韩国厂商，以冠捷、明碁为代表的中国台湾企业，以及飞利浦、NEC等欧洲和日本企业。中国台湾企业在大陆投资超过1 000亿美元，十大笔记本电脑厂商大多已经在内地设厂，仅在苏州一带就有华硕、宏碁、广志、伦飞、英业达、神达、蓝天等厂商，投资总额超过1.2亿美元。

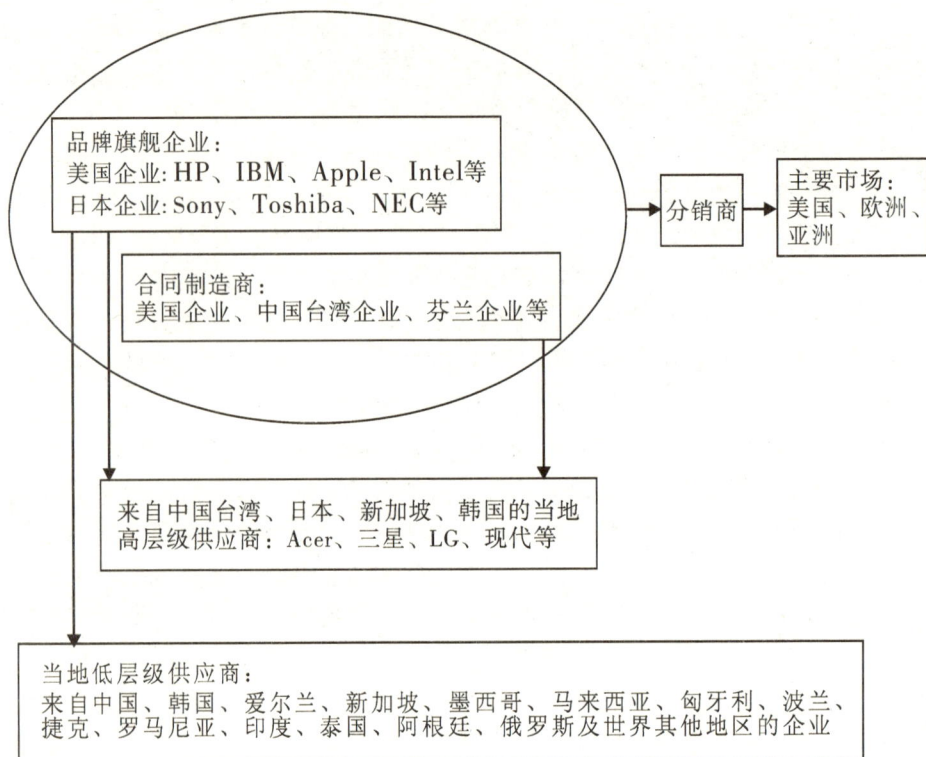

图 3-2 全球电脑及外设生产网

在全球产业转移的背景下，全球电脑及外设行业的领导厂商将生产大规模转移到中国，中国电脑及外设产业在国内形成了三个主要制造区域（见表3-3），即以深圳、东莞、中山、惠州、珠海为代表的珠江三角洲地区，代表厂商为长城国际信息产品深圳有限公司等、富士康集团、才众电脑（深圳）有限公司等；以上海、杭州、无锡、苏州、昆山为代表的长江三角洲地区，代表厂商有 AMD（苏州）公司、鸿海电子、纬创公司、美国国家半导体苏州有限公司、美国旭电（苏州）公司等；以厦门、漳州、福州、泉州为代表的东南沿海，代表厂商有戴尔公司、冠捷电子、NEC 公司等。电脑及外设加工贸易还延伸到北京、成都、西安、武汉等各地，这标志着中国电脑及外设产业在区域上已经全面开放。

表 3 - 3 中国电脑及外设产业中的三个主要区域

区域	代表厂商	主要产品
珠江三角洲（深圳、东莞、中山、惠州、珠海）	中国长城计算机深圳股份有限公司、长城国际信息、产品深圳有限公司、富士康集团、鑫茂科技（深圳）有限公司、才众电脑（深圳）有限公司、台达电子、技嘉电子、TCL 电脑科技有限公司等	台式电脑、硬盘及磁头、主板、盘片、鼠标、扫描仪、打印机等
长江三角洲（上海、杭州、无锡、苏州、昆山）	华硕电脑、AMD（苏州）公司、中芯国际、鸿海电子、明基公司、纬创公司、扬智电子（上海）有限公司、美国国家半导体苏州有限公司、美国旭电（苏州）公司等	笔记本电脑、芯片、印刷电路板、硬盘驱动器、UPS、显示器、鼠标、打印机、扫描仪等
东南沿海（厦门、漳州、州、福州）	戴尔公司、冠捷电子、实达电脑设备公司、中华映管、顺明电子、宏吉电子、NEC 公司、新大陆电脑公司等	台式电脑、喷墨打印机、针式打印机、显示器等

资料来源：根据有关资料整理得来。

在产品上，中国电脑及外设企业生产包括从机箱外壳、鼠标、打印机、扫描仪等外设产品到主板、硬盘、台式电脑、笔记本电脑，再到芯片、印刷电路板等的所有产品。东莞的台资电脑及外设加工贸易企业通过大企业带动配套企业、关联企业和下游企业整体转移的形式，在方圆 25 公里以内已经形成 PC 生产 95％ 的配套能力（见表 3 - 4），这说明中国电脑及外设产业产品的全面开放格局已经形成。

表 3 - 4 东莞市 PC 相关产品生产分布

所在镇	主要 PC 相关产品
长安	显示卡、多功能卡、主板、电子元器件、话筒、遥控器
长平	键盘、塑料
茶山	转换器、线圈、电子元器件、外设
大朗	电脑桌
大岭山	微电子设备、电路板、计算器

（续上表）

所在镇	主要 PC 相关产品
道窖	计算器、电脑电话、风扇
东坑	CD 盒、CD 架、软盘
凤岗	键盘、机箱盖、开关、软盘盒、转换器、计算机、网络系统设计、软件开发、接口、电阻、数控训练过程和电路板测试
附城	机箱盖、电路板、附件、电源、金属件、外设
高埠	金属冲压、附件、软盘壳
横沥	主机盖、导线、显示器、连接器
厚街	软盘、金属件
洪梅	计算机、显示器、调制解调器、开关
篁村	打印机、金属件、电缆、电路板
黄江	计算机、主机、转换卡、开关
虎门	导线、终端卡、计算机、软盘、线圈、蜂鸣器、电缆、金属件
桥头	机箱、转换器壳、话筒、笔记本包
清溪	主板、界面卡、开关、主机盖、金属件、转换器、电源软驱、键盘、显示器、机箱、笔记本包
石碣	IC 板、软件、扫描仪、鼠标、接口、插头、导线、功能卡
石龙	扫描仪、电路板、计算机
塘厦	磁头、调制解调器、磁盘、板卡
万江	显示器
樟木头	附件、键盘、机箱、印刷板、显卡、磁盘、软驱

资料来源：童昕，王缉慈. 硅谷—新竹—东莞：透视信息技术产业的全球生产网络. 科研管理，1999（9）.

加入世界贸易组织后，中国纺织品和服装、电子产品、汽车及其零部件的关税大幅下降，中国最主要的进口商品——电子产品中的 122 项在 2003 年前实行零关税，剩下的 124 项实行低关税，至 2005 年，实行零关税，制造业进口产品的平均关税水平由 24.3% 下降至 7%（见表 3 - 5）。在非关税壁垒方面，中国逐步取消进口配额和增加配额量，至 2005 年，取消所有的非关税壁垒。中国工业制品市场的准入程度大大增加，这为来自其他国家和地区的产品进入中国市场创造了条件。

表3-5 中国加入世界贸易组织制成品进口税率（加权平均）变化

	纺织品	服装	木材和纸制品	石油化学品	金属	汽车及零部件	电子产品	其他制成品
原税率（%）	57.1	76	21.6	20.2	17.5	129	21.7	23.5
承诺减让税率（%）	9.39	14.9	4.8	6.94	6.22	13.8	3.44	6.74

资料来源：林菁. 世界工厂与中国制造业发展战略. 对外经济贸易大学硕士学位论文，2003.

改革开放初期，中国对外贸易规模和数量有限，对外贸易位于全球第32位。1980年，中国工业制成品出口额为90.1亿美元，到2004年增长到5 528.2亿美元。2009年，中国一跃成为世界第一大出口国，并且成为仅次于美国的第二大贸易国。2010年，中国成为世界第一大出口国和第二大进口国。2013年，中国货物进出口总额为4.16万亿美元，中国成为世界第一货物贸易大国。

中国制造业也充分利用跨国经营的良好环境，实施"走出去"战略。20世纪90年代，中国平均每年批准到海外投资的企业数为262个左右，年均投资额为3.2亿美元，至2001年，累计批准海外投资企业数达到3 171个，累计投资额为45.1亿美元（见表3-6）。

表3-6 1990—2001年中国批准海外投资情况

年份	累计批准		当年批准	
	企业数（个）	中方投资（亿美元）	企业数（个）	中方投资（亿美元）
1990	801	10.3		
1991	1 008	14.0	207	3.7
1992	1 363	15.9	355	2.0
1993	1 657	16.9	294	1.0
1994	1 763	17.5	106	0.7
1995	1 882	18.6	119	1.1
1996	1 985	21.5	103	2.9
1997	2 143	23.5	158	2.0
1998	2 396	25.8	266	2.6

（续上表）

年份	累计批准		当年批准	
	企业数（个）	中方投资（亿美元）	企业数（个）	中方投资（亿美元）
1999	2 616	31.7	220	5.9
2000	2 859	37.3	243	5.5
2001	3 171	45.1	312	7.8

资料来源：中国对外经济贸易年鉴编辑委员会.《2001 年中国对外经济贸易年鉴》. 北京：中国对外经济贸易出版社，2001.

　　中国加入世界贸易组织进一步促进了中国制造业的开放，推动了外商直接投资的逐年增长。入世前，2000 年中国制造业外商直接投资合同项目数为 15 988 个，合同金额为 442.5 亿美元，实际使用金额为 258.4 亿美元。入世五年后（2006 年），中国制造业外商直接投资合同项目数增加到 24 790 个，合同金额增长到 1 188.89 亿美元，实际使用金额增长到 400.76 亿美元（见表 3 - 7）。2010 年，中国制造业新设立外商直接投资企业 1 047 家，同比增长 13.1%，实际使用外资金额 495.9 亿美元，同比增长 6%，分别占同期全国非金融领域新设立企业数和实际利用外资金额的 40.3% 和 46.9%（聂平育，2011）。其中，通信设备、计算机及其他电子设备制造业、电气机械及器材制造业、通用设备制造业、化学原料及化学制品制造业是吸引外资最多的行业。

表 3 - 7　中国制造业外商直接投资状况

年份	合同项目数（个）	合同金额（万美元）	实际使用金额（万美元）
2000	15 988	4 425 430	2 584 417
2001	19 106	4 884 686	3 090 747
2002	24 930	5 926 985	3 679 998
2003	29 281	8 074 727	3 693 570
2004	30 386	10 973 576	4 301 724
2005	28 928	12 735 725	4 245 291
2006	24 790	11 888 944	4 007 671

资料来源：《中国统计年鉴》。

　　为了引导外资增加投资，营造良好的投资环境，中国国务院下发了《关于进一步做好外资工作的若干意见》的文件，修订了《外商投资产业指导目录》，鼓励更多外资投向高端制造业、高新技术产业、新能源和节能环保产业，进一步推进中国制造业开放的深度和广度。

3.1.3　全球产业转移下中国服务业的开放

服务业种类繁多，各服务业门类发展不均衡，因而服务业各门类的开放程度也有所不同。中国服务业随着中国改革开放政策的实施开始开放，最早可追溯到中国第一部外商投资法通过后吸引外资开始。1980年，中国大陆与香港合资成立"北京航空食品公司"，以及开始建设中美合资的建国饭店、长城饭店等，标志着中国服务业开放由外资带动首先从餐饮、饭店等领域开始。1982年，外资开始进入中国银行业试点。1992年，中外合资商业零售企业获批允许在北京、上海等六个城市和深圳、珠海等五个经济特区尝试设立，外资开始可以有条件地进入中国保险市场。同时，中国也开始承接海外工程承包业务。在这一时期，中国服务业开放体现在餐饮、旅游饭店等少数传统服务业领域的零星开放，其他绝大部分服务业仍处于封闭状态。服务业开放不足导致中国服务贸易规模小，1982年，中国服务贸易进出口为44亿美元，1991年增长到108亿美元。期间，中国服务贸易进出口在世界服务贸易中的比重较为稳定，其中出口占服务贸易总出口额的比重保持在0.7%～0.8%，进口占服务贸易总进口额的比重保持在0.4%～0.5%，进出口总额占服务贸易总进出口额的比重保持在0.6%～0.7%。[①]

在全球经历由机器经济向信息经济、由工业经济向服务经济的产业变革中，发达国家的产业结构向后工业化社会转变，服务业和高新技术产业在发达国家产业结构中的比重不断增加。自20世纪90年代中期以来，在跨国公司大规模转移生产制造环节后，为配合制造环节的转移和满足其在东道国进一步发展的需要，服务业从发达国家向发展中国家转移加快，推动了服务业的开放。中国是在全球制造业转移推动下服务业开放的典型国家。作为制造业全球产业转移的主要承接国，中国不仅承接了鞋、帽、服装、玩具等劳动密集型产业的转移，而且承接了电脑及外设产业、机电产业、技术密集型产业的转移，中国制造业通过融入全球生产网络实现转型升级并全面开放。制造业转移过来之后，对为制造业提供支持的服务业的需求越来越多，由此，在生产过程中，全球生产网络不仅包含制造环节，还包括跨越生产领域的服务和研发环节，中国服务业紧随制造业通过融入全球生产网络实现开放。如在电脑及外设产业，中国台湾地区的明碁公司和14家配套厂商落户苏州后，中国台湾地区其他一些生产电脑及外设产品的企业都先后带领协作厂家进入苏州，形成以龙头企业为主，生产配套齐全，研发、制造、销售同步的格局。

---

① 张育林. 中国服务业对外开放三十年成绩斐然. 中国商报，2008－10－30.

苏州新加坡工业园区主要发展 IC 产业，涉及从 IC 设计、制造、封装到测试的全部产业链环节。为晶圆制造的主要厂商和舰科技提供配套服务的，有从事 IC 设计的世宏科技、瑞晟微电子、忆晶科技和原芯电子等台资企业，以及从事封装测试的三星、日立和快捷半导体公司，这意味着 IC 设计和封装测试等服务行业均已实现对外开放。来自美国、欧洲、日本、韩国的电脑及外设生产企业除了在中国建立大规模基地，从事生产和制造活动之外，还充分利用中国丰富的研究开发人力资源。英特尔公司、IBM 公司、惠普公司、富士康公司、宏碁公司等领导厂商纷纷在中国大陆设立了研究开发机构，为硬件产品开发相应软件，针对本地消费者需求对产品加以改进或重新设计，或是应国外客户的要求开展来样设计工作。除了价值链上游的研发设计环节承接国际产业转移对外开放之外，价值链另一端附加价值高的下游营销环节也融入全球生产网络对外开放。原康柏公司亚太地区采购中心的台湾首席电子中心进入中国昆山开发区，开办了东方首席电子商务中心。宏碁公司于 1993 年在北京成立宏碁讯息有限公司，负责 Acer 电脑产品在大陆市场的行销和服务，并先后在中国大陆建立了五百家代理商的销售体系。在全球产业转移的推动下，中国制造业融入全球生产网络后，网络领导厂商转移到中国的服务业种类多、领域广，不仅有附加价值低的后勤、寻呼中心，还有附加价值高的软件开发、研究中心等，促使中国服务业在产业转移浪潮下开放了后勤、财务、寻呼中心、办公支持系列、管理咨询、金融财务分析、法律服务、软件设计、生物信息、研究开发等多个行业，涵盖会计、人力资源管理、信息技术解决方案等多个服务环节。除了为制造业提供支持的服务业之外，也有部分直接的服务业价值链条的转移，两方面一起推动中国服务业的开放。

由于制造业与服务业之间紧密的联系，特别是众多生产型服务业作为制造业投入品的存在，服务业外包追随制造业全球转移，从而促使当地服务业开放的趋势日益明显。通过采取信息技术外包、业务流程外包和知识流程外包的形式，跨国公司不仅将制造业中的服务链环节的研发、设计、营销等业务外包出去，还把支持制造业发展的金融、法律、人力资源管理等业务也外包出去。

服务业外包这种方式也促进了中国中西部等承接制造业转移不多的地区能够直接通过服务业的外包，推动服务业的开放。如成都通过积极承接动漫产业外包，成为中国动漫产业基地，吸引了微软、英特尔、GGL 等跨国公司的投资。

在全球产业转移的背景下，伴随着制造业的转移和开放，中国服务业各门类的开放作为制造业开放的延伸和必然的结果逐步展开。1997 年，中共第十五届全国代表大会明确确定"有步骤地推进服务业的对外开放"，从国内政策上确定了服务业开放的基本步调，中国入世参与服务贸易谈判并对服务行业各领域作出承诺，以及 2003 年中国内地分别与香港、澳门签署《关于建立更紧密经贸关系的安排》（简称 CEPA），扩大了对港澳地区服务的开放程度，为中国服务业全面开放提供了良好的国际环境。入世前期，中国在与美国、欧洲各自达成的双边协议中，承诺开放银行、保险、电信、专业服务四个领域，以及进一步开放视听、零售、分销和旅游等领域。在入世服务贸易谈判中，中国针对《服务贸易总协定》中 12 个服务大类上的 10 个部门作出了开放承诺，包括银行、保险、证券、电信服务等在内的 100 个服务贸易部门，占服务部门的 62.5%。在《关于建立更紧密经贸关系的安排》的推动下，中国内地对港澳的服务开放与合作日益紧密，中国内地包括旅游、金融、法律、医疗、物流等四十多个行业对港澳放宽投资限制或是展开合作。为服务业进一步的开放提供政策法规保障，中国政府颁布了四十多项针对金融、保险、分销、通讯服务业、建筑、旅游以及商业和物流等服务业开放的法律法规。入世过渡期结束后，中国跨境服务贸易从 2001 年的 719 亿美元增长到 2006 年的 1 917.5 亿美元，其中货运与旅游占服务贸易的 50% 以上，而金融、信息服务业占服务贸易的比重较小，服务贸易持续保持逆差。中国服务业实际利用外资金额从 2001 年的 111.81 亿美元增长到 2006 年的 199.15 亿美元。[①] 越来越多的服务业跨国公司在中国设立分支机构，如商业零售业巨头沃尔玛、家乐福等，金融业的花旗银行、汇丰银行等纷纷进入中国，而制造业巨头如通用汽车、克莱斯勒公司等则将研发中心等服务环节转移到中国来进行。服务业中外国直接投资在中国传统行业如房地产业、租赁和商务服务业、交通运输、仓储以及通信业投入较为集中，在金融业、信息传输、科学技术、计算机服务和软件业的外资投入也明显增加。由于不同服务行业领域准入限制的不同，中国服务业吸收外资的来源地也有所不同，来自中国港澳地区、日本、中国台湾地区、新加坡、韩国投入中国服务业的外资一直居世界首位，而来自欧美国家的投资所占比重则不高，这显示出中国服务业对不同国家开放的程度有所不同。

　　中国服务业对外直接投资增长速度最快的是房地产业，以保利地产、华润集团和招商局集团为代表，2007 年，房地产对外直接投资增幅达到 107.3%[②]。中国服务业也纷纷展开对外投资，入世过渡期结束后，中国服务业对外直接投资达到 113.8 亿美元，其中非金融类对外直接投资达到 78.5 亿美元。[③] 中国信息通讯业对外扩张也十分迅速，中国移动、中国网通是位居中

---

① 王晓红. 发展现代服务业的重要途径. 人民日报，2007 - 12 - 17.

② 资料来源：2008 年中国对外直接投资统计公报。

③ 张育林. 中国服务业对外开放三十年业绩斐然. 中国商报，2008 - 10 - 30.

国非金融类企业境外资产总额前两位的服务性企业，中国电信、中国联通、搜狐、UT 斯达康等中国服务企业也通过海外上市进而利用国外市场的资金和管理经验。2007 年，中国文化，科学研究、技术服务和地质勘查，批发、零售的对外直接投资的增幅分别达到 86.9%、81.8% 和 49.6%。对外承包工程和向外派出劳务人员也是中国服务业"走出去"的重要组成部分，其中，中国建筑工程总公司在对外投资存量和境外资产方面占中国对外直接投资的比例很大。截至入世过渡期结束，中国累计派出各类劳务人员 382 万人，2006年，中国对外劳务合作完成营业额 53.97 亿美元，对外承包工程完成营业额300.07 亿美元。①

入世十年后，为进一步推动服务业的开放，国务院下发了 9 号文《关于进一步做好外资工作的若干意见》，修订了《外商投资产业指导目录》，鼓励外资投向现代服务业。2010 年 6 月，为落实《关于进一步做好外资工作的若干意见》，中国商务部出台了《关于下放外商投资审批权限有关问题的通知》，其中，在服务业领域，外商投资企业设立和变更事项等六大类审批权限下放至省级人民政府，对外资进入放宽限制，促使更多的外国企业直接将资金投向中国服务行业。2010 年，中国服务业新设立外商投资企业 14 852 家，同比增长 21.6%，实际使用外资金额 499.6 亿美元，同比增长 29.6%，分别占同期全国非金融领域新设立外资企业数和实际利用外资金额的 54.2% 和47.3%。② 据商务部发布的外商直接投资数据显示：2011 年，中国服务业实际使用外资金额为 571.96 亿美元，同比增长 18.54%，已经超过制造业，成为吸收外资的第一大产业（见表 3 - 8）。

表 3 - 8 中国服务业实际利用外资额（单位：亿美元）

年份	1997	1998	1999	2000	2001	2002	2003	2004
实际利用外资额	120.6	135.1	118.29	104.64	111.81	122.5	133.25	140.49
年份	2005	2006	2007	2008	2009	2010	2011	2012
实际利用外资额	267.75	199.15	309.82	379.5	385.28	499.63	582.64	571.96

资料来源：《中国统计年鉴》等。

同时，中国对服务业离岸外包业务给予了许多优惠措施。从 2006 年开始至今，中国商务部已经扶持了大连、西安、成都、上海、深圳、北京、杭州、天津、南京、武汉、济南、合肥、长沙、广州等 18 个城市，并将它们确定为

---

① 张育林. 中国服务业对外开放三十年业绩斐然. 中国商报，2008 - 10 - 30.
② 聂平香. 外国直接投资新动向及中国的对策. 国际经济合作，2010（6）.

"服务外包示范城市"。商务部还发布了《商务部关于实施服务外包"千百十工程"的通知》，确定了"十一五"期间，在全国建设10个具有一定国际竞争力的服务外包示范城市，推动100家世界著名跨国公司将其服务外包业务转移到中国，培育1 000家取得国际资质的大中型服务外包企业，创造有利条件，全方位承接国际（离岸）服务外包业务，并不断提升价值。至2011年，中国已经建立了21个服务外包基地城市，服务外包涵盖研发、人力资源管理、IT服务、金融、保险等诸多领域。根据商务部统计：2011年，中国国际服务外包产业规模超过了200亿美元，占整个服务外包产业规模的62.5%。承接国际服务外包合同金额326.2亿美元，合同执行金额238.3亿美元，分别同比增长了64.5%和65%，同比增速比2010年提高了30%和22%。2011年，已有500余家企业的国际服务外包执行额超过1 000万美元，占全国外包企业总数的3%，这500余家企业创造了整个离岸金融外包市场67.6%的收入份额，同比提高了5%。[①] 中国国际服务外包还利用后发优势逐步实现服务外包产业从全球价值链中低端向高端业务方向延伸拓展。

此外，中国进一步放宽对好莱坞电影配额的限制以及对外国影片商控股比例的限制，在对国外传媒和文化产业"引进来"的限制减少的同时，中国万达集团收购了美国第二大连锁影院公司AMC影院公司100%的股权，标志着中国传媒和文化产业"走出去"的步伐加快，服务业开放领域进一步拓宽。

这也带动了中国服务贸易的快速发展。据商务部资料显示：中国服务贸易进出口总额在2012年达到4 705.8亿美元，比上年增长12.3%，总额居世界第三位，出口总额居世界第五位，进口总额居世界第三位。高附加值服务中的咨询、计算机和信息服务、广告宣传、金融服务和专有权利使用费及特许费出口快速增长，分别比上年增长17.8%、18.6%、18.2%、122.5%和40.1%，传统服务运输和旅游在服务进出口总额中所占比重为58.8%。

3.2 产业开放

产业开放是一国经济开放的重要组成部分，是产业走向国际竞争的必备条件，也是进一步扩大贸易和投资的基础。通过对全球产业转移下中国农业、制造业、服务业三大产业开放的回顾和评述，可以看到通过融入全球生产体系，中国农业、制造业、服务业三大产业开放作为中国经济开放的重要组成部分取得了巨大的进展，特别是制造业，其融入全球生产网络的开放程度最高，开放的领域最广。中国服务业的开放随着制造业的开放逐步展开，是目前中国产业开放的重要内容。

―――――――――

① 佚名. 商务部：2011年我国服务外包发展情况及主要特点. 中国外包网，2012 – 02 – 16.

3.2.1 产业开放的文献综述

国内外专门针对产业开放的研究并不多见，对于开放的研究多集中于经济开放度和贸易开放度两方面。国内外学者对经济开放度，特别是对发展中国家经济开放度的度量、经济开放与技术进步的关系、经济开放对于创新的重要意义、经济开放与经济发展之间的关系、经济开放与贸易开放、经济开放与收入失衡等方面的主题进行了深入的研究和探讨（Cosh、AD，1992；Ann、Harrison，1995；李翀，1998；范良，2005；Keld Laursen，2006）。贸易开放是国内外研究集中的另一方面，围绕贸易开放度的测量、贸易开放与国际投资和国际资本流动的关系、贸易开放与环境保护等方面有大量的研究（张立光，2004；Alexandra Sidorenko，2004）。其他涉及产业开放的研究则集中于金融开放、金融自由化或是金融深化方面（王毅，2002；N Kjyotaki、J Moore，2005；G Bekaert、CR Harvey、C Lundblad，2005；王曙光，2005）。

随着经济全球化的推进，中国经济日益融入到全球化生产体系中，越来越多的学者注意到中国的产业开放对于中国产业结构升级和经济增长的重要作用。迟福林、李昌邦（2000）提出开放的三个层面包括经济（贸易）开放、区域开放和产业开放，并提出产业开放是一种以产业的国际合作为主导的对外开放模式，认为产业开放要选择基础条件较好的优势产业领域，在投资自由化和市场准入条件方面，率先实行国际通行规则，开展对外经济合作。全毅（2002）提出入世后要适应经济全球化的趋势，确立开放的产业发展模式，特别是服务业中主导性的现代性的金融、保险、通讯、网络以及教育等行业由于未开放而造成服务质量低下和效率低下，因此需要打开市场以开放实现发展和结构升级。韩国丽（2008）认为产业开放是经济开放的重要组成部分，并以广西北部湾经济各产业为例，论述了产业开放主要包括产业市场开放、产业产权市场开放，通过产业开放促进跨国经营、通过产业开放集聚人才等方面，并提到现代服务业要依靠产业开放实现升级。此外，何维达等（2003）围绕产业开放研究了产业安全及政府规制问题。

在定量研究方面，国外学者运用一系列与贸易相关的指标构造了一个综合的开放指标，并采用"二进制"的度量方法，将各国经济开放程度简单地分为开放与不开放两种，并将经济开放的条件分为五个方面。若某国不符合五个方面中的任何一个方面，则此国开放度为"0"，属于不开放国家；反之，若均符合，则此国开放度为"1"，属于贸易开放国家。国内学者在此基础上运用相关指标对中国经济开放度进行了度量（吴园一，1998；黄德发，2000）。其他的测度则从频度度量指标、价差度量指标、量差度量指标、服务贸易依存度度量指标、平均关税率、有效保护率指标、Sachs-Warner 的开放指标等方面来进行研究（Dollars，1992；Sachs-Warner，1995；Hoekman，1995；

Gorden，1996；Nguyen & Hong，2000；Warren，2000）。也有许多学者借鉴了 Hoekman 的频度分析方法，以中国服务业为研究对象，采用简单平均和加权平均、开放/约束因子的方法（盛斌，2002；程大中，2003；陈贺菁，2005），根据中国入世的承诺文件，研究了中国服务贸易的自由化程度。此外，胡晓鹏（2007）基于贸易开放度从区域间投入产出关系出发，通过构造产业价值创造能力指标、产业对外开放指标和产业对内开放指标，用计量模型论证了产业对内开放度、对外开放度与产业价值创造能力之间的相互关系，其研究着眼于产业对内开放度，以及经济增长与产业对内开放之间的关系。张金清等（2007）以金融行业为研究对象，从政策法规的角度，解析和论证了金融对外开放的内涵，建立了测度金融对外开放的指标体系及测度公式，并对中国金融业的对外开放度进行了测度，与新兴市场和发达国家或地区进行了比较。可见，目前对于产业开放的研究偏向于以定性研究为主，对产业开放提出概括性的一般的解释，量化研究则较分散。另一方面，以上研究虽然提及产业开放，但更多的是将产业开放的重心和关注点放到制造业方面，对于服务业的开放及其度量尚未形成完整的体系。

3.2.2 产业开放的含义

产业开放指的是一国产业能自由地进入他国市场配置资源，同时对来自他国的产业给予同等的待遇，这反映了一国产业在世界范围内与他国产业的往来程度，即一国产业在生产、经营、发展过程中与他国产业的相互影响和相互渗透程度。除了一国产业对外进行经济合作和技术交流外，产业开放最主要的两部分内容包含产业产品市场开放，即对于某一产业所生产的产品准许其在各国市场自由交易，以及产业产权开放，即对产业中涉及的投资主体权力的放开。投资主体可自主决定是否进行跨国经营以及拥有经营的形式和经营活动开展的自主决定权。由于各国对产业发展有规划，并且制定了相关产业政策对产业发展进行宏观上的管理和监管，因而在产业开放的过程中很重要的内容在于放松规制。比如通过降低关税，放宽对某一产业产品的进入或进入数量的限制；通过实施鼓励外资进入的相关政策，放松对外资进入的限制；通过放宽本国产业对外投资的限制，促进本国产业向外发展。产业开放的最终目的是能够在国内外两个市场上获取产业发展所需的资源并进行最优配置，达到增强产业发展能力、提高产业竞争力的目的。

产业开放是双向的，既包括本国国内产业的向外扩张，也包括国外产业对本国市场的进入。在经济全球化和国际产业转移的背景下，产业开放与产业日益国际化的最大动因，是在各国产业所需要的生产要素和资源不平衡的前提下，通过新的制度安排来分享世界资源。因而，伴随着产业开放的是各国产业进入同一个全球市场相互竞争，同时各国的产业制度也处于彼此竞争的状态中。在产业开放过程中，各产业所生产出来的产品在国际范围内流通和交易，产业资源也在世界范围内重新配置，两者同时指向全球市场统一交易规则的形成。在开放型的产业体系中，存在合理的国际分工和高度的专业化生产，在高度一体化的国内外市场上产品呈现高度的商品化。

3.2.3　经济开放、区域开放与产业开放

一国的经济开放是一国经济活动中各方面要素的综合开放，既包括经济政策上的放松管制，比如汇率制度从固定汇率制转向浮动汇率制，经济体制从计划体制转向市场经济体制，从垄断经济转向自由竞争的经济，经济活动比如贸易和投资的开放，也包括产业的开放，表明一国经济融入世界经济的程度。

区域开放作为经济开放的一种模式，是对一国内特定的行政区域实行特殊的政策和措施，使其比非开放区域有更多对外经济往来的有利条件，从而获得优先发展的机会。中国在对外开放的过程中即采取了以区域开放为主的模式，选择东部沿海地区作为区域开放的主要地区，形成了经济特区、沿海、沿江、沿边开放区以及内陆省会城市再到广大西部地区的区域开放模式，把有限的资源集中投向这些通过行政方式确定下来的开放区域，重点发展这些区域的经济。在区域开放的模式下，开放区域与未开放区域的经济发展有较大差距，即使是同一产业，由于所处区域位置不同，这些产业的发展和开放程度也有较大差异。

产业开放是经济开放的重要组成部分，是一种以产业的国际合作为主导的对外开放模式（迟福林等，2000）。在经济开放的过程中，首先会公布一系列的方针政策，这些宏观的方针政策需要落实到产业层面，然后通过产业的开放传递到产业内各企业具体的经营活动中。产业开放的主体是产业组织，由于各产业发展的状况存在很大不同，产业开放的程度也各不相同。而对一国经济开放的研究是对一国整体经济开放状况的评测，因而对经济开放度的度量不能代表产业开放。产业开放是一国某一产业实行整体开放，可突破区域开放模式中由于所处区域不同，产业开放在不同区域被割裂和隔断的状况，从而促进全国范围内产业的统一发展，形成一国在不同区域合理的产业布局以及区域间产业的合理分工和协作关系。

3.2.4　贸易开放、投资开放与产业开放

贸易开放与投资开放是构成产业开放的重要内容。贸易开放是通过一国所生产的产品或服务的进出口来实现比较优势，贸易开放面临的最大障碍是关税和非关税贸易壁垒。目前，构成农业和制造业产品跨境流动的主要壁垒是关税以及技术、卫生标准、反倾销、反补贴等非关税贸易壁垒，构成服务贸易的主要壁垒是依据世界贸易组织对于服务贸易的四种主要提供模式，即

跨境支付、境外消费、商业存在、自然人流动，针对服务业各部门或分部门实行市场准入限制或是国民待遇限制。推动贸易开放的主要措施则是针对关税税率进行谈判，使关税税率下降，取消非关税贸易壁垒或是使非关税贸易壁垒关税化，然后再通过谈判的方式降低这一壁垒。

投资开放面临的障碍主要来自政府对于对内、对外直接投资和间接投资的各种限制，比如对于外来资本在投资领域、地区以及外资股权比例、经营业务范围的限制。推动投资开放的主要措施是放开对外来资本进入和运作的限制。

贸易开放或投资开放能够在一定程度上衡量产业开放，产业开放主要是指贸易开放和投资开放的基础，通过产业开放实现产业发展，在坚实的产业基础上才会带来贸易和投资的进一步开放。产业开放包含产业要素的开放，这是贸易开放无法涵盖的内容，也超越了投资开放中仅仅涉及资本这一要素开放的内容，因而产业开放比贸易开放和资本开放的外延更广，内涵更丰富。

3.2.5 产业对外开放与产业对外开放

产业开放既包括对内开放又包括对外开放。

对内开放主要是指某一产业对国内市场竞争主体的开放，比如原来只对国有企业开放的产业领域，现在对外资企业、合资企业和民营企业等非国有企业开放。在准许外国竞争者或是外国资本参与本国相关产业竞争的同时，原来对国内民营资本的限制也取消。

对外开放主要是指一国政府通过放松相关政策法规，准许外国竞争者或是外国资本参与本国相关产业的竞争，即对本国产业市场参与者的限制以及对其所能从事的经营活动进行放松，这就是我们通常所说的对外投资限制的取消，即我们通常所说的"引进来"。准许和鼓励本国竞争者或是本国资本参与他国相关产业的竞争，在国际市场上进行投资或是开展相关经营活动，即对本国产业对外投资限制的取消，这就是我们通常所说的"走出去"，因而对外开放包含"引进来"和"走出去"两方面内容。

3.2.6 静态的产业开放和动态的产业开放

静态的产业开放是指某一时点上产业的开放状态，比如入世时即2001年这一时点中国的产业开放，入世五年即2006年这一时点中国的产业开放。

动态的产业开放是指某一时间段内产业开放的状态，通过一段时间产业开放的比较可以刻画出产业开放的演变状态，从而得到动态的产业开放过程。

3.3 服务业开放及服务业对外开放度的衡量

服务业通过投入劳动、资本、制度等生产要素，生产出的产品为服务。由于服务业自身的特性，尤其是服务业生产的产品的特性，比如服务具有无形性且不可储存及不可运输，其生产与消费的过程不可分离，对服务产业质量标准的评价有差异等特性，决定了服务的可贸易程度低。服务业各行业产出的产品由于不可储存，在生产的同时便要消费，否则就会消失，比如旅游、通讯、金融、保险等。另一部分服务业产品产出后，其国际流动的成本高昂或是由于体积过大、固定等原因而无法流动，如国际建筑行业和国际工程承包中建设的高速公路、医院、机场、码头等不可随意在不同国家之间搬迁。在信息技术迅速发展的推动下，服务业某些部门的产品物质化，也可以跨越国境进行转移，如通过唱片和光碟传递的文化产品、软件设计以及通过服务外包获取的人力资源管理、业务外包、财务管理外包等信息技术外包和业务流程外包等服务。因而从总体上而言，服务业的产业特征决定了其产品的可贸易程度远远低于制造业，服务业开放的重点则落在了服务行业所使用的生产要素的开放上。

在服务业主要的生产要素投入中，劳动受国际移民法律法规的限制，以及受文化、习俗等的软约束，在国际流动的规模和范围有限。制度则根植于一国的政治、文化等环境中，无法向外迁移，即使通过借鉴和学习也不能被完全复制，因而资本的开放成为服务开放的主导因素和主要内容。基于此，在中国加入世界贸易组织的谈判中，与美国等其他国家对中国农业和制造业开放所提出的要求不同，美国等其他国家对中国农业开放的谈判集中在要求中国对农产品市场准入水平提高、放宽农产品的进出口限制上，对中国制造业开放的谈判则包含制造业产品市场的开放和放松对制造业投资限制两个方面，而对中国服务业开放的谈判则集中在要求对中国服务业的投资放开方面。

在经济发展中，由于服务业与许多经济活动相关联，特别是与制造业的发展存在"你中有我，我中有你，共同发展，共同促进"的情况，因而服务业开放对国民经济的影响深远。而服务行业涉及的范围广，其中供电、通讯、交通、邮电等行业具有半公共产品的性质，文化、教育等服务部门的开放影响超越经济领域，影响到一国文化发展、国民素质以及消费习惯等广泛的社会领域，因而服务业开放往往较敏感，各国对于服务业的开放也是采取谨慎的态度，逐步放开。

国外学者对服务业开放从各个角度展开了研究，主要围绕服务市场的开放来展开，尤其是服务贸易自由化和服务业外国直接投资两个方面。研究结果显示：在一国总体服务贸易自由化、具体服务贸易部门开放以及不同模式下，服务贸易自由化对一国经济增长具有溢出效应（Goldsmith，1969；Maxkusen，1989；Sherman，2002；Walmsley & Winters，2005；Hoekman，2006）。服务业国际化带动技术扩散，成为全球产业与市场整合的黏合剂（郑吉昌，2004）。服务外包通过人力资本流动效应、示范和学习效应、竞争效应、规模经济效应、关联产业带动效应产生技术溢出效应（江小涓，2008），从而承接服务业外包有助于承接国的产业结构升级（刘庆林、廉凯，2006）。

东道国的市场规模、企业规模、跟随竞争者和客户进行国际化的程度，以及母国服务业竞争优势、东道国政府政策等因素影响着服务业对外直接投资（Weinstein，1977；UNCTC，1980；Jiatao Li，1992，1994）。服务业对外直接投资通过影响贸易，与其他产业的联系与互动，促进就业以及技术溢出效应等促进了东道国的经济增长（Chanda，1994；Bagchi & Sen，1995；庄丽娟，2007）。根据俄罗斯、捷克以及智利等国的数据进行研究的结果显示，服务业对外直接投资壁垒降低可促进制造业等其他部门全要素生产率的提高。中国学者对中国不同区域服务业开放展开了研究，如对浙江省对外开放的现状与对策、对外开放度和服务外包的研究，提出对外开放的思路和策略（姜红，2009）；结合 CEPA 的背景，对广东服务业对外开放中涉及的银行、保险、电信等十八个具体行业加以分析，尤其是港资进入对广东服务业的影响，进而提出广东服务业对外开放的政策建议（中山大学中国第三产业研究中心课题组，2005）。

研究集中的另一方面是对于服务业开放度的衡量。服务业开放的衡量受对外开放程度度量方法的影响，对一国服务业开放程度的评价指标设定为服务贸易依存度指标，用该国服务贸易进口额和出口额占该国国内生产总值（GDP）的比重来衡量，其公式为：

$$ITS = (TS_m + TS_x)/GDP$$

其中 ITS 为服务贸易依存度，TS_m 和 TS_x 分别是服务贸易进口额和服务贸易出口额。在这种度量方法下，服务业开放等同于服务贸易开放。

考虑到经济发展和人口规模对服务贸易开放度的影响，对服务贸易依存度（ITS）可进行修正（许统生等，2007），其公式为：

$$\ln(ITS_t) = \beta_0 + \beta_1[\ln(GDP_{st})]^2 + \beta_2[\ln(POP_t)]^2 + \beta_3[\ln(GDP_{st}/POP_t)]^2 + \varepsilon_t$$

其中，GDP_s 表示 GDP 中第三产业生产总值，POP 表示中国人口数。得到服务贸易依存度的修正值：

$$ADITS_t = \exp[\ln(ITS_t) - \varepsilon_t]$$

作为经济开放度的重要度量方法，对贸易开放度测算的研究从使用单一指标拓展到使用综合指标（Dollars，1992；Sachs & Warner，1995；Marrison，1996；Edwards，1998；Patrick，1998）。Sachs-Warner（SW）综合指标体系中包含的五个分指标涉及关税率、非关税壁垒覆盖程度、社会主义经济体系、出口的国家垄断以及黑市溢价。世界银行提出的世界银行外向指数基于数量限制、汇率、有效保护率等进口限制措施，从不同国家的对外贸易政策强度上测度贸易开放度。Edwards（1998）则将 Sachs-Warner 指标体系、世界银行外向指数、Learner 开放度指标、Wolf 的进口扭曲指标等九种贸易开放测度方法进行综合，得到新的测度贸易开放度的指标。贸易开放度测度取得的进展没有进一步应用在服务贸易开放度上。虽然这些方法也有局限性，比如Sachs-Warner 综合指标体系中的关税率和非关税壁垒两个贸易政策变量的效果小并且不显著，而黑市溢价则是贸易开放度指标结果最主要的影响指标（Harrison，1996；Rodriguez & Rodrik，2000）。世界银行对贸易开放度的划分具有很强的主观判断（Edwards，1998）。但这些新研究进展给予我们启示：在对服务贸易开放度进行测度时不能仅限于服务贸易进出口比率，而是要从服务贸易政策、服务贸易体制、汇率政策和宏观经济运行方式等多个角度综合测度服务贸易开放度。

服务业中外国直接投资的份额作为服务业对外开放的重要内容和标志，使得对服务业开放度的测度从服务业投资开放度（OI_s）这一角度展开（张蕴如，2002），其测度公式为：

$$OI_s = (II_s + IO_s)/GSP$$

其中，II_s表示服务业外国直接投资的流入额，即外国对本国服务业的直接投资额；IO_s表示服务业外国直接投资的流出额，即本国服务业对外直接投资额。

还有从服务贸易开放度和服务投资开放度两项内容加总来衡量服务业对外开放度的方法，得到计算一国服务业开放度的计算公式（张一鸣，2003）：

$$O_s = \alpha TS_m + \beta TS_x + \gamma II_s + \rho IO_s$$

其中 O_s表示服务业开放度，α、β、γ、ρ 分别为服务业进口、出口、服务业外国直接投资流入额、流出额所占服务业进出口总额和服务业外国直接投资流入流出额的比重，即

$$\alpha = TS_m/(TS_m + TS_x + II_s + IO_s)$$
$$\beta = TS_x/(TS_m + TS_x + II_s + IO_s)$$
$$\gamma = II_s/(TS_m + TS_x + II_s + IO_s)$$
$$\rho = IO_s/(TS_m + TS_x + II_s + IO_s)$$

此外，还有将服务业对外经济贡献度、服务贸易对世界服务贸易贡献度等作为测量服务业开放度的指标（樊英，2012）。

鉴于服务业与制造业等其他行业在开放上的差异，服务业开放度提高，最直接的体现是外来资本注入的实现。提升服务业投资开放度，并促进服务贸易主要实现模式"商业存在"的实现，将会带动服务贸易进出口额的增加，以及服务贸易开放度的提高，因此，服务贸易开放度、服务业投资开放度的变动是由于服务业开放程度变化而带来的结果。从服务贸易开放度、服务业投资开放度或者是两者的总和来测度服务业对外开放度，是以服务业开放的

结果作为指标来衡量服务业自身开放程度的。这些指标能够刻画出一国服务业的开放状况，在一定程度上反映服务业开放程度，并且由于数据便于收集，因而在研究服务业开放对制造业绩效的影响，服务业开放对产业结构升级的影响，以及服务业开放对一国经济增长影响等相关研究中（罗立彬，2010；刘彩兰，2011），这一测度指标被广泛使用，并便于用于进行国际比较研究。

但在服务业开放过程中，对服务业国内规制不断放松以至取消相关规制，以使得服务业生产要素能够在国际自由流动，特别是对资本投入要素的国际自由流动这一开放的过程研究则被忽略了。而一国服务业开放在不同阶段呈现出的质的差异也无法体现，因而对一国服务业开放度的测度，除了从服务贸易开放度、服务投资开放度等量的角度来测度，还需要补充其他方面的指标，即对服务业开放政策指标的测度。

综合服务业开放的结果和过程、量和质等多个维度，我们发现，如果一国服务贸易开放度和服务投资开放度计算出的结果显示出服务业开放度高，但服务业国内规制未放松，则服务业开放程度仍然不高。抑或是服务业国内相关规制放松，但服务贸易开放度和服务投资开放度计算出的结果显示出服务业开放程度不高，也不能得出服务业开放程度高的结论。只有服务业相关国内规制放松，结合高水平的服务贸易开放度和服务投资开放度，才能得出服务业开放程度高的结论。

对于服务业政策是否开放，主要测度的指标涉及服务业管理体制和政策变量，这一指标体系涉及的范围广，难以量化，对其判断包含了太多主观因素，使得从这一角度测度服务业开放度的研究有限，成果甚少。直至在世界贸易组织的推动下，各国针对服务贸易开放进行谈判，作出关于服务贸易开放的承诺，在谈判的基础上形成一套服务开放的规则和指标，能够从服务准入和与服务贸易有关的投资准入等几个方面评价一国服务业的开放水平。

基于服务贸易总协定各成员国的承诺表作出的度量，成为服务业开放度研究的新视角。Hoekman（1995）采用频度指标，基于服务贸易总协定各成员国的承诺表度量了各国服务贸易开放水平。按照承诺表中不同的承诺水平给予赋值，记为开放/约束因子，对世界贸易组织的 96 个成员国、155 个部门按服务贸易的四种提供模式，测度出各成员国在服务贸易的市场准入和国民待遇上承诺的开放水平。澳大利亚生产率委员会（1999）在 Hoekman 的方法上进行了改进，对每一个限制因素的赋值以及对限制因素分组设置了不同的权重，提出了贸易限制指数。这一方法被广泛应用于测度电讯服务业（Warren，2001；Roseman，2005）、银行业（Mattoo，1998；McGuire 等，2001）、海洋运输业（McGuire 等，2001）、分销（Kalirajan，2000）以及专业服务业（Nguyen & Hong，2000）的开放度，尤其是对金融业开放的研究成果丰富。

Mattoo 针对金融服务业中"商业存在"作为最重要的服务提供方式，赋予了"商业存在"以最大的权重，并采用了更详尽的评分，给不同的服务提供方式赋予了不同的权重。这一方法在以后的研究中被广泛借鉴（Valckx，2002；Pontines，2002；Dobson，2002；Harms，2003；Qian，2006；张金清等，2009）。中国学者在测度中国服务贸易及服务开放度时广泛借鉴了 Hoekman 的频度分析方法。盛斌（2002）以中国服务业为研究对象，采用了 Hoekmam、Kostecki（1995）的"简单平均"和"加权平均"的方法，根据中国入世的承诺文件，对市场准入、国民待遇等方面，作出了数量化的评估和分析，并且结合世界贸易组织成员国对中国等其他国家的具体承诺，分别对部门覆盖率等进行了国别比较研究。程大中（2003）利用频度度量出开放度，并对中国服务贸易的显性比较优势状况与"入世"承诺减让水平作了定量分析，探讨了中国进行相关承诺减让的基本动因。王健（2005）在概述服务贸易总协定框架下的服务贸易承诺的基础上建立了模型，对服务贸易承诺自由化指标进行了计算，然后就服务贸易承诺自由化指标进行了分析和比较研究。陈贺菁（2005）采用了 Hoekman（1995）的开放/约束因子的方法，并在此基础上进一步引入了具体部门权数和提供方式的权数，更为精确地度量了中国服务业的承诺水平。封旭红、盛斌（2006）采用 Hoekman（1995）的加权平均法，并进一步使用"平均权重"和"权重加权"两种方法对承诺减让表进行了分析，研究了中国服务贸易的自由化程度。此外，还有程涛、邓一星等也是采用类似方法来研究服务业开放度。

综上所述，从国外和国内关于开放度度量的文献研究中可以看到，测量开放度的度量指标有很多，学者们采用的方法各有不同，但是采用较多的是 Hoekman 的开放/约束因子、加权平均法。由于服务业开放数据的特点——难于获得性以及缺乏国际标准性，因此衡量服务业开放度相对困难。相比之下，Hoekman 的频度分析法较为简单，也是国内外学者对服务业开放度进行度量而采用最多的方法之一。

基于各国加入服务贸易总协定的承诺表对服务开放度进行测度的方法，在一定程度上克服了以往从开放的结果和量的方法对服务业开放度进行测度的局限，将各国服务业国内规制对服务业开放度的影响纳入研究范围，考虑了开放过程因素对服务业开放的影响。但这一测度方法也有一定的局限性。

第一，在各国的承诺之外还有例外条例。一国即使对本国服务业的相关部门或是分部门作出了开放承诺，但仍可以援引最惠国待遇的例外条例，特别是在金融、电信等敏感部门，使其在双边协商的基础上得到的利益不扩展到所有缔约方。比如日本承诺较高程度的服务业对外开放，但通过技术标准、业务管理、法规和认证制度限制了达不到标准和规定的国家，尤其是限制了来自发展中国家的服务提供厂商进入本国市场，从而间接地加强了对本国服务业的保护。另外，各国国内的法律、法规如果未作修改或是调整的话，与承诺仍会有一定的距离，因而对于承诺的履行具有弹性。比如成员国虽然已经承诺放宽服务业某一行业的市场准入，但之前已经在国内实施的管理条例和法律、法规，只要是普遍适用而非对外国服务者具有歧视性的，就不需要进行任何改变并可以继续实施。因而基于服务贸易承诺对各国服务业开放度的度量并不能反映各国服务业开放的现实状况。

第二，对各国服务业开放度的测度，依据的是各国加入服务贸易总协定时的承诺书，而没有考察相关国内规制随着时间的推移变动的情况。根据服务贸易总协定的规定，各国在提交承诺书后，如果国内服务市场遭到严重冲击，则可采取紧急保障措施，提出修改或撤销相关承诺的意向。在提交承诺后，各国按服务市场开放的总指导原则《服务贸易总协定》及其附件《金融服务协定》、《基础电信协定》等，逐步调整和修改国内有关服务行业的政策、法律和法规，由此，在保障各国政府对本国服务业和服务市场必要监管的前提下，推动服务业的开放。各国政府会根据本国服务业不同的发展状态，以及服务业不同部门的情况，对国内的政策、法律和法规在不同时期进行适当调整。如果仅依据承诺书中的相关承诺对服务业开放度进行度量，则会忽略服务业开放的现实情况。

第三，对承诺书各项内容的考察，没有依据开放的重要程度给予不同的权重。据世界贸易组织的统计结果显示：目前全球通过外国附属机构或"商业存在"模式交易的服务贸易额是传统贸易模式（即跨境支付）的1.5倍，占全部服务贸易的50%（见表3-9）。全球服务贸易总量的56%以上以"商业存在"的模式实现，因而从总体上讲，在服务业开放度的度量中，对于"商业存在"模式的限制应着重加以关注并作为度量的重点。在各国服务贸易承诺中，对于服务贸易的四种服务提供模式，即跨境支付、境外消费、商业存在、自然人流动，都是以没有限制、有限制、不作承诺三种方式加以承诺。在依据承诺表度量服务业开放度时，仅计算各承诺项下的数目，则不能反映各种服务提供模式对服务业开放的影响程度。服务业涉及的范围非常广泛，受服务形态、提供方式、消费方式等的影响，不同的服务提供方式在不同的服务行业中所起的作用也有很大的不同。比如建筑工程中的跨境支付，由于技术上的不可实现，在测度建筑行业的开放度时，可忽略这一提供方式。而在金融行业，自然人流动所提供的跨国金融服务在金融行业的服务贸易中所占的比重极小，也是可以忽略不计的。另外，处于不同经济发展水平的国家对服务贸易的提供方式的重视程度不同，也导致其采取的开放政策各有不同。中国等发展中国家由于人口众多，在对外劳务合作等领域有优势，因此，在自然人流动方面，其开放程度最高。而发达国家则在自然人流动上有严格的限制，特别是对低级人才的流动的限制程度更高。在 328 类允许流动的人员中，仅有 17% 自由流动的人员属于低级人才。[①] 发展中国家由于自身服务业发展水平的限制，竞争力不强，在金融、专业服务业等的"商业存在"上设置了较多限制，以便使这些行业在受政府暂时性保护的状态下有发展的空间。而这正是发达国家有竞争优势的领域，其服务业在"商业存在"这一模式下受到的限制则相对较少。

表 3-9　"外国附属机构"或"商业存在"模式在全球服务贸易中的重要性

服务贸易模式	相对比重（%）
模式 1：跨境支付	35
模式 2：境外消费	10 ~ 15
模式 3：商业存在	50
模式 4：自然人流动（或自然人存在）	1 ~ 2

资料来源：陈宪等. 中国现代服务经济理论与发展战略研究. 北京：经济科学出版社，2011.

　　基于以上几个方面的考虑，可以从以下两个方面改进对服务业开放度的度量。一是基于服务业开放是逐步进行的，可以根据各国履行服务贸易承诺的进程，特别是结合各阶段各国国内规制变化的情况，加以测度，力求反映出服务业现实的开放水平；二是由于对服务业开放的评价指标是多层次、多指标的系统决策问题，可以在频度研究方法的基础上，引入多层次分析方法。

3.4　全球产业转移下中国知识密集型服务业开放研究的目标和内容

　　基于以上研究，在全球产业转移的背景下，中国制造业和服务业融入全球生产网络，实现了产业开放，但两者呈现出不平衡的开放状态，制造业开放程度高而服务业的开放程度低。中国融入全球生产网络发展的过程也是中国加入世界贸易组织，进一步实现对外开放的过程。中国虽然通过加入世界贸易组织，特别是加入服务贸易谈判，使得服务业的开放步伐加快，但仍受到服务业发展程度高的发达国家的指责，发达国家认为中国服务业的开放程度依旧不足。中国服务业的开放程度到底如何？是否履行了入世承诺？今后开放的方向又在哪里？这些都需要通过对服务业开放这一课题加以研究才能得到答案。

---

① 郭根龙. 服务贸易自由化与竞争力. 北京：经济科学出版社，2007.

服务业涉及的种类繁多，包含的范围广泛，并且每一行业有其自身的特性和发展要求，在开放时考虑的重点也各不相同。在中国产业开放过程中，中国服务业承接全球产业转移的重点从附加价值低的产业逐步转移到附加价值高的产业。知识密集型服务业的主要投入为人力资本和知识，是服务业中附加价值高的产业，这不仅是未来引领服务业发展的主要力量，还涵盖了生产者服务业的主要部门，是提高制造业劳动生产率的主要驱动因素。结合中国现代服务业的主要种类，对照中国《国民经济行业分类与代码》，可以把中国知识密集型服务业划分为五大类（见表3-10），这些构成了本研究中中国知识密集型服务业开放研究的主要内容。

表3-10　五大类知识密集型服务业

知识密集型服务业	国民经济行业分类与代码所涉及部门	中国服务贸易具体承诺减让表所涉及部门	现代服务业	生产者服务业
通信服务业	63、64 电信、互联网、广播电视传输、卫星传输等	电信服务	√	√
信息服务业	65 软件和信息技术服务业	计算机及其相关服务	√	√
研发技术服务业	73~75 科学研究和技术服务业	建筑设计服务、工程服务、集中工程服务、城市规划服务、技术测试和分析服务、相关科学技术咨询服务	√	√
商务服务业	72 商务服务业	法律服务，会计、审计和簿记服务，税收服务，广告服务，管理咨询服务	√	√
金融服务业	66~69 金融业	金融服务	√	√

这五大类知识密集型服务业分别是：类别一，通信服务业，包括电信、互联网、广播电视传输、卫星传输等内容；类别二，信息服务业，包括软件和信息技术服务业；类别三，研发技术服务业，包括自然科学研究和试验发展、工程和技术研究和试验发展、农业科学研究和试验发展以及测绘服务、质检技术服务等专业技术服务业；类别四，商务服务业，包括企业管理服务、法律服务、咨询与调查、广告、知识产权服务、人力资源服务以及会议和展

览服务等多种商务服务；类别五，金融服务业，包括货币金融服务、资本市场服务、保险业和金融信托与管理服务、非金融机构支付服务等其他金融业（各类别知识密集型服务业具体所包含的内容见附录1）。

知识密集型服务业是发达国家的优势产业，也是发达国家向外进行产业转移和扩张时的主要部门。在服务贸易新一轮谈判中，其他世界贸易组织成员国向中国要价涵盖了知识密集型服务业的主要部门，包括法律服务、会计、审计和簿记服务以及各种商业服务，如电信服务、保险服务、银行服务、证券服务，建筑设计服务、城市规划服务等30多个部门。要价的主要内容包括取消合资企业限制及股份限价、取消地域和数量限制、给予外国服务业者完全的国民待遇、放宽或简化审批要求和程序等方面。可见，外界对中国服务业开放的关注主要集中在服务业的对外开放上，特别是外国竞争者对本国相关产业竞争的限制上。这也是外国服务业能否进入中国服务行业参与竞争并获得平等竞争待遇主要关注的问题，因而，本研究将对中国知识密集型服务业开放的考察放在中国知识密集型服务业对外国竞争者的开放上。

中国在改革开放后经济快速增长，利用后发优势实现了赶超式的增长，但中国与发达国家在经济发展上仍有一定差距，特别是在经济发展阶段上。发达国家已步入后工业化阶段，服务业在国民经济中所占比重大，在知识密集型服务业中位于领导地位，全球服务生产网络中的旗舰企业主要是来自发达国家的跨国公司，它们引导着知识密集型服务业在全球的产业布局和发展方向。中国虽然加快了服务业的发展步伐，但服务业的发展仍然滞后，特别是在知识密集型服务业的发展上与发达国家仍然有较大差距。知识密集型服务业发展的现状表明其作为中国的弱势产业部门，在发展中需要国家较多的政策扶持。因为中国知识密集型服务业的开放程度不高，所以如果将中国的知识密集型服务业开放与发达国家的知识密集型服务业开放进行国际比较，意义不大。服务业开放是一个渐进的过程，各成员国在《服务贸易总协定》所规定的原则下进行的谈判，也是采取出价、要价的方式，再根据自身服务业发展的状况自行承诺，进而再逐步开放本国服务业，而不是立即完全开放服务业。因此，对一国服务业在不同时期的开放加以测度，更能显示出一国服务业开放的历程，也更具有现实意义。入世十年来，中国通过兑现入世承诺，逐渐开放了服务业的相关领域，特别是在全球产业转移的推动下的知识密集型服务业的开放程度日益提高，通过考察中国入世前、入世五年过渡期结束时以及入世十年后，中国知识密集型服务业开放的状况，能够动态地刻画出中国知识密集型服务业逐步开放的过程，反映出中国在知识密集型服务业开放中所作出的努力和取得的成绩。为达到这一目标，本研究对中国知识密集型服务业开放的考察，关注的是中国知识密集型服务业的动态开放过程。

基于此，为达到对中国知识密集型服务业对外开放进行动态研究的目的，本研究通过借鉴研究前人关于服务业开放的已有研究成果，构造出评价体系，提出测度公式。

3.5　服务业开放度测度方法评价体系与测度公式的构建

20世纪80年代中期以来，各国逐步放开对服务业各部门的管制，越来越多外国资本进入服务行业，但政府对服务业的管制程度仍然较高。与制造业依靠贸易政策调节相比，政府对服务业的管制更多体现在国内规制上，主要体现在两方面：一是在市场准入方面设置障碍，如明确规定对于某些服务业不允许外国服务提供企业进入本国市场参与竞争，或者仍限于以合资企业形式进入等；二是在国民待遇方面设置障碍，如对在本国市场上设置的外国服务企业的股权比例进行限制，以及提出对董事会成员构成的要求等。由于服务的特性，特别是服务生产与消费不可分离等特性，服务产品的可贸易程度远远低于工业制造，因而关税等贸易壁垒对一国服务业的保护作用甚微。服务业各要素流动成为服务业开放的重心，其中资本的流动更是决定服务业开放的重中之重。当外国服务提供者以直接投资的方式建立服务企业进入他国服务市场提供服务时，贸易政策和措施对其已无约束，从而对国内服务业起不到保护作用。而外国服务提供者一旦被准许进入本国市场，又能与本国服务提供者一样无差别地提供服务，则能完全地与本国服务提供者开展竞争。所以，政府对国内服务业的保护，主要依靠关于外国直接投资和关于外国服务提供者参与国内服务业的规章。例如，规章可能会禁止外国服务提供者提供某一类服务方面的投资，或者禁止建立提供服务所需的分支机构。规章也可能在歧视的基础上适用于提供服务的自然人，给予他们低于国内生产者的待遇（国民待遇的非适用），或者对来自不同国家的服务提供者给予差别的待遇（最惠国待遇的非适用）（刘戒骄，2002）。也就是说，服务业开放最主要的障碍在于国内规制针对外国服务提供者在市场准入和享受国民待遇方面的限制，要测度服务业的开放度，就要从这两个方面着手，限制逐渐放松的过程就是服务业逐渐开放的过程。

而市场准入限制和歧视性的国民待遇又是通过服务贸易的四种提供模式来发挥具体作用。从服务贸易总协定具体承诺表的格式可以看出（见表3-11），各国对于服务提供的四种方式，即跨境服务、境外消费、商业存在、自然人流动都有市场准入和国民待遇条件及限制，并从水平承诺（覆盖所有部门的承诺）和具体承诺（针对某一部门的承诺）两个维度给出相应的限制。

表 3 – 11　服务贸易总协定具体承诺表的格式

承诺	服务提供方式	市场准入条件和限制	国民待遇条件和限制
水平承诺（即覆盖所有部门的承诺）	跨境服务	例如："无限制"	例如："无限制，除关于研究开发服务税收方面的不同待遇"
	境外消费	例如："无限制"	例如："补贴、税收鼓励和税收信用不受约束"
	商业存在（外国直接投资）	例如："外方最大参股为49%"	例如："对补贴不作约束，在 X 法律下，对投资比例超过25%以上及投资超过 Y 百万以上的需要经过批准"
	自然人的短期进入	例如："除以下人员外不受约束：公司内部高级管理人员和经理人员的转移；为期1年以内的专业人员；3个月以内的服务推销员"	例如："除对市场准入栏中所提及的几类自然人外，其余不受约束"
具体承诺（例如建筑服务）	跨境服务	例如："要求商业性存在"	例如："不受约束"
	境外消费	例如："无限制"	例如："无限制"
	商业存在（外国直接投资）	例如："25%的高级管理人员必须是本国人"	例如："不受约束"
	自然人的短期进入	例如："除在水平承诺中所述的，其他不受约束"	例如："除在水平承诺中所述的，其他不受约束"

资料来源：胡乃武. GATS 与中国服务业开放承诺. 浙江经济，2002（22）：48.

　　根据 Hoekman 的研究结果（Hoekman，1995）显示：高收入国家在市场准入和国民待遇方面，具体承诺覆盖部门占总数的比例均为53.3%，按限制和约束范围因素加权平均后所列部门和方式占总数的比例分别达到40.6%和42.4%，没有限制部门占总数的比例分别为30.5%和35.3%；较大的发展中国家在市场准入和国民待遇方面，具体承诺覆盖部门占总数的比例分别为29.6%和29.9%，按限制和约束范围因素加权平均后所列部门和方式占总数的比例分别达到17.1%和18.8%，没有限制部门占总数的比例分别为10.9%和14.6%；中国在市场准入和国民待遇方面，具体承诺覆盖部门占总数的比例分别为51.7%和51.1%，按限制和约束范围因素加权平均后所列部门和方式占总数的比例分别达到35.2%和41%，没有限制部门占总数的比例分别为18.6%和32.4%（盛斌，2002）。

按照世界贸易组织的分类标准，服务贸易部门分为12大类、155个分部门，其中包括商务服务46个、通信服务24个、金融服务17个以及其他服务等。在中国提交的减让表中，涉及的服务部门或服务的活动共计9大类、101个，包括商务服务32个、通信服务22个、金融服务14个等（程大中，2006）。本研究将要测度的知识密集型服务业按中国国民经济行业分类与代码表上所作的分类，整合为五大类别：第一类，通信服务业，包括2个大类、6个中类、9个小类；第二类，信息服务业，包括1个大类、6个中类、8个小类；第三类，研发技术服务业，包括3个大类、15个中类、22个小类；第四类，商务服务业，包括1个大类、7个中类、24个小类；第五类，金融服务业，包括4个大类、21个中类、29个小类。每一类要考察其在四种服务提供模式下，受市场准入和国民待遇两大类限制，因而这是一个多层次、多因素，涉及多个指标的复杂的系统问题，适合采用多层次分析法。

多层次分析法的基本原理是将一个复杂的无结构的问题分解为它的各个组成部分，再将这些组成部分（或称为元素）整理成一种树状递阶层次组织。对同一层次的各个元素相对于上层指标的重要性进行两两比较，并将这些重要性按某一标度法数值化，然后综合这些判断来决定其对这一问题影响的最终结果（李朝鲜，2007）。

按照这一思路，首先要确定分析问题的目标，即目标层的确定，在明确目标问题的基础上，采用系统分析方法，将这一问题分解成不同的层面，再把每一个不同层面分解为不同方面，进而再按照目标问题所包含的因素，确定各个因素之间的关联关系和隶属关系，最后建立递阶层次结构。

在本研究中，目标问题是测度出知识密集型服务业中某一大类，比如商务服务业或是信息服务业的开放度。要测度商务服务业或是信息服务业的开放度，则要考察这一大类下各服务部门在四种服务提供模式下的开放程度，这是由其市场准入程度和国民待遇两个维度来决定的。虽然递阶层次结构中的层次数与问题的复杂程度及需要分析的详细程度有关，但一般不受限制，虽然如此，在同一层次中各元素所支配的层次元素最好还是不要超过九个，因为支配的元素过多会使得两两比较的判断更加困难，而且更难保证逻辑上的一致性（李朝鲜，2007）。基于这一原则，综合知识密集型服务业开放度测度中的主要影响因素，建立以下层次结构图（见图3-1）。

对于第四级指标也即末级指标的开放度可通过赋值的方式来得到，其他各级指标的开放度可依次由下一层次指标的计算得到。

结合中国对服务贸易市场准入限制的措施（见表3-12），以及对国外直接投资的歧视，即与国民待遇相背离的方面（见表 3 - 13），对各服务部门在四种提供模式下的市场准入和国民待遇开放程度进行赋值（见表 3 - 14）。

《服务贸易总协定》第 16 条针对市场准入作了详细的规定，具体体现在以下两个方面的内容：

规定一，各成员应给予任何其他成员的服务和服务提供者不低于其在具体承诺表中同意和列明的条款、限制或条件。

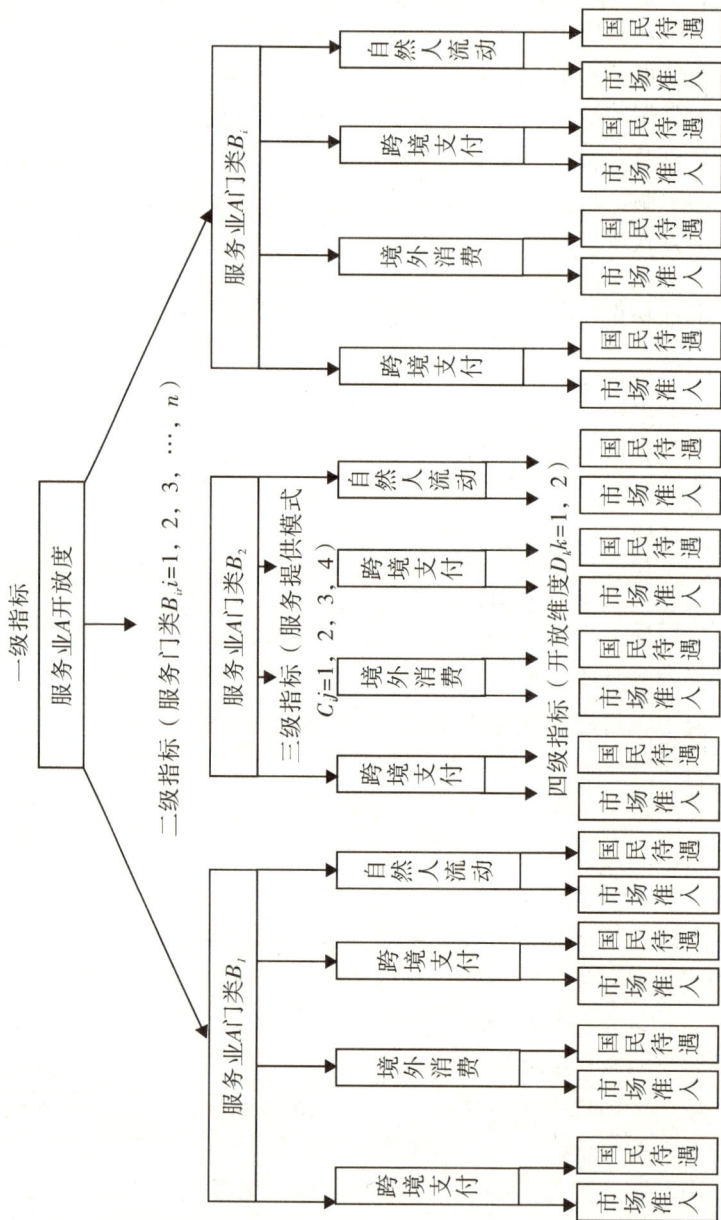

图 3 - 1　知识密集型服务业 A 开放度测度层次

规定二，列明了七项具体的市场准入禁止措施，分别为：第一，对服务提供者数量的限制，具体措施包括资格认证、地域限制，规定服务提供者的最高数量，发放经营许可证或审批，经营业绩要求，经营期限限制；第二，对服务交易或资产总值的限制，具体措施包括注册资本的规定，对总资产的规定以及需要增加的注册资本金的规定；第三，对服务业务总数或服务产出的限制，具体措施在于对业务范围的限定；第四，对特定服务部门或服务提供者雇佣的限制，具体措施在于可雇佣的直接有关的自然人方面，即对从业人员专业资格认证和执行资历的限制，对董事会主席或总经理的任命；第五，对采取的特定类型的法人实体形式的限制，具体措施体现在是否允许建立外资独资企业，以及合资企业中外资比例的规定；第六，对外国资本参与比例或投资总额的限制，具体通过设定外资参股的最高比例或限定单个或总体外国投资总额的方式或代表处的方式来达到，如不允许建立外商独资企业的方式来限制外国资本对本国服务业的参与程度，第七，过渡期限制。

从以上七项禁止措施可以看出，市场准入主要通过数量数额等方面加以限制，前四项都是这一形式的限制，既涉及商业存在，如第二项，又涉及自然人的流动，如第四项。第五项是通过法律实体形式来限制商业存在，第六项是对外资参与程度的限制。同时，只有达到规定的比例，才能成为享受外资待遇的企业，当然，并购合资除外（何茂春，2007）。另外，在过渡期限制中，还包括对地域、行业或比例若干年限制的规定。根据《服务贸易总协定》第二条的规定，如果一成员不以专门列明的方式对某个服务部门或服务方式作出明确的保留，则表明该成员对该特定部门或服务方式给予无限制的市场准入。也就是说，成员国如果要采用以上七项市场准入限制措施，应符合以下条件之一：或是将采取市场准入限制措施的行业从承诺表中取消，或是明示对已在承诺表中所作的承诺有附加限制，或是符合《服务贸易总协定》规定的例外情况。

表 3 - 12   中国对服务贸易市场准入限制的措施

限制类型	具体措施清单
对服务提供者数量的限制	1. 资格认证；2. 地域限制；3. 规定服务提供者的最高数量；4. 发放经营许可证（审慎标准）或审批；5. 经营业绩（如盈利）要求；6. 经营需求测度；7. 经营期限限制
对服务交易或资产总额的限制	1. 注册资本不少于 X 万美元；2. 总资产应超过 X 亿美元；3. 每成立一分支机构需增加注册资本 X 万美元
对服务业务总数或服务产出的限制	限定业务范围
对特定服务部门或服务提供者雇佣的限制	1. 对从业人员的专业资格认证和执业资历限制；2. 合资企业的董事会主席或总经理由中方任命
对采取的特定类型的法人实体形式的限制	1. 仅限于合资企业形式（允许外资拥有多数股权）；2. 要求与中方专业机构进行合作；3. 只能以代表处的形式提供服务；4. 不能建立分支机构
对外国资本参与比例或投资总额的限制	1. 不允许建立外商独资企业；2. 在合资企业中，外资比例不得超过 X%
过渡期限制	中国加入 X 年后，取消 X 限制，或允许 X

资料来源：盛斌. 中国加入 WTO 服务贸易自由化的评估与分析. 世界经济，2002 (8)：16.

在与国民待遇相背离的方面，可从对外国直接投资的歧视来衡量，可从对外国直接股权投资的限制、筛选和批准，以及其他限制等几个方面来测度。对外国直接股权投资的限制根据不允许外资股权、允许外资股权比例为 1% ~ 19%、允许外资股权比例为 20% ~ 34%、允许外资股权比例为 35% ~ 49%、允许外资股权比例为 50% ~ 74%、允许外资股权比例为 75% ~ 99% 划分为六个层次，分别赋值为 1、0.6、0.5、0.4、0.2、0.1。强制性的筛选和其他歧视性的批准程序也会用于限制外国直接投资，尽管其实际限制效果取决于对这些措施的实行情况。比如规定外国投资者显示其投资能带来经济利益会增加进入成本，从而打消外国资本进入的积极性，对这一限制赋值为 0.2。对外国直接投资的事前审批也会限制外国资本的进入。即使这种审批没有严格加以实施，其作为对自由的外国直接投资持矛盾态度的象征，也会影响外国资本的进入，对这一限制赋值为 0.1。要求以外国直接项目通告，对其赋值为 0.05。其他阻碍外国直接投资进入的限制包括：要求董事会成员或经理人员的绝大多数人员必须是本国居民或国民，这会降低外国所有者对其资产的控制权，从而使外国投资者在这一环境下投资时再三思量，对此限制赋值为 0.1。要求董事会成员或经理人员必须得到当地许可，对其赋值为 0.025。同样，如果限制雇佣外国人，外国直接投资者会考虑他们不能聘请到所需要的专业人士以实施投资项目，从而影响外国直接投资的进入。对人员的流动则根据规定不允许进入、少于 1 年、1～2 年、3～4 年设定四个层次的限制，相应赋值为 0.1、0.075、0.05、0.025。另外，投入和运营方面的限制也会影响外国直接投资者是否愿意投入的资金数额，比如对外国直接投资于空运、道路运输或海运的限制会限制外资企业的利润，从而影响其投资额。如规定运营中当地含量必须超过 50%，对其赋值为 0.1。其他运营方面的限制赋值为 0.05。对外国直接投资的各种限制的赋值在 0～1 之间，越趋近于 0 表示越开放，越趋近于 1 则表示越封闭。其中，对外国直接投资所有权限制的赋值权重最高，因为外资所有权是外国直接投资必要而又基本的条件。如果禁止外国所有权，则其他限制都变得无关紧要了。

表 3-13　对外国直接投资限制及赋值（赋值最大为 1.0）

			赋值
对外国直接股权投资的限制	不允许外资股权		1
	允许外资股权比例为 1%～19%		0.6
	允许外资股权比例为 20%～34%		0.5
	允许外资股权比例为 35%～49%		0.4
	允许外资股权比例为 50%～74%		0.2
	允许外资股权比例为 75%～99%		0.1
筛选和批准	投资者必须显示能带来经济利益		0.2
	批准除非与国家利益相违背		0.1
	通告		0.05
其他限制	董事会成员/经理人员	大多数人必须为国民或本国居民	0.1
		至少有 1 个为国民或本国居民	0.05
		必须得到当地许可	0.025
	人员流动	不允许进入	0.1
		少于 1 年	0.075
		1～2 年	0.05
		3～4 年	0.025
	投入和运营限制	当地含量必须超过 50%	0.1
		其他	0.05
所有※			在 0～1 之间

※ 如果禁止外资股权，则其他标准不相关，因此指数设定为 1.0。即使没有禁止外资股权，有可

能不同的指数加总会稍微超过 1.0，在这种情况下，指数也以 1.0 为限。

资料来源：Koyama T. , S. S. Golub, OECD´s FDI Regulatory Restrictiveness Index, *OECD Working Papers on International Investment*, 2006.

赋值时，通常对其最低限制措施取值，如果受到多个限制的话，则取其平均值。

根据美国商务部对服务业中 18 个服务部门的国际贸易发生模式进行的归类，其中会计服务、广告服务、租赁服务、银行服务、法律服务等 8 个部门的贸易模式是以"商业存在"为主；通讯服务、计算机服务、建筑工程服务、教育服务、保险服务、健康服务等 8 个部门则是"跨境支付"和"商业存在"模式；运输服务等 2 个部门则是"跨境支付"模式（程大中，2006）。结合研究要考察的五大类别知识密集型服务业，"商业存在"模式是最主要的服务提供模式，在测度各知识密集型服务业的开放程度中起着关键性的作用。结合关于对各服务提供模式限制条件进行赋值的已有研究成果（Hoekman，1995；Mattoo，2002 等），对各限制条件在不同模式下进行层级赋值，赋值时结合各年度中国对各行业法规、法律以及国内政策规定调整和变化的情况，依据依次放宽的开放条件，给予不同的赋值，从而反映出各类知识密集型服务业开放的过程。

表 3 – 14　服务业 A 在不同服务提供模式下开放程度赋值

	依次放宽的开放条件	赋值
模式一：跨境支付	完全限制	0
	见模式三	视模式三而定
	无限制	1
模式二：境外消费	完全限制	0
	见模式三	视模式三而定
	无限制	1

（续上表）

		依次放宽的开放条件	赋值
模式三：商业存在	服务门类1	完全限制	0
		允许外资企业设立，但股权不超过49%，允许外资经营某部分业务	0.2
		允许外资拥有多数股权	0.4
		允许外资独资	0.6
		允许外资经营面对国内市场某一业务	0.8
		无限制	1
	服务门类2	完全限制	0
		允许外国提供者在少数城市设合资企业，但持股不超过30%	0.4
		允许外国提供者在多数城市设合资企业，但持股不超过50%	0.5
		允许外国提供者以独资或中外合作方式	0.6
		外国提供者的进入无须主管部门批准	0.8
		无限制	1
	服务门类3	完全限制	0
		允许外资参与某一产品的分销，但股权不得超过49%。允许建设或者改造电影院，但不得从事电影片摄制	0.4
		在中国境内合作或独立从事某一商业活动需取得许可证。中外合资经营某一业务，但外商投资比例不得超过49%	0.5
		允许外商的投资比例达到多数，但不得超过75%	0.6
		允许外商以独资方式提供某一产品的分销，在经主管部门批准后在内地试点设立独资公司经营某一业务	0.8
		无限制	1

（续上表）

依次放宽的开放条件		赋值
模式四：自然人流动	不允许外国公司高管等进入本国	0
	允许外国公司高管短期留滞本国，但不超过120 天	0.33
	允许外国公司高管长期留滞本国，但不超过 5 年	0.67
	无限制	1

依据多层次分析法的评价模型，对二级目标知识密集型服务业 A 开放的测度，来自对各级目标层开放度测度的综合，由此得到对一级目标知识密集型服务业 A 开放度在 t 时期的测度公式：

$$O_t^A = \sum_{i=1}^n \lambda_{it} \times O_{it}$$

其中，λ_{it} 表示知识密集型服务业 A 中第 i 个行业开放度的权重，i 为知识密集型服务业 A 中要具体测度的行业，$i = 1,2,3,\cdots,n$。λ_{it} 可由第 i 个行业占知识密集型服务业 A 总额的比重得到。根据各阶段的开放情况，各行业的竞争力及发展情况随着开放程度的不同而发生变化，因而权重也会产生变化，这种变化也是知识密集型服务业中各行业开放程度变化的重要体现。O_{it} 表示对知识密集型服务业 A 中第 i 个行业开放度的测度值，这一结果由对其第 j 种服务提供模式的开放度测度值 β_{ijt} 及其权重进行综合计算得到。这里涉及了四种服务提供模式：跨境支付、境外消费、商业存在、自然人流动，因此 $j = 1,2,3,4$。α_{ijt} 为第 i 行业第 j 种模式下的开放度测度值，对由其第 k 种具体开放度赋值 C_{ijkt} $(i = 1,2,3,\cdots,n)$ 及其权重进行综合计算得到结果。从知识密集型服务业 A 开放度测度的结构分析图中可看到，第 i 个服务行业第 j 种模式分别对应市场准入和国民待遇两个维度开放度的测度，因而 $k = 1,2$。β_{ijt} 为第 i 个服务行业第 j 种模式对应的市场准入或国民待遇开放度的权重，对于各服务行业和其四种服务提供模式而言，两者的权重是相等的，因而

$$B_{ijt} = \sum_{k=1}^2 \beta_{ijkt} \times C_{ijkt} \quad (i = 1,2,3,\cdots,n; j = 1,2,3,4)$$

综合各层次测度的结果，知识密集型服务业 A 开放度的测度公式可表示为：

$$O_t^A = \sum_{i=1}^n \lambda_{it} \sum_{j=1}^4 \alpha_{ijt} \sum_{k=1}^2 \beta_{ijkt} \times O_{ijkt} \quad (i = 1,2,3,\cdots,n; j = 1,2,3,4)$$

其中，第 i 行业第 j 种服务提供模式的开放度测度值 B_{ijt} 所对应的权重 α_{ijt} 如何确定是关键。依据知识密集型服务业 A 开放度测度的层次结构图，第 i 行业第 j 种服务提供模式开放度测度值 B_{ijt} 所对应的权重是知识密集型服务业 A

中的第 i 种行业，因而需要确定各服务行业中不同的服务提供模式的重要程度，并相互比较，按其重要性进行赋值。层次分析法中有多种标度可供选择，如最早提出且被广泛应用的 1－9 标度法、指数标度法、分数标度法、10/10－18/2 标度法、五标度制等，根据学者们对不同标度从保序性、一致性、标度权重拟合度等相关特性进行比较而得出结果（骆正清等，2004），10/10－18/2 标度法的各种准则取值最小，因而性能最好，最适宜于精确的权值计算且能得到较为合理的结果（徐泽水，2000），因而在确定第 i 行业第 j 种服务提供模式的开放度测度值 B_{ijt} 所对应的权重时采用 10/10－18/2 标度法（见表 3－15）。

表 3－15　10/10－18/2 标度法

相同	稍微大	明显大	强烈大	极端大	通式
10/10（1）	12/8（1.5）	14/6（2.33）	16/4（4）	18/2（9）	（9＋K）／（11－K）

资料来源：徐泽水. 关于层次分析中几种标度的模拟评估. 系统工程理论与实践，2000.

基于数量标度，对该层次依据其隶属的上一层级进行比较，得到判断矩阵 C_{ij}，判断矩阵须满足基本的一致性要求以保证可信度和准确性。当判断矩阵满足完全一致性条件时，n 阶判断矩阵具有唯一的最大特征根 $\lambda_{\max} = n$，其余特征根为零。在层次分析法中使用判断矩阵的一致性指标 CI（Consistency Index）来检验判断的一致性程度，CI 满足：

$$CI = \frac{\lambda_{\max} - n}{n - 1}$$

CI 值越大，表明判断矩阵偏离完全一致性越严重；CI 值越小，则表明判断矩阵越接近于完全一致性。判断矩阵通过一致性检验后，可采用特征根方法计算权重，解判断矩阵 C_{ij} 的特征根方程：$C_{ij} = \lambda_{\max} W$。其中，$\lambda_{\max}$ 为判断矩阵 C_{ij} 的最大特征根，可根据数学方法计算求出其值，W 是相应的特征向量。求解上述矩阵方程可得到方程的未知向量 W。将求得的未知向量 W 归一，得到权重向量，即为 α_{ijt}。将权利向量 α_{ijt} 与其他指标的数量代入公式：

$$O_t^A = \sum_{i=1}^{n} \lambda_{it} \sum_{j=1}^{4} \alpha_{ijt} \sum_{k=1}^{2} \beta_{ijkt} \times O_{ijkt} \quad (i=1, 2, 3, \cdots, n; \ j=1, 2, 3, 4)$$

可得到不同时期各知识密集型服务业开放度的测度值。

第 4 章

全球产业转移下中国通信服务业的开放

4.1 通信服务业的定义和内容

通信服务业在国民经济活动中除了作为一个独立的行业存在外，还作为其他行业传输信息必不可少的手段而在国民经济各门类中具有特殊的地位。随着经济的发展，信息与土地、劳动、资本一样成为生产要素的主要内容，并成为影响国家竞争的重要战略资源，特别是随着信息时代的到来，经济活动越来越离不开信息的传输，通信服务业的开放和发展引起了各国的特别关注。

受技术发展的限制，通信服务业最初只包含电信业务。各国和各机构对电信进行了定义。1996 年，美国在电信法（Telecommunication Act of 1996）中将电信定义为在两个或多个具体用户之间传输用户选择的信息，而该信息在发送与接收中的形式与内容并未改变。德国电信法（Telecommunication Act）则将电信定义为通过电信系统，对形式为符号、声音、图像或语音的各种类型的信息进行发送、传输与接收的技术处理过程。1996 年，法国在电信法（Telecommunication Act of 1996）中将电信定义为通过有线、光缆、无线或者其他电磁媒介，对符号、信号、文本、图像、声音以及其他信息所作的任何形式的传送或者接收。1999 年，新加坡在电信法（Telecommunication Act of 1999）中将电信定义为通过线缆、无线电、光线或者其他电磁系统，传输、发送或者接收符号、信号、文字、图像、语音或者任何性质的情报，且不论该符号、信号、文字、图像、语音或情报在传输、发送或者接收过程中是否被以任何方式进行重新排列、计算或者其他处理。根据《中华人民共和国电信条例》，中国将电信定义为利用有线、无线的电磁系统或者光电系统，传递、发射或者接收语音、文字、数据、图像以及其他形式信息的活动。根据《服务贸易总协定》关于电信服务附件中的定义，对电信作出的解释是：电信（Telecommunication）指以任何电磁方式传递和接收信号，此类服务又特别包括电报、电话、电传和数据传输。其典型的特点是在两点或多点之间对客户提供的信息进行实时传输，而客户信息的形式或内容无任何端到端的变化。国际电信联盟通过的《国际电信联盟组织法、公约和行政规则》对电信的定义是，电信是利用有线、无线、光或者其他电磁系统传输、发射或接收符号、信号、文字、图像、声音或其他任何性质的信息。

国际电信联盟将国际电信贸易定义为跨越国界的电信设备或服务的贸易，包括电信设备贸易、电信技术贸易和电信服务贸易，本研究关注的是电信服务。根据《服务贸易总协定》中的界定，电信服务是指传送与接收任何电磁信号的服务，一般是指公共电信传递服务，它包括明确而有效地向广大公众提供的任何电信传递服务，如电报、电话、电传和涉及两处或多处用户提供信息的现时传送，以及由用户提供的信息，不论在形式上或内容上，两终端都不需交换的数据传递。简而言之，电信服务就是通过电信基础设施，为客户提供实时信息如声音、图像、数据等的传递活动。

电信服务业在实现电信业务普及、自动化之后，向提供多种服务的方向发展。现代电信服务业已经不再局限于提供信息的传输、发射和接收服务，还融合了信息的采集、储存、处理、利用等多方面的功能，从而形成了一个综合性的信息服务网络。

随着信息技术的不断发展，以及社会对通信服务的需求程度越来越高，通信服务业进一步朝着综合化、数字化、智能化的方向发展。以波分复用技术为基础的全光通信网成为信息高速公路的主要物理载体，日益发达的软件技术为电信业务的扩展提供重要的支持，通信服务业的内涵和外延逐渐扩大。电信网络可以提供 IPTV、视频点播等服务，广播电视服务除提供传统业务内容外，还能提供宽带互联网络服务和语音通信服务，互联网服务除实现计算机互联外，还能提供电话、电视等服务，由此，以语音业务为主的传统电信网络、以图像业务为主的有线电视网和以因特网服务为主的计算机网络的界限被打破，电信网、有线电视网、计算机网的技术逐渐趋向一致，业务应用相互整合相互竞争。20 世纪 90 年代末期以来，电信网、计算机网络与有线电视的整合，使得通信服务业的价值链不断延伸，通信服务业从单一的语音通讯服务向融合语音、图像、数据等多功能的综合服务发展，由单一服务方式向多样化智能化的服务方式发展。

伴随着信息通讯技术对经济发展的推动和对人类活动的渗透，各国也相应地修改了相关的法律和政策，取消了对各种电信业务市场的限制，以顺应通信业务的融合趋势。美国于 1996 年颁布实施新电信法，打破了电信、有线电视和网络信息业的界限，从法律上提供保障来推进通信业的整合。美国新电信法规定：有线电视业务运营商进入电信业不必申请获取特许权，特许权管理机构不得对其服务施加任何条件；电信企业可以通过无线通信方式、有线电视系统以及开放的视频系统提供广播电视服务，提供有线电视业务需要获得地方政府的本地许可证，通过开放的视频系统提供电视业务则不需要申请建立和经营视频节目分配系统的许可。美国政府不直接干涉互联网上传播的内容，在这方面倡导进行行业自律，但是法律禁止在互联网上向未成年人提供不良的节目内容。美国联邦通信委员会（FCC）不再限制电信业之间和各项电信业务之间的相互进入，对于国外电信运营商的市场渗透和兼并收购也不再排斥或多加阻挠。英国政府于1997年制定政策，逐步取消对公众电信运营商经营广播电视业务的限制，并通过相关立法规定了电信业务准入的一般条件。2003年，英国颁布了新《英国通信法》，其中一个重要内容就是成立英国通信办公室。英国通信办公室作为电信、有线电视和互联网融合的通信管制机构，其成立适应了三网融合的趋势。作为世界电信市场最为发达的地区之一，欧盟于2001年颁布了新的管制框架，其中电信服务和网络一词被信息通信所取代。接着，欧盟于2003年公布了关于电子通信与服务的管制规定，取消了广播网络提供通信服务（例如互联网接入和电话服务），以及电信运营商提供视听节目的政策壁垒，推动欧盟各成员国突破电信与广播业务各自独立的管制体系，建立融合性的监管机构。中国通信服务业经过二十多年的发展，广播电视系统技术有了较快的发展，有线电视网的用户数量、覆盖区域、传输能力和网络可靠性得到了很大提升，广播电视网和电信网一样成为传输内容服务的重要平台，广播电视业务和电信业务互相整合的进程加快。中国"十五"计划纲要提出"促进电信、电视、计算机三网融合"，并在实践中推动相关企业的合作和产业协作，增强相关产业配套产品的研发能力，提升产业能力。截至2011年底，中国IPTV用户超过1 300万，手机电视用户超过5 600万，并将试点范围扩大到天津、重庆及其他17个城市。①

中国于2011年修订了《国民经济行业分类与代码》，在新的国民经济行业分类中，通信服务业主要涉及信息传输、软件和信息技术服务业大类中的电信、广播电视和卫星传输服务以及互联网和相关服务，具体包括电信服务、有线广播电视传输服务、卫星广播电视传输服务、卫星传输服务、互联网接入及相关服务，互联网信息服务以及其他互联网服务（详见附录一）。

目前，国际上流行的对通信服务业的分类方法有两种。第一种分类方法是从行业细分角度将电信服务业分为第一类电信服务业和第二类电信服务业，日本等国家即按这种分类方法对本国电信业务进行分类。第一类电信服务业指的是通过自己拥有的网络设施和其他辅助传输设施提供电信服务，或者将电信传输等设施出租给他人使用的行业。第二类电信服务业又可以被划分为特殊第二类电信服务业和一般第二类电信服务业。特殊第二类电信服务业是

---

① 刘利华. 2012中国（深圳）IT领袖峰会报告. 2012中国（深圳）IT领袖峰会大会官方网站，2013 – 08 – 19.

指租用电信传输、交换等设施提供本地、长途、国家公众语音等业务的行业；一般第二类电信服务业指除特殊第二类电信服务业之外的电信服务业。根据这种分类方法，从事第一类电信服务业的电信运营商需要通过自己建设电信网络设施才能提供电信服务，因而需要向相关管理机构申请许可证；而从事第二类电信服务业务的电信运营商则不需要自己建设网络基础设施，只是经营相关电信业务，因而不需要申请许可证，只需向相关管理机构备案即可。

另一种国际上通行的分类方法是将电信服务业分为基础电信业务和增值电信业务两大类。根据《中华人民共和国电信条例》第八条的规定：基础电信业务（Basic Telecommunications）指提供公共网络基础设施、公共数据传送和基本话音通信服务业务。基础电信业务的内容本身是基础服务，其服务主要是由服务提供商直接将声音和数据传输给用户。其作为基础电信业务的另一方面表现是，这种业务为其他电信业务提供了完备的公共网络基础设施，因而基础电信业务是开展其他电信业务的前提和物质基础，包括国内与国际长话业务、互联网业务和电信增值业务等其他电信业务都需要在基础电信业务提供的公共网络基础设施上进行。于1998年生效的《基础电信协议》所涵盖的基础电信服务领域包括语音电话、数据传输、固定和移动式卫星通信系统、电传、电报、传真、专线以及个人通信系统服务等。随着互联网技术和卫星传输技术的发展，基础电信服务所涵盖的领域也日益扩大，服务种类也越来越多。中国重新调整的《电信业务分类目录》列出了十二种基础电信业务（见附录二），其中无线寻呼业务和转售的基础电信业务比照增值电信业务管理。

随着互联网和计算机技术的迅速发展，新型电信业务随之得到发展，形成了增值电信业务领域。根据《中华人民共和国电信条例》第八条的规定：增值电信业务（Value-Added Telecommunications）指利用公共网络基础设施提供的电信与信息服务的业务。增值电信服务可分为四大类：一是以网络服务为基础的增值服务，包括语音数字转换传送、电视会议和网络传呼中心；二是以网络为中心的增值服务，包括网络规划、设计及管理咨询和网络安全服务等；三是应用平台托管服务，包括信息存储、网络和应用平台托管以及移动商务；四是特定应用开放，包括应用开发和外包服务，主要包括以下七项服务，即电子信箱、语音信箱、电子数据交换、在线数据加工和信息处理、在线数据库存储与检索、增值传真、代码规程转换。根据《电信业务分类目录》上所示，电子邮件、语音邮件、增值传真服务属于存储转发类业务，在线信息和数据处理、电子数据交换属于在线数据处理与交易处理业务，在线信息和数据检索属于信息服务业务。增值电信业务在基础电信提供的公共网络基础上增加的信息服务和其他服务，大多是非即时性的服务，这与基础电信业务提供的服务发送与接收是同步进行有着很大的区别，扩展了电信服务业务的种类和范围，同时也扩展了信息服务业的发展空间。随着电信技术更新的加快，基础电信业务和增值电信业务之间开始交叉，比如 IP 电话之前被归入增值电信业务领域，但在 2013 年修改的《电信业务分类目录》中已经被调整至基础电信业务领域。本研究将参照中国《电信业务分类目录》从基础电信业务和增值电信业务两个维度对电信服务业进行种类的划分标准。

4.2　中国通信服务业开放的国际背景

在过去的 50 年间，世界电信网络以每年 4% ~7% 的速度平稳增长。在 20世纪 80 年代以前，由于各国的电信业务处于发展的初期阶段，需要巨额投资于电信基础设施的建设，各国政府通过优惠政策投资通信服务业，从而在通信服务市场上处于主导地位。这一时期，通信服务业受技术发展的限制，主要业务集中在电话语音通信上，该行业单一的业务种类也为垄断经营提供了条件。同时，通信服务业由于存在特定的技术标准，使得电信的经营者得以通过技术标准的垄断或知识产权的保护，排斥后来的竞争者。而这种垄断经营也有利于通信服务业作为国民经济和社会发展基础行业获得最大化的经济利益，以及保障国家政治安全的需要。在这种发展背景下，全球各国电信经营体制相似，各国通信服务业主管部门垄断电信基础业务和增值业务的运营、通信网络的建设，以及从电话等低端终端设备到高端的交换机和传输设备的经营。美国、英国和日本等国由政府许可一至两家电信公司进行垄断经营，比如美国的通信市场由美国电话电报公司（AT&T）独家垄断，1980 年，AT&T 已成为一个拥有近 2 000 亿美元固定资产、垄断了美国 95% 以上的长途电信业务和 80% 以上的市话业务的电信巨人。英国的通信市场由英国国有电信公司英国电信公司（BT）垄断着 90% 以上的电信市场。[①] 日本通信市场则是由日本电信电话公司（NTT）和国际电信电话公司（KDD）分别垄断经营市话业务和长途业务。而德国、法国、澳大利亚、加拿大以及包括中国在内的大多数发展中国家则由政府进行垄断经营，在这种模式下，政府既是电信政策的制订者，又是电信具体业务的运营者，政府相关部门肩负着市场监督管理和业务经营的双重任务。

在一定时期内，垄断经营的方式促使通信服务业飞速成长，成为各国的支柱产业，但在垄断经营下，出现了通信服务业资费过高、技术更新缓慢以及服务水平低等问题，垄断经营的方式成为通信服务业发展的最大障碍。从20 世纪 80 年代开始，随着通信服务业技术的不断更新和通信服务行业竞争的加剧，各国逐步放开对通信服务业的管制，世界通信服务业从垄断走向竞争，

---

① 刘山葆. 中国电信服务市场政府管制策略. 暨南大学硕士学位论文，2000.

从封闭走向开放，从国有走向民营，各国通信服务业也慢慢走向开放。各国在加入世界贸易组织后，国内产业开放影响最大、争议最大的也是电信服务业领域。

从20世纪80年代开始，受全球电信业高速发展的影响，新型电信业务种类不断出现，电信服务从提供单一的语音业务逐步发展为提供包括数字业务、图像业务、多媒体业务和互联网业务在内的综合性服务，电信产业呈现的广阔市场前景吸引了来自各方面的资本。发达国家相继开放本国电信产业，其对电信产业的开放从开放国内电信服务市场开始，开放的浪潮则从美国开始，再扩展至欧洲和包括日本在内的一些亚洲国家（见表4-1）。

在美国电话电报公司（AT&T）遭到多次反垄断起诉后，美国联邦通信委员会根据反托拉斯法，在1984年将AT&T公司分解为主营长途通信业务的新AT&T公司，即7个地区性控股公司和22家经营地方电信业务的贝尔电话运营公司。随着AT&T公司的解体，新的电信运营企业进入美国电信市场，AT&T垄断美国电信市场的时代结束。同时，贝尔电话运营公司被要求向所有的长途电信公司提供平等的本地接入、信息接入和交换服务，美国电信业务领域开始进入全面竞争时期。美国电信服务业的开放拉开了世界电信服务业改革和开放的序幕。英国于1981年成立MERCURY公司，并于1984年颁布实施新的电信法，许可MERCURY公司提供全国性电信业务的执照，规定基础电信领域在今后七年内只有英国电信公司和MERCURY公司拥有全国性电信业务经营的特许权，这一双寡头垄断的政策结束了英国电信公司对英国电信服务市场的垄断。英国国内电信市场随着英国电信公司的民营化改造以及国内其他资本的进入而进一步放开。随后日本的NTT公司进行民营化改革，引入KDD公司参与日本电信业务的竞争，形成NTT公司与KDD公司的双垄断。在20世纪90年代初，德国和法国实行政企分开、邮电分营，打破了邮电部统一经营和管理电信服务业的局面，电信公司随之进行民营化改造。这一时期，全球电信行业打破了以往垄断的局面，从开放国内电信市场着手，在电信行业引入竞争机制。

表4-1　部分国家开放电信服务市场情况

国家	对国内开放时间	对国外开放时间
美国	1998年AT&T公司解体重组	1996年颁布新电信法，对外开放市场
英国	1981年成立MERCURY公司，实行双垄断；1997年全面开放	1997年

（续上表）

国家	对国内开放时间	对国外开放时间
日本	1985 年 NTT 民营化引入竞争，NTT 与 KDD 双垄断	1997 年取消外资限制
法国	1990 年政企分开，邮电分营，民营化；1998 年开放	1998 年
澳大利亚	1992 年	1997 年
巴西	1997 年重组巴西电信；1998 年开放市场	1998 年
墨西哥	1994 年开放移动电话及增值业务；1995 年开放长途电话业务	1995 年
中国	1993 年开放无线寻呼等九项业务；1994 年成立联通，有限开放移动和长途业务	
从 1998 年 1 月 1 日起，除葡萄牙、希腊等国之外的欧盟其他成员国一律完全开放电信服务市场		

资料来源：刘山葆. 中国电信服务市场政府管制策略. 暨南大学硕士学位论文，2000.

美国政府自 20 世纪 90 年代初提出《全球信息基础设施计划纲要》以来，因特网技术商业化应用的进程加快，数据业务也开始从传统网络向因特网迁移，数据通信的业务量以每年 30% ~36% 的速度飞速增长，远远超过了以话音为主的传统电信 3% ~8% 的增长速度。以美国微波通信公司（MCI）为例，其收入的 50% 来自数据和 IP（网络电话），1997 年，其 IP 业务量超过了话音，其投资的 80% 也转向 IP。1998 年，美国的数据通信流量首次超过话音流量，这种情况也很快在其他国家发生，显示了以因特网为平台的数据时代的到来。[1] 同一时期，世界贸易组织成立了基础电信谈判小组，在电信领域的谈判获得了突破性的进展，其为基础电信开放谈判定的基调是"不排除任何领域和国家的谈判"，由此将通信领域的全面业务开放以及各国通信服务业的开放纳入成为各国市场开放的必要内容。基础电信谈判达成了《基础电信协议》、《服务贸易总协定电信服务附件》、《关于电信管理准则的参考文件》等相关协议。《基础电信协议》要求在客观、公正的基础上无差别地向缔约方承诺部分或者全部开放基础电信服务市场。1997 年，世界贸易组织的成员国就

---

[1] 刘山葆. 中国电信服务市场政府管制策略. 暨南大学硕士学位论文，2000.

基础电信贸易达成谈判协议，同意开放电信市场，允许各成员国互相在各自的电信市场上投资、融资和持股，开放的市场份额占全球电信市场的94%，由此掀开了世界各国电信体制改革和市场开放的第二次浪潮，这一次各国通信服务业的开放由国内市场开放扩展到对外国开放。

1996年，美国首先承诺放开长途、地区通信市场，紧随其后的欧盟、加拿大、日本、新加坡、韩国等多个国家和地区提出各自通信服务业开放的承诺表。英国分别在1993年和1996年宣布开放移动电话领域和国际通信基础市场，并于1998年实现电信市场的全面对外开放。欧盟于1994年开始全面实施和制定支持提供普通服务的原则，并于1996年和1997年分别修订电信管理框架和制定全面放开的管理框架，从1998年起，欧盟各成员国对其他欧盟伙伴全面放开公众电信业务市场，制定关于在电信市场实现充分竞争的指令，并解除对CATV网提供电信服务的限制等，除葡萄牙、希腊等国之外，欧盟其他成员国完全放开本国电信服务市场。日本、澳大利亚、巴西、墨西哥等国也纷纷在1997年前后对国外开放本国电信市场。

在各国放松电信规制、开放国内电信市场的同时，各国电信运营公司开始通过跨国经营的方式向外进行扩张，以实现全球化运营。特别是来自发达国家的大型电信公司凭借其多年积累下来的雄厚资本和丰富的市场竞争经验，通过战略投资、收购兼并等资本扩张的方式扩充其业务范围。美国的通信服务领域发生了几十起并购案，比如大西洋贝尔公司收购NYNEX公司、美国第四大通信公司WorldCom以370亿美元收购第二大长途通信公司MIC，接着，美国第二大长途电话公司MCI WorldCom以1 290亿美元收购全美第三大长途电信公司Sprint。新的电信巨头MCI WorldCom-Sprint为用户提供包括长途电话、无线通信、高速因特网接入等业务在内的多种服务，拥有遍及世界的14万员工，每年可产生超过500亿美元的收入，占据约35%的长途电话市场。另一方面，美国AT&T公司通过收购美国第二大有线电视公司TCI，提供互联网高速接入，同时为其1 300万用户提供集长途电话、无线通信、有线电视、互联网服务于一体的综合服务，融合通信、电子商务、数字化视频娱乐等多种业务种类。[①] 随后，AT&T公司与英国电信公司合资成立新的巨型电信服务企业，把IBM公司的全球网络业务部并入自己的网络服务部，并与日本电信电话株式会社（NTT）联合形成新的国际性企业，该企业以互联网业务为核心，提供包括国际电话、数据业务、互联网业务等在内的综合服务。跨国合作提高了美国电信运营企业在国外市场上的竞争力，为其在国际市场上的业务扩张提供了强有力的支持。在日本，长途电信和蜂窝电话运营商DDI收购

---

① 刘山葆. 中国电信服务市场政府管制策略. 暨南大学硕士学位论文，2000.

了日本最大的国际电话运营商（日本）国际电报电话公司（KDD）和蜂窝电话运营商日本移动通信（IDO），取得了无线通信业务的经营许可，成为日本最大的长途电话运营商，并与日本电信电话株式会社、日本电信集团一起垄断日本通信市场。在欧洲市场上，英国沃达丰公司（Vodafone）与德国曼内斯曼公司（Mannesn）达成了并购协议，法国电信等欧洲各国电信运营公司通过建立合资公司和申请经营许可证的形式，向外拓展电信市场，实现跨国经营。各国大电信公司的兼并收购浪潮说明了各大电信运营企业已经将全球性经营作为重要的发展战略，也进一步推动了全球电信市场的开放。

根据国际电信联盟《世界电信发展报告》，在各国电信市场开放的过程中，电信业务出现了三种市场结构。在第一种市场结构中，基础设施与业务都完全参与竞争，开放的市场使进入电信行业的新竞争公司能够平等地进入电信市场，从而扩大了电信行业的投资规模和市场规模，市场竞争使得电信企业降低服务价格，提高服务质量。这一市场结构正在被越来越多的国家所采用。但这一完全竞争的市场结构存在一定的劣势，比如在基础设施领域展开的完全竞争，会造成对基础设施的重复投资和建设，从而导致在需求量与业务流量高的基础设施方面容量过剩，而在需求量与业务流量少的基础设施方面则容量不足，从而造成不均衡和资源得不到有效利用的后果。在第二种市场结构中，基础设施被垄断，业务则完全竞争。这一市场结构通过基础设施的垄断保证了普遍服务的提供，而业务的完全竞争则给用户带来优质的服务和更低的价格。但在这一市场结构下，基础设施提供者往往也是业务提供者，他们可凭借优先接入网络的优势实现垄断运营，从而阻碍业务的完全竞争。在第三种市场结构中，基本的基础设施和基本业务都被垄断，增值业务竞争。这一市场结构源于电信服务业具有自然垄断特性的观点，曾被美国等国家采用并取得较好的效果，但随着语音业务与存储转发语音、数据、图像等其他业务的逐渐融合，绝大多数发达国家乃至越来越多的发展中国家已经逐渐放弃这种市场结构。由此可见，在各国的实践过程中，电信服务业的基础设施与业务都完全竞争的市场结构已为各国所接纳和采用，并成为各国电信服务业中的主导模式，推动着全球电信服务业走向开放。

进入21世纪，电信市场业务融合的需求带来了电信服务业各领域的快速发展。以固定宽带接入业务为例，从2006年至2011年，发达国家每百人拥有的宽带接入用户从15.5个增长到25.7个，同比增长了10.2个；发展中国家每百人拥有的宽带接入用户从1.8个增长到4.8个，同比增长了3个。2011

年，全球电信服务业业务收入达到 1.72 万亿美元，[1] 巨大的市场容量推动着全球电信服务业进一步深化转型，特别是要求行业壁垒的取消和业务领域的开放，无国界的全球通讯网络和电信市场正逐渐形成。

4.3 中国通信服务业的开放历程

中国通信服务业的开放大致可以划分为三个阶段：第一阶段是 20 世纪 80 年代末期以前，中国通信服务业处于自然垄断时期，垄断式、封闭式的发展导致中国通信服务业发展缓慢；第二阶段是 20 世纪 90 年代初至入世前，中国通信服务业处于分领域、分业务逐步开放的时期，处于有限竞争的阶段，这一阶段的开放以对国内开放为主、对国外开放为辅；第三阶段是入世后至今，中国通信服务业进入跨地域、跨业务的全面开放竞争阶段。

4.3.1 20 世纪 80 年代以前中国通信服务业自然垄断的发展阶段

新中国成立以来，中国电信服务业一直是由邮电部门独家垄断，因而发展缓慢。邮电部集监管和运营两种职能于一身，既是国家电信政策的制订者，又是具体的电信业务的运营者，同时经营邮政和电信两大类业务。到 20 世纪 80 年代初，中国已形成一个遍布全国的公用电话网络系统。1980 年，全国公用电话网络容量为 435 万门，全国电话普及率为 0.5%。随着电信服务业的发展速度加快和规模扩大，到 1991 年，全国固定电话用户达到 845 万户。[2] 这一时期，业务单一，技术主要是简单的模拟技术，电信总体业务容量小。

各国电信运营商在进行全球化扩张和经营过程中，也开始陆续进入中国电信市场。如 AT&T 早在中国改革初期就在北京设立了临时办事处，英国大东电报局于 1983 年就与深圳电信投资组建深大电话有限责任公司，各占 50% 的股份，合作期限为 20 年，成为进入中国基础电信业务最早的国外电信运营商。

4.3.2 入世前十年中国通信服务业逐步开放进入有限竞争的阶段

20 世纪 90 年代以来，中国电信业发展速度迅速加快，以平均每年 44% 的速度高速增长。从 1995 年开始，中国每年新增电话交换机 2 000 万线。到 1997 年底，全国电话网容量达到了 1.15 亿门，成为仅次于美国的世界第二大电话网。1998 年，全国局用交换机程控化比重达到 99.8%，长途传输数字化比重达到 99.6%，长途电话自动业务比重达到 99.1%，国际电话自动接续业

① 刘默. 2011 年全球电信市场发展回顾和 2012 展望. 工业和信息化部电信研究院网站，2012 - 12 - 04.

② 陈东明. 广东电信发展战略——电信开放与加入 WTO 的战略研究. 暨南大学硕士学位论文，2004.

务比重达到 96%。1999 年底,中国电信固定电话用户达到了 10 880 万户。移动电话用户达到 4 182 万户,全国电话普及率达到 12.9%,城市电话普及率达到 28.91%,电话主线普及率为 8.51%,因特网用户达到 890 万户。至此,中国拥有了世界第一大无线寻呼网、第二大电话网和第三大移动通信网。① 经过 20 世纪 90 年代的迅速发展,中国通信服务业的网络规模、技术层次和服务水平都发生了质的变化,通信服务业业务容量增大,业务内容从单一的固定电话业务发展到固定电话、移动通信、互联网等综合业务,使用的技术从原来的简单模拟技术发展到以数字技术为主,并形成了以光缆为主、辅之以卫星和数字微波的高速率基础传输网。通信服务业业务的迅速发展带动了通信服务业的巨大市场的发展,吸引了世界各国投资者的关注。在国际电信业务开放的背景下,为促进中国电信服务业适应国际电信市场发展的要求,并为加入世界贸易组织作准备,中国通信服务业进行了分领域、分业务的逐渐开放,进入有限竞争阶段。

首先是电信管理部门的体制改革。中国电信体制改革从邮电政企分开开始,并在全国自上而下实行邮电分营。由原邮电部和电子部合并而成的信息产业部的成立,打破了以前邮电部既是国家电信政策的制订者,又是具体的电信业务运营者的管理机构模式,信息产业部不再参与电信服务业的具体经营业务,只负责行业监督和市场管理,从市场监管体系上为中国通信服务业的开放准备了条件。

其次是市场运营主体的开放。市场运营主体的开放从中国联通的成立和中国电信的重组开始(见图 4-1)。1994 年,中国联合通信有限公司(以下简称"中国联通")成立,作为中国政府允许并扶持的第二家一体化国有大型电信运营公司,与中国电信展开市场竞争,一起成为中国通信服务业市场上的两大竞争主体。中国联通同时经营电信基本业务和增值业务,经营的业务范围包括无线通信业务、长途电话业务、本地电话业务、数据通信业务、电信增值业务以及与主营业务相关的其他业务,之后又吸纳了从中国电信重组中独立出来的国信寻呼和其他国家资本,由此与中国电信一起形成了中国电信市场的双寡头垄断格局,中国电信市场进入有限竞争的阶段。

1999 年,中国政府通过行政行为分拆中国电信行业的独家垄断运营商,按其业务对中国电信进行重组,即按固定网络业务、移动网络业务、卫星通信业务和无线寻呼业务,组建成四个相互独立的电信集团公司,即中国电信集团公司、中国移动通信集团公司、中国卫星通信集团公司和国信寻呼通信

---

① 陈东明. 广东电信发展战略——电信开放与加入 WTO 的战略研究. 暨南大学硕士学位论文,2004.

公司四家企业，结束了中国电信独家垄断中国电信市场 95% 以上市场份额的阶段。重组后成立的中国电信集团有限公司主要提供固定网络业务，包括固定电话业务、数据通信业务和增值业务三大块，其中固定电话业务包括本地（含市内和本地网）电话、国内长途和国际长途，数据通信业务包括基础数据通信业务、互联网业务、电子商务、远程教育、远程医疗等，增值业务包括 200 业务、300 业务、800 业务、IP 电话、虚拟小交换机。为培育中国电信市场新的竞争主体，中国网络通信有限公司和中国铁路通信有限责任公司相继成立，并获得基础电信业务许可证。中国网络通信有限公司主要从事新一代电信基础设施建设和提供全方位宽带网络电信服务，中国铁路通信有限责任公司主要提供固定电话、互联网、IP 电话和数据通信等业务。由此，加上之前成立的中国吉通公司，中国基础电信领域已经形成由中国吉通、中国电信、中国卫通、中国移动、中国联通、中国网通和中国铁通七家电信运营公司为主体的竞争格局，加上其他近 2 000 家经营互联网相关服务和提供增值电信业务的公司，国内电信市场开放的框架已经搭建起来，各电信运营企业相互竞争的格局已经形成。本地通信、移动通信、长途通信等主要业务均有两家以上运营企业展开竞争（刘戒骄，2005），在固定网络本地电话市场上，中国电信、中国网通、中国联通和中国铁通四家电信运营商相互竞争；在移动电话市场上，除中国移动和中国联通两家电信运营商相互竞争之外，中国电信和中国网通等固定电话运营商还借助"小灵通"这种有限范围内移动的无线市话进入了移动通信领域；在长途电话市场上，有中国电信、中国网通、中国联通、中国移动、中国铁通和多家 IP 电话运营商参与竞争；经营国内卫星转发器出租业务的有中国通信广播卫星公司、中国东方通信有限责任公司、鑫诺卫星通信有限公司三家；经营国内甚小口径终端地球站（VSAT）通信业务的电信运营商有 27 家，经营 800MH$_z$ 集群电话业务的电信运营商有 110 家，经营 450MH$_z$ 无线移动通信业务的电信运营商有 25 家，经营电话信息服务的电信运营商有近 300 家，经营无线寻呼业务的电信运营商有 2 100 多家。

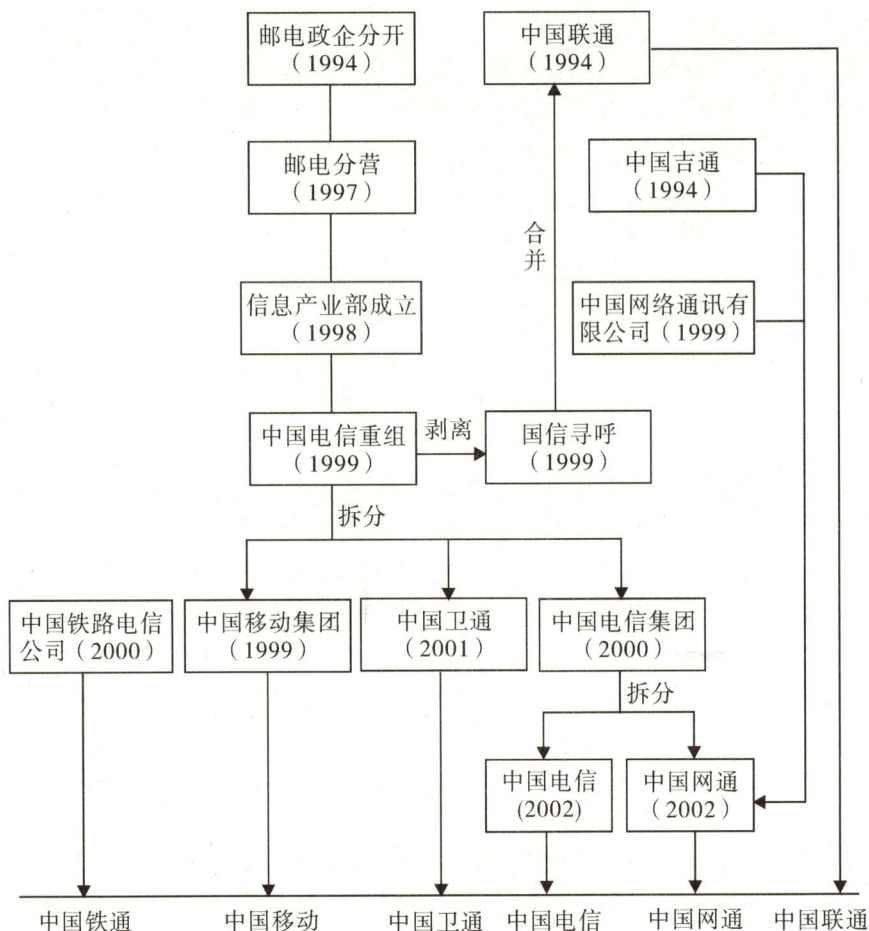

图 4 - 1　中国电信市场结构演变过程

资料来源：王伯成. 电信竞争的形成：机理、路径与管制治理. 暨南大学博士学位论文，2006.

　　最后是电信经营业务的放开。1993 年，中国国务院发布了《53 号文》，首先对国内企事业单位开放电信增值业务市场，即在电信网上开发一些有偿使用的电信业务，向社会放开无线电寻呼、计算机信息服务、电话信息服务、国内甚小口径终端地球站（VSAT）通信业务等九种电信增值业务的经营，但不允许外商参与经营。对基础电信业务如市内电话、国内长途电话、国际长途电话等业务仍统一经营，没有放开。同时制定实施《从事放开经营电信业务审批管理暂行办法》、《申办放开经营电信业务的主要程序》、《放开经营的电信业务市场管理暂行规定》等法规性文件，推动增值电信业务的放开。在放开经营的九种电信增值业务中，寻呼业是市场最开放的电信业务。1984 年，邮电部门先后在全国的许多城市建立起 126/127、128/129 寻呼网，开办起无线寻呼业务，初期用户仅有 4 000 户，到 1992 年底，用户数增加到 600 万户。1993 年，中国对寻呼业务放开经营后，由于投资少、需求大、回报高，寻呼企业数量快速增长，包括从原中国电信剥离出来的国信通信有限公司和中国联通、中北通讯、润迅通信集团有限公司、华英寻呼、民航寻呼、万立通寻呼等二十一家跨省联网寻呼企业，共同构建较为完善的本地网、省域网和全国网三级寻呼网络。1994 年以来，中国无线寻呼用户每年增长 1 000 万户以上，到 1998 年初，无线寻呼用户达到 6 546 万户，居世界首位。

在这一时期，中国电信服务业以对国内开放为主、对国外开放为辅。中国在 1993 年发布的《从事放开经营电信业务审批管理暂行办法》和 1995 年发布的《放开经营的电信业务市场管理暂行规定》中明确规定：放开经营的电信业务，一律不允许境外各类团体、企业、个人以及在中国境内已兴办的外商独资、中外合资和合作企业经营或者参与经营，也不得以任何形式吸引外资参股经营。因此，在中国加入世界贸易组织之前，外商直接投资在中国电信服务业，特别是基础电信服务业的案例尚属空白。但外国企业可以采取间接投资方式（股票、证券、技术投资）对中国政府允许的电信增值业务以及与电信相关的互联网业务进行投资。如 1993 年，美国 AT&T 公司开始在浦东涉足 IP 宽带网业务；英国沃达丰公司则投资 20 亿美元购买中国移动 2.5% 的股份，首次通过资本市场投资中国电信企业。此外，日本电信电报公司、法国电信和澳洲电信等国际公司也分别以不同的方式进入中国。1997 年，中国电信（香港）公司在香港和美国上市，中国联通上市，中国电信运营企业借助国际市场筹集资本开展经营活动。据信息产业部统计，截至 2001 年底，中国电信企业在国际资本市场融资总额累计达到 200 亿美元。

在这一阶段，中国电信服务业分领域、分业务进行了开放，但开放带来的竞争仍然有限。中国九种电信增值业务对国内放开竞争，但基础电信业务仍旧由中国电信、中国移动、中国联通、中国网通等七家电信运营企业经营，这七家电信运营企业都是国有独资企业或国有绝对控股企业，民营资本由于市场准入规则未改进，进入渠道不通畅，外资更是被明令禁止参与相关业务的经营，因而这一阶段中国通信服务业中多元产权主体和产权结构仍未形成，妨碍完全竞争市场的形成。

在具体业务经营上，在固定网络本地电话市场上有中国电信、中国联通、中国网通和中国铁通四家电信运营商参与竞争，但由于中国联通和中国铁通所占市场份额过低，固定网络本地电话市场业务仍由中国电信和中国网通所垄断，并且这两家电信运营企业的网络规模相当，各自占据南北固定电话市场，形成固定网络本地电话市场区域垄断的格局。在移动电话市场上有中国移动和中国联通两家电信运营商参与竞争，但中国移动的业务收入和用户数量占移动电话市场份额的80%，中国联通仅仅拥有剩余的20%左右的市场份额。在增值电信服务领域，2001年，已经有二十余种服务种类，集中了3 000多家电信服务提供企业，但其中三分之二的服务提供企业都集中在无线寻呼业务上。在20世纪90年代末，超过7 000万寻呼用户的无线寻呼业务市场上，中国联通191/192拥有的寻呼用户达到320万户，中北通讯、润迅通信集团有限公司等的寻呼用户超过200万户，① 它们和国信寻呼等大型寻呼企业一直占据了绝大部分的市场份额，其他电信运营企业则由于资金不足、规模偏小难以在市场上开展有效竞争。因而各电信业务领域仍由各电信运营企业按各自的业务范围垄断运营，即使市场竞争主体数量有所增加，各电信运营业务仍未能实质性地进入和展开竞争，从总体上讲，市场仍处于有限竞争阶段。

4.3.3 入世后中国通信服务业进入跨地域跨业务的全面开放阶段

加入世界贸易组织之后，因为要履行入世承诺，中国通信服务业由有限竞争和分业务开放的阶段进入跨地域、跨业务的全面开放阶段，由对国内开放扩展到对国内和国外同时开放，由单方面的自我开放转变为与世界贸易组织成员之间的相互开放。

按照《服务贸易总协定》中关于电信服务贸易提供方式的规定，通信服务跨境提供指通过国际通信网络在本国向其他国家的用户提供通信服务；通信服务境外消费指通过电话卡、手机漫游等方式提供国际通信服务；通信服务商业存在指在他国境内设立电信运营机构参与他国电信市场的竞争；而通信服务的自然人流动则指聘用国外电信公司的员工参与本国电信企业的经营管理、技术和业务活动。中国承诺分业务、分步骤、分地域地开放中国电信市场（见表4-3）。

对电信业务的开放从开放增值服务和无线寻呼业务开始，到逐步开放移动语音和数据业务，再到固定网络国内业务及国际业务。

对增值电信服务开放的承诺单独列出一类，并列明其具体包括的各种类业务有电子邮件、语音邮件、在线信息和数据检索、电子数据交换、增值传真服务（包括储存和发送、储存和检索）、编码和规程转换、在线信息和/或数据处理（包括交易处理）。中国承诺在加入世界贸易组织时，允许在北京、上海、广州设立中外合资电信企业，但外资比例不超过30%；中国在加入世界贸易组织一年内，增加开放14个主要城市，包括成都、重庆、大连、福州、杭州、南京、宁波、青岛、沈阳、深圳、厦门、西安、太原以及武汉。中国在加入世界贸易组织两年内，取消地域限制，但外资比例不超过50%。

对基础电信服务开放的承诺分为三大块，即无线寻呼业务、移动语音与

---

① 林敏. 外资冲击增值业务将促电信业形成多赢局面. 人民网，2002-01-09.

数据服务业务、固定网络国内及国际业务。对无线寻呼业务的开放，中国承诺在加入世界贸易组织时，允许在北京、上海、广州设立中外合资电信企业，但外资比例不超过 30%；中国在加入世界贸易组织一年内，增加开放 14 个主要城市，包括成都、重庆、大连、福州、杭州、南京、宁波、青岛、沈阳、深圳、厦门、西安、太原以及武汉。中国在加入世界贸易组织两年内，取消地域限制，但外资比例不超过 50%。移动话音和数据服务包括模拟/数字蜂窝服务和个人通信服务，对这一块业务的开放，中国承诺在加入世界贸易组织时，允许在北京、上海、广州设立中外合营电信企业，但外资比例不超过 25%；中国在加入世界贸易组织一年内，增加开放 14 个城市，包括成都、重庆、大连、福州、杭州、南京、宁波、青岛、沈阳、深圳、厦门、西安、太原以及武汉，但外资比例不超过 35%；中国在加入世界贸易组织三年内，外资比例不超过 49%；中国在加入世界贸易组织后五年内，取消地域限制。固定网络国内服务包括话音服务、分组交换数据传输业务、电路交换数据传输业务、传真服务、国内专线电路租用服务。国际服务包括话音服务、分组交换数据传输业务、电路交换数据传输业务、传真服务、国际闭合用户群话音和数据服务（允许使用专线电路租用服务）等。对固定网络国内业务及国际业务的开放，中国承诺在加入世界贸易组织三年内，允许在北京、上海、广州设立中外合营电信企业，但外资比例不超过 25%；中国在加入世界贸易组织五年内，增加开放 14 个城市，包括成都、重庆、大连、福州、杭州、南京、宁波、青岛、沈阳、深圳、厦门、西安、太原及武汉，但外资比例不超过 35%；中国在加入世界贸易组织六年内，取消地域限制，但外资比例不超过 49%。同时，所有国际通信业务必须经由中国电信管理当局控制的北京、上海、广州三个国际出入关口，禁止外国电信运营商参与电信业务国际出入关口的建设和经营管理。

对互联网及相关服务的开放则承诺将互联网及相关服务纳入电信服务谈判的范围，互联网相关服务按增值电信对待。

对中国通信服务业的开放地域，中国承诺先开放北京、上海、广州三个城市，允许外国电信运营商在这三个城市设立合资企业，提供通信服务，并允许外国电信运营商在这三个城市之间提供通信服务。在开放的第二个阶段再将开放地域扩展至成都、重庆、大连、福州、杭州、南京、宁波、青岛、沈阳、深圳、厦门、西安、太原及武汉这 14 个城市，至此共开放 17 个主要城市。开放的第三阶段则扩展至全国范围（见表 4-2）。

表4-2　中国外商获准投资电信企业的外资最高持股比例和地域限制

时间 ＼ 服务类型	增值电信服务	寻呼服务	移动话音和数据服务	固定网络国内业务及国际业务
2001年	30%（3个城市）	30%（3个城市）	25%（3个城市）	不准许
2002年	49%（17个城市）	49%（17个城市）	35%（17个城市）	不准许
2003年	50%（全国范围）	50%（全国范围）	35%（17个城市）	不准许
2004年	50%（全国范围）	50%（全国范围）	49%（17个城市）	25%（3个城市）
2005年	50%（全国范围）	50%（全国范围）	49%（17个城市）	25%（3个城市）
2006年	50%（全国范围）	50%（全国范围）	49%（全国范围）	35%（17个城市）
2007年	50%（全国范围）	50%（全国范围）	49%（全国范围）	49%（全国范围）

资料来源：综合《中华人民共和国加入世界贸易组织服务贸易具体承诺减让表——通信服务（电信部分）》和蒙英华. GATS下中国电信服务贸易的市场准入研究. 经济研究导刊, 2010 (13).

　　为了履行入世承诺，推动中国电信市场自由化竞争的全面展开，中国国内电信市场分别在2002年和2008年进行了两次重组，对内开放进一步深化。

　　2002年，为了进一步打破国内电信市场的垄断局面，营造更加公平的市场竞争环境，中国对中国电信进行了第二次分拆。以长江为界，中国电信被分拆为南北两个部分，原中国电信所属的北京、天津、河北、山西、内蒙古、辽宁、吉林、黑龙江、河南、山东十个省的业务归属中国电信北方部分，中国电信北方部分和中国网络通信有限公司、中国吉通通信有限责任公司重组为中国网络通信集团公司。其余省的业务归属中国电信南方部分，继续使用中国电信集团公司的名称。由此，在固定电话语音业务市场上，形成了中国网络通信集团公司和中国电信集团公司两家实力相当的竞争主体，两者可相互在对方区域范围内建设本地电话网和经营本地固定电话业务，在运营业务上实行实质性的渗入和竞争。重组完成后，中国基础电信领域形成六家全国性运营主体，分别是中国电信，占据32.5%的市场份额；中国移动，占据37.4%的市场份额；中国网通，占据16.6%的市场份额；中国联通，占据

12.1%的市场份额，中国卫通和中国铁通合共占据1.4%的市场份额。2008年，为了建立更为均衡的市场竞争格局，促进中国电信业的整体发展，中国电信服务业进行了第三次重组。中国铁通并入中国移动，中国卫通的基础电信业务并入中国电信，中国联通分拆双网，其中 CDMA 网络并入中国电信，保留 GSM 网络与中国网通组成新的联通集团。[①] 中国通信服务市场运营主体经过三次分拆重组后，电信市场基本形成了中国电信、中国移动、中国联通三家企业基础电信企业共存的格局，其中中国电信拥有固定电话用户数2.14亿户，移动电话用户数0.354 2亿户，互联网接入数0.471 8亿户；中国移动拥有固定电话用户数0.177 9亿户，移动电话用户数4.72亿户，互联网接入数0.054 9亿户；中国联通拥有固定电话用户数1.095亿户，移动电话用户数1.33亿户，互联网接入数0.306 93亿户（见表4-3）。这三家企业都具有全网全业务经营的资格和能力，并且，中国电信将进一步进行重要收购，为扩大移动业务作准备，中国移动将进一步推动 TD-SCDMA 网络的建设，中国联通将进一步稳步发展生产经营，从而促进了中国电信市场全面竞争格局的形成，推动了中国通信服务业的进一步开放。

表4-3　三家电信企业用户基本情况（单位：亿户）

电信企业	固定电话用户数	移动电话用户数	互联网宽带接入
中国电信	2.14	0.354 2	0.471 8
中国移动	0.177 9	4.72	0.054 9
中国联通	1.095	1.33	0.306 93

资料来源：姜燕飞. WTO 服务贸易协议与中国电信重组的初探. 哈尔滨工程大学硕士学位论文，2009.

在深化对内开放的同时，中国通信服务业也对外开放市场，越来越多的外资电信运营企业进入中国通信服务业市场。最初，国外电信运营企业选择在中国设立办事处这一最简单的市场进入方式，比如新加坡电信公司在中国北京、上海、广州设立了办事处，为在中国开发业务的跨国客户提供通信支持服务。英国电信公司在北京设有负责技术联络的办公室，为在中国市场上运营的跨国公司提供电话会议服务。日本 NTT 公司在中国设立办事处，服务的对象是在中国市场上开展业务的日本企业。德国电信公司和美国电信公司以及韩国电信公司都在中国设有类似的机构，与中国电信运营企业开发技术合作或是为中国电信运营企业提供培训或咨询服务。

---

① 姜燕飞. WTO 服务贸易协议与中国电信重组的初探. 哈尔滨工程大学硕士学位论文，2009.

　　此外，国外电信公司还通过购买中国国内电信运营商股份或是以成立合资公司的形式进入中国电信市场。比如英国沃达丰电信于 2000 年和 2002 年分别斥资 25 亿美元和 7.5 亿美元购买中国移动（香港）有限公司的股份。2005 年，世界上最大的固定线路和移动电信公司之一、西班牙大型跨国电信公司西班牙电信国际集团 Telefónica 斥资 2.4 亿欧元收购中国网通 2.99% 的股份，2006 年，又将对中国网通的股权持有比重提升至 9.9%。国外电信运营商还通过与中国拥有电信运营经验的电信运营商成立合资公司的方式进入中国通信服务业市场，以达到符合外资企业需要通过与中国本土公司合资的方式进入基础电信市场的规定。2001 年底，美国 AT&T 公司持股 25%，与上海电信公司、上海市信息投资有限公司共同投资成立上海信天公司，提供增值电信业务。2003 年，中国联通与全球码分多址（CDMA）数字无线技术的主导厂商美国高通（QUALCOMM）公司各出资一半成立联通博路通信技术有限公司，面向不同类别的用户提供基于 BREW 技术的整体解决方案，支持以 BREW 为基础的 CDMA 增值业务的本地化发展。2004 年，中国最大的 CDMA 运营商中国联通和韩国最大的移动通信企业 SK 电讯株式会社，按中国联通出资 51%、韩国 SK 电讯株式会社出资 49% 的比例，以直接投资的方式设立的合资公司联通时科（北京）信息技术有限公司，获得了中国增值电信业务经营许可证，并获得了全国经营许可证。日本 NTT DoCoMo 公司在北京投资合资子公司 DoCoMo（北京）通信技术研究中心，研究第四代移动通信技术。2004 年，英国第二大通讯公司大东电报局（Cable & Wireless PLC）和中信网络有限公司共同投资成立中信大东宽带网络技术有限责任公司，从事增值电信业务，主要为中小企业提供跨区域内部通讯解决方案。

　　同时，中国电信市场主体运营商走向国际资本市场，中国移动、中国联通、中国电信和中国网通先后在境外上市。中国移动（香港）有限公司通过发行股票和可转换票据融资 143.55 亿美元，其 24.3% 的股本权益由社会公众持有，75.7% 的股本权益由中国移动（香港）有限公司间接持有。[1] 中国联通（香港）有限公司在香港、纽约发行股票筹资 56.53 亿美元，中国联通通过特许安排（Special Property Vehicle，简称 SPV）的方式在中国内地市场发行 A 股，募集资金 112.6 亿元。中国电信股份有限公司在香港、纽约上市，筹集资金约合 14 亿美元，公众股占总股本的 17.15%。中国网通在香港、纽约上市，筹集资金约 13 亿美元，[2] 中国四大电信运营商通过民营化融得的资金已经超过 240 亿美元，由此推动了市场主体的民营化进程，促进了中国电信

---

① 　佚名. 中国移动（香港）有限公司简介. 搜狐 IT，2004 - 04 - 28.
② 　佚名. 中国电信业上市历程. CCTIME 飞象网，2008 - 09 - 10.

市场结构走向竞争局面。

随着中国通信服务业对内、对外的全面开放，中国通信服务业发展迅猛。2011 年，中国电信业增长速度同比达到 10%，超越同期国内生产总值的增长速度。中国电信主营业务收入达到 9 880 亿元，固定电话用户、移动电话用户、宽带用户总数分别占全球用户总数的 16%、27%、24%，中国互联网宽带接入端口达到 1.34 亿，互联网网民规模达到 5.13 亿，手机网民达到 3.6 亿，微博用户超过 2.5 亿。[①] 中国巨大的通信服务市场将进一步吸引国内外资本参与到呼叫中心、虚拟运营等增值电信服务中，并在移动支付、电子商务等应用的相互渗透带来新的市场热点下，利用互联网提供电子商务、金融服务、教育、娱乐等多种增值服务。与此同时，2012 年，中国工信部公布的《关于鼓励和引导民间资本进一步进入电信业的实施意见》指出：将引导民间资本通过多种方式进入电信业，并有多种业务首次对民间资本开放。比如民间资本参与移动通信转售业务试点，第一次从政策层面上准许了电信行业开展"虚拟运营"。民间资本可开展接入网业务试点，接入网和用户驻地网业务类属第二类基础电信业务的放开，随着华为、阿里巴巴等十余家企业通过因特网数据中心（IDC）业务牌照审查，并顺利获批牌照，以及其他企业通过审查并获批因特网接入服务业务（ISP）牌照，中国宽带业务迅猛发展，打破了之前对基础电信业务严格管控的局面，为电信服务业引入了新的竞争个体，进一步推动了中国电信服务业的开放和发展。

4.4 中国通信服务业开放度的测度

根据知识密集型服务业开放度测度的基本理论，构建中国通信服务业开放度测度的层次结构图。目标层是中国通信服务业开放度，一级目标是通信服务业所包含的三大种类，即电信服务业、广播电视和卫星传输服务业，以及互联网和相关服务业。按照三种服务提供的具体模式，设立三级目标即电信服务业、广播电视和卫星传输服务业，以及互联网和相关服务业所对应的跨境支付、境外消费、商业存在、自然人流动四种模式。对这四种服务提供模式的开放通过市场准入和国民待遇限制的逐渐取消而实现，因而电信服务业、广播电视和卫星传输服务业，以及互联网和相关服务业项下对应的四种服务提供模式的市场准入和国民待遇开放度构成了中国通信服务业开放度测度的末级指标。

通信服务业的市场准入是国家或代表国家的通信行业监督管理部门，依据通信服务业市场准入制度，对通信市场进行的事前管制。具体包括两个方

---

① 杨阳腾. 电信业六年来增长首超 GDP 增速 三网融合实现新突破. 经济日报，2012 – 03 – 26.

面的准入（郭正纯，2007）：第一是对运营主体的准入，即对通信服务业务经营者进入通信服务业市场的准入，包括对国内的通信服务运营者主体以及外资通信服务运营主体进入本国通信服务市场的准入问题；第二是对运营业务的准入，即通信服务运营商取得具体通信业务经营许可的准入，明确其经营业务种类和服务范围。基于本书的研究范围，在对中国通信服务业开放度的测度中，仅对外资通信服务运营主体进入中国通信服务市场的准入问题加以考察和测度。相应地，在运营业务的准入方面，仅对外资通信服务运营主体的经营业务种类和服务范围的准入问题进行研究。在货物贸易领域，进口产品通过边境完成清关手续进入国内市场后，才需要进一步探讨其国民待遇问题。也就是说，货物贸易领域的市场准入和国民待遇限制是分开两个步骤来进行和实施的。与货物贸易领域所涉及的国民待遇限制与市场准入限制可以完全分开所不同的是，在服务提供商进入市场提供服务时，国内监管部门就要面对外国服务提供商进入的业务范围如何、进入的形式如何（比如是以合资的形式还是独资的形式）、投资比例如何（比如外资是否能拥有控股权或是绝对控股权）这类问题。因而对外国服务提供商市场准入和国民待遇限制之间的界限不是分明地列出，而是交融在一起。通信服务业由于其特殊的技术要求（比如通信服务涉及需要建设通信基础设施，提供通信服务要使用通信基础设施）以及通信服务业发展过程中出现互相融合的趋势，对通信服务业的市场准入和国民待遇开放还涉及对社会整体电信资源的利用、互联互通的规定等方面的内容。

按照市场准入的相关规定，对逐步放宽的市场准入条件进行赋值，赋值在0到1之间，越趋近于0表示市场准入的限制程度越高，越趋近于1表示对于市场准入的限制越少（见表4-4）。对通信服务业的市场准入赋值分为六个层次，最严格的市场准入即完全禁止外国参与者介入中国通信服务业市场，其开放度赋值为0。允许外国参与者介入中国通信服务业市场，但需要获得主管部门批准或是取得行业经营许可证，其开放度赋值为0.2。允许外国参与者介入中国通信服务业市场，但行业主管部门或是其他管理部门对其注册资本或是总资产作出了一定限制，其开放度赋值为0.4。允许外国参与者介入中国通信服务业市场，但需要对其进入进行经济需求测试，其开放度赋值为0.6。允许外国参与者介入中国通信服务业市场，但其经营数量（比如设立的分支机构）、经营类型、交易或资产的总值受到一定限制，其开放度赋值为0.8。允许外国参与者介入中国通信服务业市场，对其进入没有任何的限制或要求，其开放度赋值为1，即为最开放的状态。

表 4 - 4　市场准入赋值体系

逐步放宽的市场准入条件	赋值
不允许外国参与者介入	0
允许介入，但需获得主管部门批准或取得许可证	0.2
对注册资本、总资产的限制	0.4
需要经过经济需求测试	0.6
限制经营数量（分支机构）、经营类型、交易或资产的总值	0.8
无限制	1

对于国民待遇的相关限制主要从对外资股权比例方面加以限制，对逐步放宽的国民待遇进行赋值，赋值在 0 到 1 之间，越趋近于 0 表示享受的国民待遇程度越低，越趋近于 1 表示享受的国民待遇程度越高（见表 4 - 5）。对通信服务业的国民待遇赋值分为六个层次，在极端的情况下，外资不允许介入某一行业，则无享受的国民待遇一说，因而在这种情况下，国民待遇开放赋值为 0。允许外资股权比例为 1% ~ 34%，国民待遇开放赋值为 0.2。允许外资股权比例为 35% ~ 49%，国民待遇开放赋值为 0.4。允许外资股权比例为50% ~ 74%，国民待遇开放赋值为 0.6。允许外资股权超过 75%，国民待遇开放赋值为 0.8。允许外商独资，国民待遇开放赋值为 1。

表 4 - 5　国民待遇赋值体系

逐步放宽的国民待遇条件	赋值
不允许外资介入	0
允许外资股权比例为 1% ~ 34%	0.2
允许外资股权比例为 35% ~ 49%	0.4
允许外资股权比例为 50% ~ 74%	0.6
允许外资股权超过 75%	0.8
允许外商独资	1

如果对进入中国通信服务业的外资服务提供商存在多个方面的限制，比如要求注册资本达到多少比例，要求其总资产达到多少数额，对其提供通信服务的地域范围、经营业务范围加以限制，限定法人实体形式诸如仅允许设立代表处或是允许设立合资或合作或独资企业，能够设立分支机构等，是否对通信服务提供企业有经营业绩方面的要求等，则将多个限制综合起来进行考虑，给予赋值。

外商投资电信企业，是指外国投资者与中国投资者在中华人民共和国境内，依法以中外合资经营的形式，共同投资设立的经营电信业务的企业。入世前，对于外商投资电信企业进入中国国内电信服务业市场这方面的相关规定主要集中在 2000 年 9 月 25 日颁布的《中华人民共和国电信条例》、《中外合资经营企业法》和 2001 年 12 月 11 日颁布的《外商投资电信企业管理规定》等相关法律法规和管理条例中。入世前，中国法律法规和管理条例规定，外商投资电信企业必须以中外合资经营的形式，外商投资电信企业的注册资本根据其提供的业务范围，按照中国《电信条例》分为基础电信业务和增值电信业务，视其提供的业务不同而有所不同。根据《外商投资电信企业管理规定》第五条，外商投资电信企业的注册资本应当符合下列规定：（一）经营全国的或者跨省、自治区、直辖市范围的基础电信业务的，其注册资本最低限额为 20 亿元；经营增值电信业务的，其注册资本最低限额为 1 000 万元。（二）经营省、自治区、直辖市范围内的基础电信业务的，其注册资本最低限额为 2 亿元；经营增值电信业务的，其注册资本最低限额为 100 万元。外商投资电信企业的中方投资者和外方投资者在不同时期的出资比例，由国务院信息产业主管部门按照有关规定确定。根据《外商投资电信企业管理规定》第六条，外商投资电信企业的投资比例应当符合下列规定：经营基础电信业务（无线寻呼业务除外）的外商投资电信企业的外方投资者在企业中的出资比例，最终不得超过 49%；经营增值电信业务（包括基础电信业务中的无线寻呼业务）的外商投资电信企业的外方投资者在企业中的出资比例，最终不得超过 50%。中国相关法律法规和管理条例还要求经营基础电信业务的外方主要投资者，即在外方全体投资者中出资最多且占全体外方投资者出资总额 30% 以上的外国出资方，必须具备以下条件：第一，具备法人资格；第二，在注册的国家和地区取得基础电信业务经营许可证；第三，有与从事经营活动相适应的资金和专业人员；第四，有从事基础电信业务的良好业绩和运营经验；第五，经营增值电信业务的外方主要投资者应具有电信业务的良好业绩和经营经验。

在加入世界贸易组织后，按照中国 2001 年加入世界贸易组织时的承诺，中国将允许外国服务提供者在上海、广州和北京设立合资增值电信企业，并在这些城市内提供服务，无数量限制，但合资企业中的外资不得超过 30%。中国在加入世界贸易组织后一年内，开放的地域范围扩大至包括成都、重庆、大连、福州、杭州、南京、宁波、青岛、沈阳、深圳、厦门、西安、太原和武汉的 14 个城市，但外资不得超过 50%。2007 年，中国修订了《外商投资产业指导目录》，其中关于外资在中国境内设立电信公司的规定如下：投资于中国增值电信业务的外资比例不得超过 50%，投资于中国基础电信中移动话音和数据服务的外资比例不得超过 49%，投资于中国基础电信中国内业务和国际业务的外资比例不得超过 35%，不迟于 2007 年 12 月 11 日允许外资比例达到 49%。2008 年，中国修订了《外商投资电信企业管理规定》，规定中对于外资进入中国电信服务业的主体资格进行了一定的限制。其中，第九条规定经营基础电信业务的外商投资电信企业的外方主要投资者，这里指在外方全体投资者中出资数额最多且占全体外方投资者出资总额的 30% 以上的出资者，需要符合下列条件：（一）具有企业法人资格；（二）在注册的国家或者地区取得基础电信业务经营许可证；（三）有与从事经营活动相适应的资金和专业人员；（四）有从事基础电信业务的良好业绩和运营经验。外商投资电信企业的注册资本应当符合下列规定：（一）经营全国的或者跨省、自治区、直辖市范围的基础电信业务的，其注册资本最低限额为 10 亿元；经营增值电信业务的，其注册资本最低限额为 1 000 万元。（二）经营省、自治区、直辖市范围内的基础电信业务的，其注册资本最低限额为 1 亿元；经营增值电信业务的，其注册资本最低限额为 100 万元。经营基础电信业务（无线寻呼业务除外）的外商投资电信企业的外方投资者在企业中的出资比例，最终不得超过 49%。经营增值电信业务（包括基础电信业务中的无线寻呼业务）的外商投资电信企业的外方投资者在企业中的出资比例，最终不得超过 50%。外商投资电信企业的中方投资者和外方投资者在不同时期的出资比例，由中国国务院工业和信息化主管部门按照有关规定确定。

对于广播电视和卫星传输服务业，中国 1997 年颁布的《广播电视管理条例》中明确规定，国家禁止设立外资合营、中外合资经营和中外合作经营的广播电台、电视台。在《外商投资产业指导目录》中，禁止外商投资产业目录包括各级广播电台（站）、电视台（站）、广播电视频道（率）、广播电视传输覆盖网（发射台、转播台、广播电视卫星、卫星上行站、卫星收转站、微波站、监测台、有线广播电视传输覆盖网），以及广播电视节目制作经营公司。2004 年、2007 年和 2011 年，中国三次修订了《外商投资产业指导目录》，禁止外商投资产业目录中对于外商投资广播电视的禁止规定仍然保持不变。2004 年开始实施的《广播电视节目传送业务管理办法》明确禁止外商独资、中外合作、中外合资机构从事广播电视节目传送业务。同年实施的《境外卫星电视频道落地管理办法》中规定：国家广播电影电视总局（以下简称"广电总局"）负责对境外卫星电视频道落地实行归口管理，对境外卫星电视频道落地实行审批制度。经广电总局批准，境外卫星电视频道可以在三星级以上涉外宾馆饭店、专供境外人士办公居住的涉外公寓等规定的范围及其他特定的范围落地。申请落地的境外卫星电视频道，应具备下列条件：（一）所播放的内容不违反中国法律、法规、规章的规定；（二）在本国（地区）为合法电视媒体；（三）具备与中国广播电视互利互惠合作的综合实力，承诺并积极协助中国广播电视节目在境外落地；（四）申请落地的频道及其直接相关机构对中国友好，与中国有长期友好的广播电视交流和合作；（五）同意通过广电总局指定的机构（以下简称指定机构）统一定向传送其频道节目，承诺不通过其他途径在中国境内落地；（六）同意并委托指定机构独家代理其在中国境内落地的所有相关事宜。对于一个境外广播电视机构，原则上只批准其所属的一个卫星电视频道在规定的范围内落地；原则上不批准新闻类境外卫星电视频道在境内落地；不批准境内广播电视机构及其他有关部门、团体、企业、个人在境外开办、合办的卫星电视频道在境内落地。特殊情况，须报广电总局特殊批准。申请境外卫星电视频道落地，由指定机构向广电总局提出。指定机构在申请前，应对拟代理落地的境外卫星电视频道是否具备第四条规定的条件、代理的技术条件等进行评估，并将有关工作情况报广电总局。广电总局对是否同意指定机构与该境外卫星电视频道洽商落地事宜提出意见，不同意洽商的，广电总局不受理指定机构的该项申请。为规范对中外合资、合作广播电视节目制作经营企业的管理，中国于 2004 年底颁布了《中外合资、合作广播电视节目制作经营企业管理暂行规定》，规定中的第四条明确规定不得设立外商独资广播电视节目制作经营企业，允许在中国境内设立、经营中外合资、合作广播电视节目制作经营企业。申请设立合营企业应当符合下列条件：（一）符合国家制定的广播电视节目制作业的发展布局规划。（二）中外合营各方均具有独立法人资格。其中，中方应有一家为持有《广播电视节目制作经营许可证》或《电视剧制作许可证（甲种）》的机构。外方应为专业广播电视企业。（三）合营企业为有限责任公司。（四）注册资金不少于 200 万美元或等值人民币；设立专门制作动画片的合营企业，注册资金不少于 100 万美元或等值人民币。（五）法定代表人须由中方委派。（六）合营企业中的中方一家机构应在合营企业中拥有不低于 51% 的股份。（七）申请各方在申请之日前的 3 年内，无违法违规和其他不良记录。（八）合营企业须具有独立的企业标志。第七条规定中方可以以现金方式出资，也可以用建筑物、厂房、机器设备或其他物料、工业产权、专有技术、场地使用权等作价出资。而外方须以现汇方式出资。第八条规定设立合营企业，由控股的中方向国家广播电影电视总局和商务部提出申请。第九条规定在申请设立合营企业时，投资者应当提交外方的银行资信证明、合法存续证明和外方从事专业广播电视业务的证明。第十二条规定合营企业可以制作专题、专栏、综艺、动画片等广播电视节目，但不得制作时政新闻和同类的专题、专栏节目。第十三条规定合营企业每年应当制作不少于节目总量三分之二的中国题材的广播电视节目。国家鼓励聘用中国专业人员参与合营企业的节目制作。第十八条规定合营企业不得委托或租赁给外方、境外机构或在境内的其他外商投资企业经营，不得让外方或其他境外机构、境内的其他外商投资企业承包经营。2009 年，中国废止《中外合资、合作广播电视节目制作经营企业管理暂行规定》，其中对于外资进入中国广播电视和卫星传输服务业的相关限制也相应取消。

互联网和相关服务既包括互联网接入及相关服务，又包括互联网信息服务和其他互联网服务。中国于 2000 年公布实施的《互联网信息服务管理办法》中规定，国家对经营性互联网信息服务实行许可制度，对非经营性互联网信息服务实行备案制度。未取得许可或者未履行备案手续的，不得从事互联网信息服务。经营性互联网信息服务提供者申请在境内境外上市或者同外商合资、合作，应当事先经国务院信息产业主管部门审查同意。其中，外商投资的比例应当符合有关法律、行政法规的规定。2004 年施行的《互联网等信息网络传播视听节目管理办法》中规定，外商独资、中外合资、中外合作机构不得从事信息网络传播视听节目业务。2012 年，中国开始实施《规范互联网信息服务市场秩序若干规定》进一步规范中国互联网信息服务市场秩序。

根据入世前、入世五年以及入世十年中国通信服务业开放的状态，对通信服务业包含的三大种类——电信服务业、广播电视和卫星传输服务业，以及互联网和相关服务业对应的四种提供模式下，市场准入和国民待遇的开放程度进行赋值（见表 4 - 6、表 4 - 7）。

表 4 - 6　通信服务业在不同服务提供模式下开放程度赋值体系

	依次放宽的承诺开放条件	赋值
模式一：跨境支付	不作承诺	0
	见模式三	视模式三而定
	无限制	1
模式二：境外消费	不作承诺	0
	见模式三	视模式三而定
	无限制	1

（续上表）

		依次放宽的承诺开放条件	赋值
模式三：商业存在	市场准入	不允许外国参与者介入	0
		允许介入，但需获得主管部门批准或取得许可证	0.2
		对注册资本、总资产的限制	0.4
		需要经过经济需求测试	0.6
		限制经营数量（分支机构）、经营类型、交易或资产的总值	0.8
		无限制	1
	国民待遇	不允许外资介入	0
		允许外资股权比例为1%~34%	0.2
		允许外资股权比例为35%~49%	0.4
		允许外资股权比例为50%~74%	0.6
		允许外资股权超过75%	0.8
		允许外商独资	1
模式四：自然人流动		不允许外国公司高管等进入本国	0
		允许外国公司高管短期留滞本国，但不超过120天	0.33
		允许外国公司高管长期留滞本国，但不超过5年	0.67
		无限制	1

表4-7　通信服务业市场准入和国民待遇开放度赋值

		入世前		入世五年		入世十年	
		市场准入（赋值）	国民待遇（赋值）	市场准入（赋值）	国民待遇（赋值）	市场准入（赋值）	国民待遇（赋值）
电信	跨境支付	0.4	1	0.4	1	0.6	1
	境外消费	0.4	1	0.4	1	0.6	1
	商业存在	0.4	0.4	0.4	0.4	0.6	0.4
	自然人流动	0.33	0.33	0.67	0.67	0.67	0.67

（续上表）

		入世前		入世五年		入世十年	
		市场准入（赋值）	国民待遇（赋值）	市场准入（赋值）	国民待遇（赋值）	市场准入（赋值）	国民待遇（赋值）
广播电视	跨境支付	0	0	0.4	1	0.4	1
	境外消费	0	0	0.4	1	0.4	1
	商业存在	0	0	0.4	0.4	0.4	0.4
	自然人流动	0	0	0.33	0.33	0.33	0.33
互联网及相关服务	跨境支付	0.2	1	0.4	1	0.6	1
	境外消费	0.2	1	0.4	1	0.6	1
	商业存在	0.2	0.4	0.4	0.4	0.6	0.4
	自然人流动	0.33	0.33	0.33	0.33	0.67	0.67

按照徐泽水的 10/10 - 18/2 标度法，对电信服务业、广播电视和卫星传输服务业，以及互联网和相关服务业对应的四种提供模式，即跨境支付、境外消费、商业存在和自然人流动按其重要程度进行赋值，得到判断矩阵，进行归一化处理以及一致性检验。

表 4 - 8　电信服务业的判断矩阵

	跨境支付	境外消费	商业存在	自然人流动
跨境支付	1	14/6	12/8	16/4
境外消费	6/14	1	8/12	12/8
商业存在	8/12	12/8	1	14/6
自然人流动	4/16	8/12	6/14	1

最大特征值 $\lambda_{max} = 4.003$，特征向量 $W = （0.435\ 7，0.177\ 3，0.271\ 3，0.115\ 7）^T$

$CR = 0.001$，满足一致性检验。

表 4 - 9　广播电视和卫星传输服务业的判断矩阵

	跨境支付	境外消费	商业存在	自然人流动
跨境支付	1	16/4	12/8	16/4
境外消费	4/16	1	4/16	8/12
商业存在	8/12	16/4	1	12/8
自然人流动	4/16	12/8	8/12	1

最大特征值 $\lambda_{max} = 4.065$，特征向量 $W = $（0.451 6，0.093 2，0.308 2，0.147 0）^{T}

$CR = 0.024$，满足一致性检验。

表 4 - 10 互联网和相关服务的判断矩阵

	跨境支付	境外消费	商业存在
跨境支付	1	16/4	14/6
境外消费	4/16	1	8/12
商业存在	6/14	12/8	1

在构造互联网和相关服务的判断矩阵时，考虑到这一行业的特性，因而排除自然人流动这一服务提供模式。其最大特征值 $\lambda_{max} = 3.002$，特征向量 $W = $（0.602 1，0.157 4，0.240 5）^{T}

$CR = 0.002$，满足一致性检验。

基于以上分析，得到通信服务业项下三大种类服务业对应的四种服务提供模式权重的赋值结果（见表 4 - 11）。

表 4 - 11 通信服务业项目三大种类服务业对应的四种服务提供模式权重赋值

服务业	服务提供模式	赋值
电信服务业	跨境支付	0.435 7
	境外消费	0.177 3
	商业存在	0.271 3
	自然人流动	0.115 7
广播电视和卫星传输服务业	跨境支付	0.451 6
	境外消费	0.093 2
	商业存在	0.308 2
	自然人流动	0.147
互联网和相关服务业	跨境支付	0.602 1
	境外消费	0.157 4
	商业存在	0.240 5
	自然人流动	0

基于入世前、入世五年以及入世十年电信服务业、广播电视和卫星传输

服务业，以及互联网和相关服务业的用户数、人口覆盖率及产值等行业综合指标，对通信服务业中电信服务业、广播电视和卫星传输服务业，以及互联网和相关服务业三大种类的权重进行赋值（见表4-12）。

表4-12 通信服务业项目三大种类服务业权重赋值

服务业	入世前	入世五年	入世十年
电信服务业	0.209 62	0.381 753 32	0.423 835
广播电视和卫星传输服务业	0.768 684	0.530 433 76	0.403 925
互联网和相关服务业	0.021 697	0.087 812 93	0.172 24

根据知识密集型服务业开放度的计算公式：

服务业 A 开放度

$$= \sum \left\{ \text{服务业 A 门类 } A_i \text{ 的权重} \times \left[\sum \text{服务模式 } M_j \text{ 的权重} \times \frac{\text{市场准入} + \text{国民待遇}}{2} \right] \right\}$$

得到通信服务业中电信服务业、广播电视和卫星传输服务业、互联网和相关服务业以及通信服务业整体在入世前、入世五年以及入世十年三个时段的开放度测度结果（见表4-13）。

表4-13 通信服务业开放度测度

开放度	入世前	入世五年	入世十年
电信服务业	0.58	0.62	0.78
广播电视和卫星传输服务业	0	0.55	0.55
互联网和相关服务业	0.53	0.63	0.73
通信服务业整体	0.13	0.58	0.68

测度结果显示：通信服务业项下两个种类，即电信服务业以及互联网和相关服务业在入世前开放程度已较高，分别达到0.58和0.53。中国在加入世界贸易组织后，电信服务业以及互联网和相关服务业进一步开放，在入世五年后分别达到0.62和0.63，此后持续开放，入世十年两行业的开放度分别达到0.78和0.73。通信服务业项下的广播电视和卫星传输服务业的开放程度提高得最为显著。入世前，广播电视和卫星传输服务业受国家相关政策限制未对外开放；在加入世界贸易组织后，通过履行入世承诺，开放度达到0.55，极大地促进了通信服务业整体开放程度的提高，通信服务业整体开放度从入世前的0.13提高到入世五年后的0.58；入世十年后进一步达到0.68。

4.5　中国通信服务业进一步开放面临的主要障碍

中国通信服务业经过三个阶段的开放，尤其是加入世界贸易组织之后，认真履行了入世承诺，对外开放度有了较大的提高。通过测算，中国通信服务业的整体开放度从入世前的 0.13 提高到入世五年后的 0.58，入世十年后，进一步提高到 0.68。中国加入世界贸易组织十年后，通信服务业的开放程度虽然比之前又有了进一步的提高，但相比之下进程要缓慢不少。综合中国通信服务业开放的进程，中国通信服务业进一步开放面临的障碍主要有以下三个方面：

第一是通信服务业立法的缺失。

纵观中国通信服务业开放经历的阶段和历程，不管是打破通信服务业的自然垄断，还是分领域、分业务逐步开放，以及进入跨地域、跨业务的全面开放阶段；不管是对中国电信运营主体的结构重组，还是对电信业务经营的放开，中国都是通过颁布各种管理条例或是规章制度来作为指导，但到目前为止，中国还没有出台《电信法》。也就是说，中国通信服务业的开放和发展到目前为止，还没有规范的统一的法律作为指导，仍旧是多种管理条例或是其他相关的法律法规共同管理，如《电信管理条例》、《无线电管理条例》，以及其他一些与之配套的法律法规，包括《电信网间互联管理暂行规定》、《电信网间通话费结算办法》等。而关于外商投资中国通信服务业的比例和中国对外资开放通信服务业的步骤等具体事项，在《电信管理条例》中并没有作出相关的规定，只能参考《外商投资企业管理的法律法规》、《中外合资经营企业法》等相关的法律法规。

回顾世界各国通信服务业开放和改革的经验，都是从立法的准备开始，并通过制定或是修改电信法来指导本国通信服务业的改革和开放。自 1985 年日本颁布的《电信事业法》开始，20 世纪 90 年代以来，全球有 150 多个国家为本国电信市场的开放制定和颁布了新的电信法或是修改了之前已经颁布的电信法。德国在通过的电信法中，取消了对网络和电话服务之外的所有市场限制，澳大利亚修改的新电信法宣布电信基本业务实行全面竞争，法国和德国颁布新的电信法用以指导本国电信市场的开放，美国也通过新电信法案对美国电信市场实行全面开放。

由于中国未能及时制定颁布《电信法》，中国通信服务业的管理依旧主要以国务院行政法规、部门规章、规范性文件和其他相关的法律法规等多个方面作为依据，这些法律法规相互之间还存在冲突或是不相符合的情况。如对于外资进入中国电信服务业的投资比例方面，《中外合资经营企业法》规定外国合营者的投资比例一般不低于25%，没有上限。而《电信条例》和《外商投资电信企业管理规定》为保证国家对基础电信运营商的控制则规定，从事基础电信业务的公司，外商投资电信企业的外方投资者在企业中的出资比例，最终不得超过49%。两者存在明显的冲突之处。再如2012年中国工信部颁布的《关于鼓励和引导民间资本进一步进入电信业的实施意见》第七条指出，鼓励基础电信企业在境内上市，通过降低上市公司的国有股权比例或增资扩股的方式引入民间资本，从政策层面上放开了民间资本进入电信行业的限制。而在实践中，西班牙电信集团和英国沃达丰电信通过斥资收购股份的方式已经分别参股了中国联通和中国移动。

自从加入世界贸易组织之后，中国废止了诸如《从事放开经营业务审批管理暂行办法》和《放开经营电信业务市场管理暂行规定》等阻碍外资进入中国通信服务业市场和阻碍中国通信服务业开放的法律法规和行政规章。但随着中国通信服务业开放的进一步推进，在中国电信法律体系中，以来自各部门多方面的条例规章构成，重要事项通过非公开的内部文件或行政指令来进行的管理体系，将越来越显著地阻碍中国通信服务业开放和发展，因此，出台统一的权威的透明的《电信法》迫在眉睫。

第二是通信服务业监管部门的分割。

通信服务业发展至今，电信、有线电视和网络信息业整合的速度日益加快，因而通信服务业互联互通的问题是中国通信服务业在进一步开放和发展的过程中不可回避的问题。中国颁布的《电信条例》对电信服务业和互联网接入之间的互联作出了相应的规定：主导的电信业务经营者应当按照非歧视和透明化的原则，制定包括网间互联的程序、时限、非捆绑网络元素目录等内容的互联规程；主导的电信业务经营者向其他电信业务经营者提供网间互联，服务质量不得低于本网内的同类业务及向其子公司或者分支机构提供的同类业务质量。

随着技术的发展，互联互通在技术上已经不存在任何障碍，互联互通最大的障碍来自相关部门在监管上的分割。中国通信服务业各类业务按照类别的不同，由不同的部门进行监管，有线电视网络由国家广播电影电视总局监管（2013年，国务院将新闻出版总署、广播电影电视总局的职责整合，组建国家新闻出版广播电影电视总局），公用通信网、互联网、专用通信网则由工业和信息化部进行监管，有线电视网络和互联网、电信网络和互联网的融合较为顺畅，而电信和广播电视传输两个服务业的双向进入仍存在体制上的障碍。

在三网融合的过程中，电信网、广播电视网和计算机网络的信息传输业务逐步整合。为了适应市场和业务发展的需要，美国成立了美国联邦通讯委员会（FCC），直接对国会负责，通过控制无线电广播、电视、电信、卫星和电缆来协调国内和国际的通信。英国依据《2003 年通信法》成立了通信管制机构（OFCOM），作为英国通信产业的独立调整机构和市场管理当局，负责英国电信、无线电和电视的市场的竞争和监管。这些综合性的监管机构可独立发挥对通信传输服务的监管职能，统一进行产业监管并促进产业之间的双向对称进入。以此为借鉴，中国需要进一步推动电信产业监管体制的改革，设立统一的通信服务监管机构，从体制上排除互联互通的障碍。

第三是关于政策的透明度及信息公司的问题。

中国在加入世界贸易组织承诺书中承诺，中国将尽最大可能，在实施或执行前，将所有有关或影响货物贸易、服务贸易、知识产权保护或外汇管制的法律法规及其他措施等翻译成一种或多种世界贸易组织正式语言，并确保不迟于实施或执行后九十天，使世界贸易组织成员可获得这些法律法规及其他措施信息。并承诺设立或指定一个或多个咨询点，在咨询点中可获得有关或影响货物贸易、服务贸易、知识产权保护或外汇管制的法律法规及其他措施的信息以及公布的文本，并将向世界贸易组织通知所有咨询点及其职责。然而，目前通信服务业的相关法律法规及其他措施仍散落于各种行政法规、部门规章和规范性文件中，因而有关通信服务业的开放度测度在查找资料时难免有遗漏，从而影响最终测度结果的准确性。这一问题也在一定程度上存在于知识密集型服务业的其他行业的开放度测度中，是较普遍存在的问题。而通信服务业中的电信和广播电视又是典型的垄断行业，虽然经历了三个阶段的开放，在行业内引入竞争，但仍有待进一步开放，特别是对意识形态和文化传统传播有着重要影响的广播电视服务行业，广播电视节目的制作与播放仍受到监管机构国家新闻出版广播电影电视总局的严格监管，在电信和互联网服务行业方面也有许多重要的事项通过非公开的内部文件、行政指令及批文来进行公布，因此，依旧无法保证政策的透明度和信息的公开度，进而阻碍了通信服务业的开放进程。

第 5 章

全球产业转移下中国信息服务业的开放

5.1 中国信息服务业开放的国际背景

在本研究中，信息服务业主要涉及软件和信息技术服务业以及其他信息服务业。

5.1.1 中国软件业开放的国际背景

软件业的开放要追溯到计算机行业发展的历史。20 世纪 80 年代以前，计算机及外设行业呈现出完全垂直一体化的生产格局，当时的行业领导者 IBM 及其他计算机及外设产品生产企业自己供给半导体芯片及其他元件，进行计算机的设计，生产计算机及与之配套的外设产品，并且同时开发只适用于自己所生产出的计算机的操作系统软件和应用软件，由公司自身的人员销售并提供售后服务，进行大而全的垂直一体化内部生产（见图 5 - 1）。在这种纵向产业结构时代，每一家企业独揽了价值链上从上游的设计到中游的制造再到下游的销售等全部的价值增值活动，企业的各个部门相互协调成一个整体提供系统集成的产品，与另外一个整体的纵向一体化企业进行竞争，因此又被称为"系统时代"。当时的 IBM 公司成为这一产业的领头企业，Baldwin 和 Clark 对 1950 年至 1996 年间的计算机及外设产业的数据研究表明：1969 年，IBM 公司的相关企业占了市场价值的 71%，几乎垄断这一行业的市场。[①] 其他主要的计算机制造商如 DEC 公司、惠普公司等通过垂直一体化制造自己的产品与 IBM 公司竞争，日本和西欧生产计算机及外设产品的企业都在这种模式下与 IBM 竞争。由于每家生产计算机及外设产品的企业进行的是封闭式的生产，各个企业所生产出来的产品互不兼容，消费者所面临的产品便成为系统化产品，即如果购买了一家企业生产出来的主机，就必须购买同样由这家企业生产的外部设备才能顺利运转。同时，当某家电脑公司利用新技术生产一种新的计算机时，它不得不为该系统专门研制相应的软件及零部件，同时还要保留那些老的系统。当终端用户开始使用新型计算机时，他们就必须重新编写软件，而当对软件进行升级时，他们就会面临丢失关键数据的风险

---

① 雷如桥，陈继祥，刘芹. 基于模块化的模式及其效率比较研究. 中国工业经济, 2004 (10).

（Baldwin & Clark，1997），这样便限制了计算机及外设产业的创新和走向市场化，同时，软件也与计算机硬件一体化发展，处于完全封闭的状态。

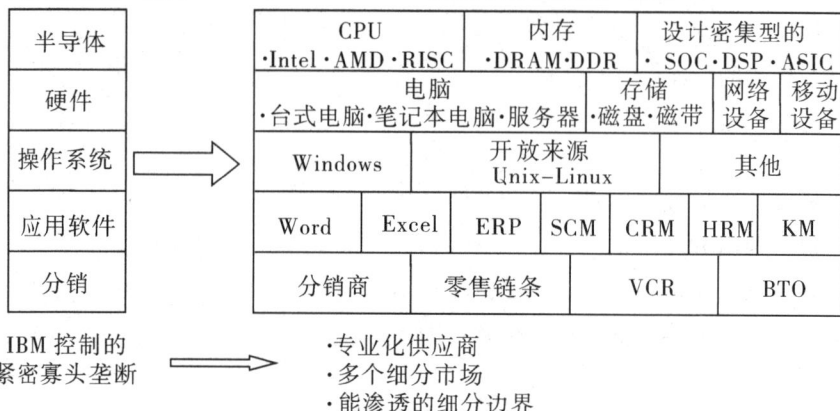

图 5-1 计算机及外设产业生产格局的变化

资料来源：安迪·格鲁夫. 只有偏执狂才能生存. 北京：中信出版社，1996.

　　随着个人计算机逐渐成为大众化的产品，IBM 公司在计算机及外设产品领域进行封闭生产面临着来自产品成本方面的压力，在市场竞争中处于十分被动的局面。为了增强市场竞争力，IBM 公司开放了个人计算机的标准架构，将各个部件如芯片、操作系统外包给各部件供应商，IBM 则集中精力掌控整机的设计规则和部分关键模块的设计制造，对计算机及外设产品重新进行模块化设计，确定了系统的设计规则之后，计算机及外设被分解为几个独立的标准组件，按照一定的规则可以组合成一个有效运行的整体。各个企业生产出来的打印机、终端、存储器、软件甚至中央处理器本身能够相互兼容并实现即插即用，产业的发展由主机主导的时代过渡到关键模块主导的时代。IBM 公司的 System 360 型兼容机生产出来之后，计算机及外设产业便从纵向一体化的产业结构时代跨越到水平分工的横向产业结构时代。这时，计算机及外设产品的生产被分解开来，从价值链上游的半导体设计、芯片制造、测试、封装，到硬盘、主板、背板、声卡、显卡的制造，再到计算机整机的组装和外围设备如键盘、鼠标、显示器和打印机的制造，都独立出来成为完整的产业部门。

　　随着一系列专业化供应商的出现，价值链各个环节的生产分工被细化，计算机及外设产业呈现出垂直专业化的生产格局，构成产业价值链的五个环节——半导体、硬件、操作系统、应用软件和分销都进行了专业化分工，原来集中于一家公司内部完成的计算机及外设生产活动，现在由分布在该产业内部相互独立的平行层级中的多个专业化供应商来完成。比如一台计算机的生产使用美国英特尔公司提供的 CPU，中国台湾的大众公司生产的主板，韩国三星公司生产的显示器，然后在中国的一家企业组装，并通过香港的公司进行销售。这台计算机安装美国微软公司开发的 Windows 系统，可兼容使用惠普公司的打印机和日本爱普生公司的扫描仪。越来越多的企业得以进入这一行业，抢夺原来由几家纵向生产的公司占领的市场份额。到 1996 年，再也没有任何一家计算机及外设生产企业能够占到市场价值的 15% 以上，计算机及外设产业显现出众多企业相互竞争的格局，而且在产业链条的每一个结点上都呈现出激烈竞争的状态，只有少数几家企业能在激烈的竞争中脱颖而出，成为旗舰企业，市场围绕这些旗舰企业进行水平分工合作，形成生产网络。由于没有任何单一厂商能够拥有应对全球竞争所需要的各种不同能力，所以他们通过在海外设厂生产标准化的零部件，或者把生产外包给低成本国家的企业生产的方式，联系起分散于各地的专业化供应商，并最终在每一个价值链条中形成了以领导厂商为核心，包含各层级供应商的全球生产网络模式，这些价值链条之间存在开放的和可相互渗透的边界，使得每一个价值链条中包含的不同的全球生产网络相互竞争，同时又相互合作。软件行业同样也是如此，在操作系统方面，由微软公司主导 Windows 操作系统，同时并存 Unix 和 Linux 等开放源软件等。在应用软件方面，有微软公司开发的 Word 和 Excel，以及各公司开发的企业资源计划系统（ERP）、供应链管理软件（SCM）、客户关系管理软件（CRM）、人力资源管理软件（HRM）和知识管理系统（KM）。

由于软件行业发展的历史原因，以及美国政府对科学研究和开发的大力资助，在美国开放的高等教育系统中，计算机科学研究的成果最早受到复杂用户的接受。美国作为世界上最大的经济体和市场，领先的半导体和数据存储行业有助于计算使用，所以，至今美国在软件和服务产业中仍处于领先地位，美国的软件和服务产业占全球收入额的 80%。美国同时高度垄断系统软件行业，在全球前 20 家公司中有 16 家在美国。[①] 在软件服务行业中，美国也占主导地位，在全球前 20 家软件公司中有 11 家在美国。

5.1.2 中国信息服务业开放的国际背景

信息服务业主要是指从事信息资源开发和利用的重要产业部门，包括传统信息服务业和现代信息服务业。传统信息服务业一般指在计算机广泛应用

---

① Weinstein A, . Foreign Investment by Service Firms: The Case of the Multinational Advertising Agency, *Journal of International Business Studies*, 1977, Vol. 8, pp. 83–92.

以前发展起来的信息服务业，主要是以文献信息为主体的信息服务和咨询服务，通常包括图书馆业、档案业、新闻出版业、广播电视业、广告业、电信业、科技情报业。现代信息服务业，亦称电子信息服务业，它是以计算机为核心，以现代信息技术作为主要处理手段（杨向明，2007）的服务业。

1969 年，美国国防部建成一个连接四个节点的计算机网络 ARPANET（Advanced Research Projects Agency Network），即 Internet 的雏形。随着 ARPANET 的完成，并向非军用部门开放，许多大学和商业部门开始接入。1982 年，基于 TCP/IP 协议的 Internet 初具规模，随后美国国防部将 ARPANET 划分为公用和军用两个部分，由此，民用计算机网络正式形成。1986 年，美国国家科学基金会（NSF）利用 ARPANET 发展出来的 TCP/IP 通信协议，在五个科研教育服务超级计算机中心的基础上建立了美国国家科学基金会网络（NSFnet），经过不断的升级和扩展，如今 NSFnet 已经成为 Internet 的骨干网络之一。20 世纪 90 年代初期，美国又采用了综合业务数据网（ISDN）标准，于是，Internet 的硬件基础基本成形。1989 年，英国计算机学者 Tim Berners Lee 提出建立以超文本链接方式组成的信息网（WEB），实现资源共享，随后又进一步提出环球信息网（World Wide Web，简写为"WWW"）雏形以及统一资源定位器（URL）、超文本标记语言（HTML）和超文本传输协议（HTTP）的概念。在此基础上，欧洲粒子物理实验室和美国国家超级计算应用中心分别开发出浏览器。通过超文本链接，新手也可以轻松上网浏览，这大大促进了 Internet 的发展。随着全球各地互联网用户数量的大量增加，在个人计算机时代之后，全球进入了个人计算机的网络时代。

1992 年，新加坡政府提出"智慧岛"计划，是世界上最早拟定"信息高速公路"战略的国家政府。1993 年，美国克林顿政府正式宣布国家信息基础设施计划（NII），即国家信息基础结构计划，1994 年，在国际电信联盟会议上又提出了全球信息基础设施计划（GII），这标志着全球信息化的时代开始到来。同年，Internet 开始商业化运行，之后，计算机网络便以几何速度发展。

随着国际信息业竞争日益激烈，建立全球信息基础设施，组成世界信息高速公路，实现全球信息共享，引起了世界大多数国家的关注。1995 年 2 月，欧洲联盟在布鲁塞尔召开的"七国集团信息社会部长级会议"上提出了建立"全球信息社会"的 8 项基本原则和 11 个示范项目，"信息高速公路"成为各国国际信息合作的中心。信息作为主要的生产要素和社会动力源，受到了全世界的关注，人们的信息意识普遍增强，信息需求量急剧增长。为了适应这种需求，各类信息服务机构纷纷成立，信息服务业得到空前发展。

随着云计算概念的普及，通过虚拟化方式共享资源的计算模式使得计算、存储、网络、软件等资源能够按照用户的动态需要，提供以互联网为基础的服务。云计算的应用，即利用互联网上软件和数据的能力，带来了信息服务业新的发展模式和发展前景，促使网络信息服务业更加开放和自由。

美国的信息服务业在全球处于领先地位。根据服务的内容，美国信息服务业被分为三类，即文献信息服务、电子信息服务、咨询服务。文献信息服务是指传统的文献服务，包括图书馆服务、二次文献信息服务、专利、标准、档案和新闻出版等；电子信息服务是指以计算机和通讯技术为主要手段的服务，包括专业服务、系统集成服务、外部承包服务、信息处理服务、网络服务、软件产品服务；咨询服务是指咨询、中介和教育培训（刘昭东，1995）。1999年，美国的北美行业分类系统对信息服务业重新进行了定义，信息服务业特指将信息转变为商品的行业，不仅包括软件、数据库、各种无线通信服务和在线信息服务，还包括传统的报纸、书刊、电影和音像产品的出版（刘静一、曹兵、王景侠，2008）。信息处理服务，网络服务，系统软件产品，应用软件产品，交钥匙系统和系统集成，专业服务如咨询服务、教育、培训，作业外包如信息管理、信息技术服务等都属于美国信息业的范围。在美国信息服务业发展的过程中形成了各种不同类型的信息服务公司，比如国际著名的兰德信息服务公司这种综合型的信息服务公司，邓白氏集团信息服务公司和波士顿顾问公司等专注于提供经济和贸易信息的经贸型信息服务公司，以及斯坦福研究所和国际数据集团公司等科技型信息服务公司。

中国研究学者也对中国信息服务业进行了不同的种类划分，比如有的学者将信息服务业分为传统信息服务业和电子信息服务业两大类，传统信息服务业包括科技情报、图书、文献、档案、标准、图纸、专利；电子信息服务业包括计算机信息处理、软件生产、通信网络系统、数据库开发应用、电子出版物、办公自动化、网络信息与咨询服务（刘昭东，1995）。有的学者将中国信息服务业划分为传统信息服务业和现代电子信息服务业两大类，其中新闻报道、印刷出版、图书档案、文献情报、专利标准、邮政电信都属于传统信息服务业，而数据库业、信息提供业、信息处理业、软件开发与处理业、集成系统服务业、咨询服务业都属于现代电子信息服务业（陈禹，1996）。还有的学者按生产性信息服务业和消费性信息服务业两大类来划分信息服务业，金融、保险、数据库、软件服务业、信息网络工程服务、视听、邮电、出版、图书销售、娱乐业、信息设备修理、市场信息服务、综合技术服务和专业信息服务属于生产性信息服务业的范畴，而科技研究、教育、体育、新闻报道、文献采集、处理、传播、存储服务、图书、情报、档案、专利、标准和其他服务（包括部分旅游、医疗卫生等）则属于消费性信息服务业的范畴（陈禹、谢康，1998）。

随着软件和信息服务业在中国的发展和演变，中国对于软件和信息服务业有了更加深刻的认识，在行业分类和统计分析方面也作出了相应的调整。中国在 2002 年出版的《国民经济行业分类与代码》中，门类 G 为信息传输、计算机服务和软件，其中包括第 60 大类电信和其他信息传输服务业，下面包括 601 电信、602 互联网信息服务、603 广播电视传输服务以及 604 卫星传输服务。第 61 大类为计算机服务业，下面包括 611 计算机系统服务、612 数据处理、613 计算机维修和 619 其他计算机服务。软件业为第 62 大类，下面包括 621 公共软件服务和 629 其他软件服务。随着软件和信息服务业在中国的迅速发展，以及其在国民经济中重要性的提高，2011 年，中国颁布了新的《国民经济行业分类与代码》，门类 I 为信息传输、软件和信息技术服务业，其中包括第 63 大类电信、广播电视和卫星传输服务，下面包括 631 电信、632 广播电视传输服务和 633 卫星传输服务。第 64 大类为互联网和相关服务，下面包括 641 互联网接入及相关服务、642 互联网信息服务和 649 其他互联网服务。第 65 大类为软件和信息技术服务业，即为本章节研究的主要内容，下面包括 651 软件开发、652 信息系统集成服务、653 信息技术咨询服务、654 数据处理和存储服务、655 集成电路设计和 659 其他信息技术服务业，比如数字内容服务、呼叫中心和其他未列明的信息技术服务业。根据各门类包括的主要内容，本章节主要针对软件和信息服务业的开放展开研究，在测算时将软件和信息服务业开放度的测度分为三个部分：软件、信息服务业和其他。

5.2 中国软件和信息服务业的开放及发展

5.2.1 中国软件行业的开放及发展

中国软件产业发展起步的时间较晚。1958 年，中国科学院的信息技术研究院已经研制出中国第一台计算机，但是中国政府将大多数资金和有限的技术人员集中投入到集成电路与对军用和民用至关重要的技术上，导致国有研究机构的软件研究项目被分散了。由于机构和制度上的障碍，这些研究机构与市场分隔，因此，这一时期中国商用软件的开发基本不存在，中国软件行业处于完全封闭状态，只是相应的科研机构和院校针对自己的需要进行相应的软件开发活动。20 世纪 80 年代末期，中国的几个计算机企业如方正和联想，被授权进行商用软件产品的开发，中国科学院软件研究院和其他研究机构的编程人员也开始开发出一些简单的程序系统，比如搜索或是更新信息方面功能的数据库。这些软件开发只是针对特定的终端用户，而未开始一体化的软件设计。随着越来越多的软件企业参与到市场竞争中，中国软件业逐渐开放。

首先，中国软件行业通过融入全球软件和信息服务网络走向开放（见图 5 - 2）。

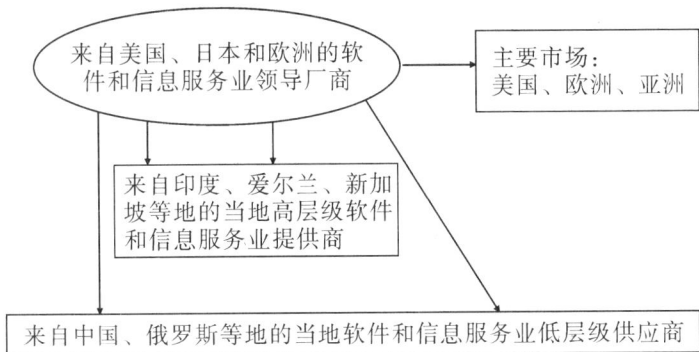

图5-2　全球软件及信息服务网站

　　20世纪80年代末至90年代中后期，中国计算机及外设产业进入嵌入全球计算机及外设生产网络发展的第二个阶段。在这一阶段，全球计算机及外设领导厂商将战略重点转移到满足用户的个性化需求方面，更加专注于产品的研发和营销，而将生产制造更多地外包至劳动力和土地成本都更低的发展中国家去完成。中国作为全球计算机及外设生产网络的当地低层级供应商，承接了来自发达国家的资金、技术和产业的转移。同时，中国改革的成效初步显现，经济的发展促使中国国内市场的潜力逐渐显现，增强了中国的吸引力。随着日本、韩国、美国和欧洲等国的计算机及外设领导厂商将价值链的一部分转移到中国去完成，来自中国台湾、日本、新加坡和韩国等高层级供应商的代工订单在中国完成，以及已经进军中国大陆的台资企业进一步扩大规模，将生产转移到珠江三角洲的计算机及外设生产大企业带来了一批专业化分工协作的配套企业的集体迁移。中国作为全球计算机及外设行业重要的产品加工制造基地和潜力巨大的市场，在全球生产网络中的地位不断提升。中国计算机和外设产业的迅速发展，同时带动了中国软件产业基于嵌入式软件的发展。中国计算机和外设生产产业通过融入全球生产网络发展并实现产业升级，从发展初期便伴随着外国资金、技术和原材料的转移，在发展中将加工贸易作为产业发展的主要形态，这些方面决定了中国计算机和外设生产产业的外向型特征。中国软件产业作为支撑中国计算机和外设生产的主要产业，伴随着计算机和外设生产产业的发展，与其他行业相比，在发展的过程中面临的市场环境要开放得多。

　　为了更好地为转移到中国的计算机和外设生产厂商以及相关行业的领导厂商提供配套服务，全球软件和信息服务业提供商纷纷在中国设立分支机构，由此，中国的软件和信息服务业便融入全球软件和信息服务业网络，走上了开放和快速发展的道路。

为了更多地服务将生产转移到中国的全球计算机及外设行业的品牌旗舰企业和合同制造商，以及充分利用中国低成本的劳动力资源优势，美国和日本等国的软件和信息服务领导厂商纷纷在中国设立分支机构。1993 年，中国东软公司和日本阿尔派电子公司建立合资公司沈阳东大阿尔派软件有限公司，开发汽车导航和视听系统。1996 年，该合资公司成为中国大陆首家上市的专业化软件公司，公司前身为东工阿尔派音软件研究所，上市时开发的品牌达 6 大类 40 余种。① 来自美国的微软、IBM 公司和 Oracle 等大型软件公司在中国设立了独资公司和与软件、计算机有关的研发中心，并与中国企业建立了合资公司。微软与中国软件企业合作在中国设立的两家合资公司，一是与上海联和投资有限公司合作，持有上海微创软件有限公司 50% 的股份，二是 2002 年，微软出资 230 万美元持有中关村科技软件有限公司 19% 的股份，这两家合资公司主要是为中国市场上需要外包软件业务的企业提供服务。欧盟是仅次于日本的软件和信息服务业市场，一些欧洲领先的工业企业在中国设立离岸机构生产嵌入式软件，离岸外包的工作有三分之二从英国发包出来，德国在全球运营的公司如思爱普公司（SAP）、西门子公司也在中国设立分支机构开展软件离岸外包业务。

除了来自美国、日本和欧洲的全球软件和信息服务网络领导厂商在中国设立软件和信息服务分支机构外，来自全球软件和信息服务网络第二层级的当地高层级软件和服务提供商印度软件公司，为了更好地服务在中国设立分支机构的美国客户和日本客户，也在上海和北京等地设立了分公司。随着中国劳动力成本低廉的优势越来越显著，更多的印度软件公司被吸引到中国来投资，并将更多的需要廉价劳动力完成的工作转移到中国来完成，从而使印度软件公司专注于高价值环节的软件业生产。比如全球第二大软件外包企业印度萨蒂扬公司早在 2002 年便在上海设立了研发中心，并相继在北京、大连、广州建立了分公司。2007 年，萨蒂扬公司进一步在南门高新区以整体园区的形式设立研发中心，成为萨蒂扬公司在印度之外设立的最大的研发机构，该基地的主要功能就是服务跨国企业在中国设立的分支公司。

20 世纪 90 年代的互联网泡沫也给中国软件行业带来了大量的外国资本，但由于中国软件行业发展起步晚、不成熟，与软件行业发展较成熟的发达国家相比，中国软件行业受到的冲击和影响也更显著。在外来资本的带动下，中国软件行业发展迅速，自 1995 年以来，中国产业以年均 30% 的速度增长，并保持高速的增长速度。2000 年，中国的软件行业产出达到 72 亿美元，占全

---

① 佚名. 沈阳东大阿尔派软件股份有限公司 1997 年年度报告摘要. 搜狐财经，1997 - 12 - 31.

球软件产出的 1.2%。[1]

在中国第十个五年计划（2001—2005）中，软件产业被定义为对经济发展和国家安全至关重要的支柱产业，与计算机制造业、电信业等一起受到政府的重视。当时，中国软件产业仍处于幼稚产业的状态，由数千个小企业组成，还无法与市场上占主导地位的跨国公司相竞争。加入世界贸易组织后，中国的软件和信息服务业加大了开放的力度，根据中美之间签订的协议，中国对于在硬件安装领域提供咨询服务的外国商业存在没有任何限制。外国服务提供者也可以通过合资企业的形式在中国提供软件安装和数据处理服务。2001 年 1 月起，中国允许外国公司在中国建立合资企业提供计算机维护和维修服务，并允许在合资企业中拥有绝大多数股权。中国在入世承诺书中承诺：2003 年 1 月后，外资独资企业可以进入中国信息技术市场。此外，外籍人士、有资质的工程师和拥有本科学位并拥有三年工作经验的人被允许可以提供软件服务。根据 WTO 信息技术协议，中国于 2003 年底取消所有的软件关税。外国服务提供者被允许提供软件支持服务，在设立软件中心方面也有了更大的自由度，因此，在中国市场上，外国软件提供商的竞争程度加深了，中国软件行业的开放力度也加大了。到 2003 年左右，在中国软件行业中有 27% 是中外合资软件公司，还有 6% 的外资独资企业。[2] 外国公司如微软、IBM 和 Oracle 等软件公司主导着中国的软件产品市场，并凭借其建立起来的品牌和产品，占到中国套装软件销售额的 65% 以上。2000 年，中国十大套装软件销售商中除了用友公司（UFIDA）和金蝶国际软件集团有限公司（Kingdee）之外，其他都是外资公司（见表 5－1）。截至 2010 年底，中国软件与相关服务业中的外资企业共有 2 589 家，同比增长了 5.9%。[3]

表 5－1　2000 年中国十大套装软件销售商

软件销售商	收入（百万美元）	所占份额（%）
IBM	77.99	6.08
微软	65.07	5.07
Oracle	58.28	4.55

---

[1]　AnnaLee Saxenian，Government and Guanxi：The Chinese Software Industry in Transition，*DRC Working Papers*，2003，No. 19.

[2]　AnnaLee Saxenian，Government and Guanxi：The Chinese Software Industry in Transition，*DRC Working Papers*，2003，No. 19.

[3]　佚名. 入世十年：我国软件和信息服务业开放发展的成绩、问题与对策. 中国产业安全指南网，2011－12－12.

（续上表）

软件销售商	收入（百万美元）	所占份额（%）
赛贝斯软件公司（Sybase）	30.93	2.41
Informix 软件公司	26.33	2.05
组合国际计算机股份有限公司（Computer Assoc.）	25.74	2.01
用友公司（UFIDA）	23.30	1.82
Novell 公司	21.49	1.68
莲花公司（Lotus Software）	17.53	1.37
金蝶国际软件集团有限公司（Kingdee）	16.25	1.27

资料来源：AnnaLee Saxenian, Government and Guanxi：The Chinese Software industry in Transition, *DRC Working Papers*, 2003, No. 19.

其次，除了在中国高速发展的计算机和外设产业带动下，中国软件企业融入全球软件和信息服务网络开放并快速发展外，新一轮国际产业转移也推动了大量外国企业直接将软件业务转移到中国来完成，其中也包括通过在中国设立分支机构来完成软件业务的国际转移。在经济全球化和信息化的推动下，跨国公司为提高核心竞争力，将软件业务转移到中国等低成本国家来进行，软件业务的转移从低价值链环节的日常软件维护、测试、日常办公系统程序和呼叫中心等最基础的技术层面的业务转移，逐步延伸至软件研发、项目一体化、知识流程外包如工程和设计服务等高价值增值的环节和高层次的服务流程业务转移，涉及的行业从软件服务业扩展至电信运营业、金融行业、人力资源管理、媒体公关、知识产权研究、医药和生物技术研发和测试、分析学和数据挖掘、动漫及网游设计研发等多个广泛而不同的领域。比如日本作为仅次于美国的世界上第二大软件和软件服务产业大国，为世界市场提供游戏软件和商业软件，为日本国内市场提供套装软件，为了应对国内软件行业成本上涨的压力，日本软件公司将以前在日本软件公司完成的编程或是后台功能迁移到中国去进行，促进了中国大连、杭州等一批城市软件行业的开放。1997 年至 2007 年的十年间，美国的惠普公司、英特尔公司，英国电信集团（BT Group PLC）、德国思爱普有限公司（SAP AG）和日本横河电机公司等 230 多家外国公司已经在大连开展软件业务，大连逐渐成为世界软件产业外包中心。

中国软件行业融入到全球软件和信息服务网络的开放中，从多个方面促进了中国软件行业的发展。但与此同时，也存在诸多问题，其中最大的问题是缺乏管理经验和对软件发展模式的了解，并且中国大多数软件开发者都比较年轻而没有经验。其中，最初主要由研究机构和大学相关院系独立出来的企业作为市场运营的主体，这些企业不了解市场运作的机制，没有市场营销和企业管理的经验，因此，在融入全球软件和信息服务业网络后，直接受到外国软件企业的竞争冲击。中国软件行业中存在着众多小型企业，它们从未接触过系统管理模式或是系统一体化，缺乏管理技能和组织能力，这也导致中国的软件企业难于与大型跨国公司相竞争，质量方面也存在着明显的差异，比如源程序代码很难被保留下来，软件升级达不到预期目标，不能提供软件运行所需要的补丁，中国软件企业对市场和客户服务关注得也较少。而融入软件和信息服务全球生产网络后，外资独资软件公司和合资软件公司以及研发中心多集中于高质量大规模的软件项目，为中国软件开发者、企业家和经理人员提供了难得的培训机会。比如，随着微软在中关村科技软件有限公司持股，以前在微软从事高层管理工作的经理人员被吸引到新的公司工作，而且，在国外学习的人员也被吸引到该公司就职，这些经理人员带来了中关村科技软件有限公司所需要的技术能力和他们在微软所学习到的大规模软件开发所需要的技能，以及市场营销的技能。

承接印度软件公司转移来的工作虽然处于价值链环节的低端，但也有利于中国软件行业管理能力和技术能力的提升。

在发展过程中，中国政府利用外国资本想进入国内巨大市场的便利，进一步引导并与跨国公司发展起互惠的关系，通过合资企业在研究室和培训项目中带来先进技术和专利转移。比如在英特尔中国软件实验室中，有九十多位工程师参与到最新的软件中，软件涉及包括从数字信号处理（DSP）到多媒体产品、设备驱动到信号整合技术等多个领域。

软件行业的开放也使软件企业获得发展所需要的资金支持。据世界银行国际金融公司在1999年所作的调查显示：中国80％的私营企业认为缺乏资金限制了它们的发展，[①] 绝大多数中国的软件企业和其他私营企业一样，因为缺乏从银行或是资本市场获取资金的渠道，仅依靠自有资金而难以维持快速的发展。根据中国人民银行的数据显示：1999年，只有不到1％的银行贷款流入私营企业，而由于银行缺乏资信评估的能力，这不到1％的银行贷款更多的是流入中外合资企业而非本土私营企业。[②] 而通过与国外软件企业建立合资企

---

① International Finance Corporation, *China's Emerging Private Enterprises: Prospects for the New Century*, Washington DC: IFC, 2002.

② Studwell, Joe, *The China Dream: The Quest for the Last Great Untapped Market on Earth*, New York: Atlantic Monthly Press, 2002.

业，中国软件企业更容易获得银行贷款或是从资本市场获取发展所需的资金。

软件产业的开放带动了中国软件产业的发展，20 世纪 90 年代，中国软件产业的产出增长率达到 34%，软件占计算机行业的比重从 20 世纪 90 年代初的 25.6% 增长到 21 世纪初的 27.6%，增长了 2%，软件行业占 GDP 的比重从 20 世纪 90 年代初的 0.54% 增长到 21 世纪初的 0.67%，增长了 0.13%。但在中国信息产业的硬件制造能力快速提高和规模不断扩大的对比之下，中国软件产业的发展显得较为缓慢。2004 年，中国信息产业的规模仅次于美国而位居世界第二，达到 2.65 万亿元，但软件产业规模仅占信息产业的 8% 左右。[①]中国加入世界贸易组织十年以来，软件和信息服务业进一步融入到全球生产网络中，并依法对外开放，大量外资进入中国投资软件和信息服务业，这促进了中国软件和信息服务业的产业规模迅速扩大。2010 年，中国实现软件业务收入13 364亿元，同比增长 31%，产业规模比 2000 年扩大了 22 倍，年均增长率约为 36%，占电子信息产业的比重从 2001 年的 6% 上升到 18%，软件业从业人数从 21 万人提高到超过 300 万人，全国认定的软件企业超过了20 000 家，并涌现出一批著名品牌软件企业，中国软件业对社会生活和生产各个领域的渗透力和带动力不断增强（见表 5 - 2）。

表 5 - 2　中国软件行业的业务收入和从业人数（2000—2010）

	2000	2001	2002	2003	2004	2005	2006	2007	2008	2009	2010
软件业务收入（亿元）	593	796	1 100	1 600	2 200	3 900	4 800	5 834	7 573	9 513	13 364
软件从业人数（万人）	21	29	59	62	72	90	110	148	180	250	300

资料来源：谢筠. 广东软件产业发展政策研究. 华南理工大学硕士学位论文，2012.

再次，通过制定政策、采取措施促进软件行业出口也是中国软件产业开放的重要途径。

促进软件出口是中国实施科技兴贸战略的重要组成部分，中国除了继续贯彻落实国务院办公厅发布的《关于进一步实施科技兴贸战略的若干意见》外，还制定并出台了《关于支持和鼓励软件和信息服务出口的指导意见》，对

---

① 商务部. 中国要大力发展软件与信息服务外包. 中国国家企业网，2005 - 07 - 08.

中国软件产业出口制定了全面而又系统的鼓励性措施，积极推动国家软件出口基地建设，充分发挥产业集聚的作用，带动中国软件出口，建立重点软件出口企业联系制度，并通过政府软件出口企业优惠政策，比如通过银行贷款、出口保险和税收的减免等优惠措施推动中国软件的出口。

20世纪80年代，中国软件出口开始起步，但大部分软件企业没有固定的出口市场和顾客，而是零星出口，只有一些中小型的合资软件企业和外商独资软件企业的出口业务比较稳定，因此，中国软件的年出口额只在几万至几十万美元的范围内浮动。中国软件行业出口在整个软件行业的销售额中所占比重较小，但每年持续增加。1999年，中国软件出口占软件行业总销售额的4.75%，2000年增加到占软件行业总销售额的5.56%，增长了0.81%。软件出口额从1999年的2 100万元增长到2000年的3 300万元，增长率达到57%（见表5-3），北京、上海、深圳、西安、厦门等一批城市成为中国主要软件出口地。

表5-3　中国软件产业分解（单位：百万元）

	软件产品	服务	出口	总额
1999	182	239	21	442
2000	238	322	33	593
增长率（%）	31.8	35	57	34.3

资料来源：中国软件行业协会网站（http://www.csia.org.cn/htm/index.html）。

继国务院出台《关于鼓励软件产业和集成产业发展的若干政策》之后，中国相关部委出台了《关于软件出口有关问题的通知》、《软件企业认定标准及管理办法》、《软件产品管理办法》、《鼓励软件产业和集成产业发展有关税收政策问题》、《国家软件产业基地管理办法》等，进一步明确了软件出口税收及管理方面的有关优惠政策。注册资金在100万元以上（含100万元）的软件企业，可享有软件自营出口权；软件出口纳入中国进出口银行的业务范围，并享受优惠利率的信贷支持；同时，国家出口信用保险机构应提供出口信用保险；软件出口企业的软件产品出口后，凡出口退税率未达到征税率的，经国家税务总局核准，可按征税率办理退税。2001年《关于印发〈软件出口管理和统计办法〉的通知》发布后，对外贸易经济合作部、科技部、原信息产业部、国家统计局和国家外汇管理局等相关部门建立了在国家有关管理部门间软件出口协调管理机制，落实国家对软件出口的鼓励政策。2002年，《振兴软件产业行动纲要（2002—2005）》对于扩大中国软件出口、促进中国软件产业发展提供了有力的政策支持。2004 年，中国信息产业部会同国家发改委和商务部指定北京、深圳、上海、天津、大连、西安等城市为中国软件出口基地，给予软件出口大力支持。2008 年，商务部又进一步指定北京、天津、上海、大连、广州、南京、深圳、西安、杭州、成都、济南等 11 个城市为软件出口创新基地，对中国软件出口进行了战略规划布局。

2000 年至 2005 年，中国计算机和信息服务贸易出口额从 3.6 亿美元提高到 18.4 亿美元，年均增长 38.6%，占中国服务贸易出口总额的比重由 1.2% 增长到 2.5%。入世五年以来，中国软件市场规模达到 4 800 亿元，共有 1.3 万家认证软件企业，其中销售规模超过 10 亿元的企业有 35 家。随着中国软件行业产业集聚效应开始呈现，中国软件产业出口规模进一步扩大，2006 年，中国软件产业出口规模达到 60 亿美元。[①] 入世十年来，在中国软件产业规模扩大的推动下，借助加入世界贸易组织有利的国际开放环境，中国软件企业通过大力拓展海外市场，软件出口保持持续增长。据商务部统计，2010 年，中国软件出口协议金额达到 126.3 亿美元，同比增长 24.4%，执行金额为 97.4 亿美元，同比增长 34%，出口额超过 1 亿美元的企业达到 11 家。2011 年，国务院制定实施《进一步鼓励软件产业和集成电路产业发展的若干政策》，明确软件产业和集成电路产业是国家战略性新兴产业，是国民经济和社会信息化的重要基础，从财税政策、投融资政策、研究开发政策、进出口政策、人才政策、知识产权政策、市场政策等七个方面推动中国软件产业的发展。并在政策落实部分明文规定，凡在中国境内设立的符合条件的软件企业和集成电路企业，不分所有制性质，均可享受本政策。中国出台政策支持软件"走出去"，商务部等部门采取综合措施为软件企业拓展新兴市场创造条件，支持软件和信息服务企业在境外建立营销网络和研发中心，大力发展国际服务外包业务，推动软件和信息服务出口。与中国软件行业在 20 世纪 90 年代初实行的政策截然不同，这些政策在软件行业推动了国际化的开放、扩大了竞争的市场。在政策的推动下，2012 年，中国软件出口从 20 世纪末不到行业总销售的 5% 增长到占行业总销售额的 11%。

5.2.2 中国信息服务行业的开放及发展

在中国的信息服务行业中，情报所、图书馆以及档案馆等信息服务机构存在的历史较为长久，这部分信息服务机构是按部门或地区划分的，直接隶属于或是依赖于上级主管部门，它们拥有的数据质量较差、容量小，信息资源数字化程度低，当时社会对信息数据服务的要求也不高，因而中国信息服务业在发展初期主要是以公益服务为主，处于较为封闭的状态。

---

① 张韬. 鼓励外包 政府支持软件业国际化. 上海证券报，2007 - 06 - 15.

20 世纪 80 年代以来，中国市场经济的发展推动了社会对信息服务的需求，在国家科委和地方科委归口管理下，工商、金融、财政和税务等协同管理的信息市场体系建立，信息服务产业向复合的经营产业转变，信息服务业主动开放，向多种所有制、多元化的市场格局转变。为了促进中国信息服务业的发展，中国出台了《信息市场管理暂行办法》、《关于今后十年信息服务的发展方案》等，为信息服务业的发展创造了有利的法制环境。20 世纪 90 年代初，中国有各类信息贸易机构 1.97 万个，从业人数 36 万人。

数据库是现代化信息服务的物质基础（马费成，1996）。中国数据库建设开始于 20 世纪 70 年代。到 20 世纪 90 年代初，中国已经拥有数据库 806 个，其中较大类型的数据库有 300 多个，信息记录已达 5 000 多万条。此外，有 40 多家信息服务机构从国外引进了 50 多种数据磁带、70 多种 CD-ROM 光盘，共有信息记录 3 000 多万条。1992 年，中国引进的 CD-ROM 数据库有 100 多种。[①] 到 20 世纪 90 年代中期，中国拥有的数据库有 1 200 多个，数据占世界的 10%，但容量仅占 1%，产值只占 1‰，商业化不足 10%。其中一半以上的数据库容量在 10MB 以下，超过 100MB 的仅有十多个。[②] 国家公用分组交换数据库的建成为电子数据交换、电子信箱等信息服务业务的开展奠定了基础，它与美、日、意、德、加拿大等国的公用分组交换网联通，用户可直接在近 40 个国家和地区的范围内进行国际数据通信和联机检索（谢亮，2000）。中国的"金桥"（建设国家通信骨干和其他网络）、"金卡"（在银行系统应用 IT 技术）、"金关"（对外贸易和其他相关领域的联网）、"金税"（在国家税务系统联网）等金字头的工程，推动了中国信息产业的迅速发展。另外，中国投资了 20 多亿元在金融、财税、公安、气象、铁道、电力、民航、海关、人口统计等部门，利用公用通信网建立起 12 个全国性大型信息系统，中国信息服务业进入数据库联机时代。中国国内的 21 个省、市、自治区等的 50 多个城市设立了 115 个国际联机检索终端，成为联结中国信息服务业与世界信息服务产业同步发展的桥梁。

中国自 1993 年提出大力发展第三产业之后，国家信息化专家组随后于 1994 年成立。两年后，由 20 多个国家部委领导组成的国务院信息化工作小组成立，并于 1997 年颁布《国家信息化"九五"规划和 2010 年远景目标（纲要）》，自此，中国涌现出各类信息服务机构，并且每年以 30% 的速率调整增长（见表 5-4）。20 世纪 90 年代初，中国只有 1 万家信息服务机构，1992 年增加至 2 万家，1994 年达到 7 万多家，比 1984 年增长了 6.7 倍，信息服务行

① 谢亮. 21 世纪中国信息服务业发展战略构想. 图书情报工作，2000（7）.
② 马费成. 步入 21 世纪的信息服务. 武汉大学学报（哲学社会科学版），1996（6）.

业从业人员达到 110 万人，比 1984 年增长了 5.1 倍。20 世纪 90 年代初，中国信息服务业年产值 20 亿元，1992 年增加至 50 亿元，1994 年增加至 120 亿元，比 1984 年增长了 11.6 倍。[①] 到 20 世纪 90 年代末，中国可向社会提供公开服务的数据库约为 1 100 个，占世界的 10% 左右，电子信息服务网络为 100 个，联网用户总数 100 多万家，信息服务业的营业额快速增长，达到 350 亿元，[②] 成为中国产业中发展较快的行业。在开放的市场环境下，中国的信息咨询服务市场、信息网络服务市场、系统集成服务市场等相关行业迅速发展起来。2003 年到 2004 年之间，中国有 42 000 名专业人士从事与出口有关的信息技术服务工作。2004 年，信息技术出口收入达到 17.76 亿美元。[③] 但中国信息服务业规模仍然较小，发达国家信息服务业约占 GNP 的 40% 左右，中国仅占 2%。[④] 信息服务业的发展规模限制了中国信息服务业的对外开放。2008 年末，中国已登记的外商投资信息服务业企业为 63 084 个，占外商投资企业总数的 14.5%，外商直接投资合同项目为 1 286 个，占外商直接投资项目总数的 4.7%，外商直接投资额为 277 479 万美元，占总投资额的 3%，[⑤] 与电子行业等吸引外资和产业开放的状况有着较大的差距。

表 5-4　中国信息服务业发展状况

年份	市场规模（亿元）	比上一年增长（%）
1991	20	-
1995	140	-
1996	205	41.4%
1999	438	-
2000	603	37.6%
2001	756.6	25.4%
2002	960	26.8%

资料来源：马费成. 步入 21 世纪的信息服务. 武汉大学学报（哲学社会科学版），1996（6）.

随着中国《国家中长期科学和技术发展规划纲要（2006—2020 年）》和 60 条配套政策，以及《2006—2020 年国家信息化发展战略》相继颁布实施，

---

① 周起凤，乌家培. 迈向二十一世纪的中国信息服务业——中国信息服务业的发展及其对策. 网络与信息，1994（10）.
② 王悦. 加入 WTO 对中国信息服务业的影响及对策. 情报杂志，2001（12）.
③ Aggarwal A., Pandey A., Offshoring of IT Services, *Present and Future*, 2004.
④ 张金鸾. 全球信息化对中国信息服务业的影响探析. 中国图书馆学报，2001（1）.
⑤ 张巧. 中国信息服务业发展研究. 合作经济与科技，2011（1）.

在《鼓励软件产业和集成电路产业发展的若干政策》的基础上，中国又出台了《进一步鼓励软件产业和集成电路产业发展若干政策》，包括下一代互联网、物联网、云计算、高端软件等在内的新一代信息技术产业已成为国家战略性新兴产业的重要内容，这使得中国软件和信息服务行业开放和发展的政策环境变得更加有利。

5.3 中国信息服务业开放度的测度

根据知识密集型服务业开放度测度的基本理论，我们构建了中国信息服务业开放度测度的层次结构图。目标层是中国信息服务业开放度，二级目标是信息服务业所包含的两大种类，即软件服务和信息技术服务。按照两种服务提供的具体模式，设立三级目标即软件服务和信息技术服务所对应的跨境支付、境外消费、商业存在、自然人流动四种模式。对这四种服务提供模式的开放通过市场准入和国民待遇限制的逐渐取消而实现，因而软件服务和信息技术服务项下对应的四种服务提供模式的市场准入和国民待遇开放度构成了中国信息服务业开放度测度的末级指标。

在信息服务贸易的提供方式中，跨境支付一般是是指在不同国家间通过远程信息或信函等信息传递方式实现的服务提供者和信息消费者之间的服务贸易；境外消费一般是指某国用户在国外接受当地的服务，由此产生的服务行为；商业存在是指在服务消费国设立信息服务机构，或与该国的服务机构联合或合作成立信息服务机构，以机构的身份进入该国的信息服务领域；自然人流动是指外国的信息服务人员以个人身份参与服务消费国的信息服务。对于在这四种服务贸易提供方式下的市场准入和国民待遇限制主要体现在2000年颁布的《国务院关于印发鼓励软件产业和集成电路产业发展若干政策的通知》和2011年1月28日《国务院关于印发进一步鼓励软件产业和集成电路产业发展若干政策的通知》，以及中国加入世界贸易组织的承诺书及其附件等相关文件中。

按照中国加入世界贸易组织前、加入世界贸易组织五年以及加入世界贸易组织十年所颁布的对于软件服务业和信息技术服务业市场准入和国民待遇限制的相关政策及规定，对信息服务业包含的两大种类服务业即软件服务和信息技术服务对应的四种提供模式下，市场准入和国民待遇的开放程度进行赋值（见表5-5）。

表 5-5　信息服务业市场准入和国民待遇开放度赋值

		入世前		入世五年		入世十年	
		市场准入（赋值）	国民待遇（赋值）	市场准入（赋值）	国民待遇（赋值）	市场准入（赋值）	国民待遇（赋值）
软件服务	跨境支付	0.6	1	0.6	1	0.6	1
	境外消费	0.6	1	0.6	1	0.6	1
	商业存在	0.6	1	0.6	1	0.6	1
	自然人流动	0.33	0.33	0.67	0.67	0.67	0.67
信息技术服务	跨境支付	0.6	1	0.8	1	0.8	1
	境外消费	0.6	1	0.8	1	0.8	1
	商业存在	0.6	1	0.8	1	0.8	1
	自然人流动	0.33	0.33	0.67	0.67	0.67	0.67

按照徐泽水的 10/10-18/2 标度法，对软件服务和信息技术服务对应的四种提供模式，即跨境支付、境外消费、商业存在和自然人流动按其重要程度进行赋值，得到判断矩阵，并进行归一化处理以及一致性检验。

表 5-6　软件服务的判断矩阵

	跨境支付	境外消费	商业存在	自然人流动
跨境支付	1	14/6	6/14	12/8
境外消费	6/14	1	4/16	8/12
商业存在	14/6	16/4	1	14/6
自然人流动	8/12	12/8	6/14	1

最大特征值 $\lambda_{max} = 4.02$，特征向量 $W = (0.2521, 0.1124, 0.4632, 0.1723)^T$

$CR = 0.0075 < 0.1$，满足一致性检验。

表 5-7　信息技术服务的判断矩阵

	跨境支付	境外消费	商业存在	自然人流动
跨境支付	1	14/6	6/14	14/6
境外消费	6/14	1	4/16	1
商业存在	14/6	16/4	1	16/4
自然人流动	6/14	1	4/16	1

最大特征值 $\lambda_{max} = 4.015$，特征向量 $W = (0.2675, 0.1176, 0.4974, 0.1175)^T$

$CR = 0.0055 < 0.1$，满足一致性检验。

基于以上分析，得到信息服务业项下两大种类服务业对应的四种服务提供模式权重的赋值结果（见表5-8）。

表5-8 信息服务业项下两大种类服务业对应的四种服务提供模式权重赋值

	跨境支付	境外消费	商业存在	自然人流动
软件服务	0.25	0.11	0.46	0.17
信息技术服务	0.27	0.12	0.5	0.12

基于入世前、入世五年以及入世十年，软件服务和信息技术服务的收入和在行业中所占比重等综合指标，对信息服务业中软件服务业和信息技术服务业两大种类的权重进行赋值（见表5-9）。

表5-9 信息服务业项下两大种类服务业权重赋值

	入世前	入世五年	入世十年
软件服务	0.92	0.84	0.86
信息技术服务	0.08	0.16	0.14

根据知识密集型服务业开放度的计算公式：

服务业 A 开放度

$$= \sum \left\{ 服务业 A 门类 A_i 的权重 \times \left[\sum 服务模式 M_j 的权重 \times \frac{市场准入 + 国民待遇}{2} \right] \right\}$$

得到信息服务业中两大种类即软件服务业和信息技术服务业以及信息服务业整体在入世前、入世五年以及入世十年三个时段的开放度测度结果（见表5-10）。

表5-10 信息服务业开放度测度

	入世前	入世五年	入世十年
软件服务业	0.72	0.78	0.78
信息技术服务业	0.74	0.88	0.87
信息服务业	0.72	0.79	0.79

　　测度结果显示：信息服务业项下各种类，即软件服务和信息技术服务业在入世前的开放程度已较高，分别达到 0.72 和 0.74。中国加入世界贸易组织后，信息技术服务业的开放度提高了约 0.14%，促使信息服务业整体的开放度从入世前的 0.72 增加到入世后的 0.79。入世五年之后，受到中国信息服务行业开放政策调整的速度限制以及政策透明度等客观因素的影响，本研究所收集到的数据和资料计算出来的入世十年后中国信息服务业的开放度几乎没有发生变化。

第 6 章

融入全球研发网络中国研究开发与科技服务业的开放

6.1 研究开发与科技服务业的定义和分类

研究开发与科技服务业是以现代技术和现代经济管理体系为依托，进行科学研究与试验，为国民经济发展提供专业技术服务，为科技创新、交流和推广提供社会化与专业化服务的知识密集型服务业。研究开发与农业、工业和服务业具有较强且较广的产业关联性，对其他产业的支撑作用明显（韩鲁南，2013）。

中国国家科委在1992年发布的《关于加速发展科技咨询、科技信息和技术服务业意见》（以下简称《意见》）中首次提到科技服务业，并将科技咨询业、科技信息业和技术服务业统称为科技服务业，《意见》认为科技服务业是依托科学技术和其他专业知识向社会提供的新兴行业，是从事富有创造性的劳动的智力密集型行业。

随着经济和技术的发展，国民经济中涌现出不少新兴行业，研究开发与科技服务业所包含的具体内容和类别也不断地发生着变化，这一行业所包含内容的变化情况在中国《国民经济行业分类与代码》对研究开发与科技服务业门类的划分和内容调整中有所体现（见表6-1）。研究开发与科技服务业中国在1994年版的《国民经济行业分类与代码》中对应的门类为N科学研究和综合技术服务业，其中分为两大类：第一大类为科学研究业（92），包括自然科学研究、社会科学研究和其他科学研究三类；第二大类为综合技术服务业（93），包括气象、地震、测绘、技术监督、海洋环境、环境保护、技术推广和科技交流服务业、工程设计业及其他综合技术服务业九类。2002年版的《国民经济行业分类与代码》将其调整为门类M科学研究、技术服务和地质勘查业，包括四大类，分别是研究与试验发展（75），包括自然科学研究与试验发展、工程技术研究与试验发展、农业科学研究与试验发展、医学研究与试验发展、社会人文科学研究与试验发展五类；专业技术服务业（76），包括气象服务、地震服务、海洋服务、测绘服务、技术检测、环境监测、工程技术与规划管理以及其他专业技术服务八类；科技交流和推广服务业（77），包括技术推广服务、科技中介服务及其他科技服务三类；地质勘查业（78），包括矿产地质勘查、基础地质勘查和地质勘查技术服务三类。在最新版的国民经济行业分类与代码（GB/T4754－2011）中，研究开发与科技服务业仍属门类M，更名为科学研究和技术服务业，分为研究和试验发展（73）、专业技术服务业（74）以及科技推广和应用服务业（75）三大类，下设17个中类、31个小类。

表6-1　研究开发与科技服务业在中国分类的变迁

标准	门类	大类	中类	小类
国民经济行业分类与代码（GB/T4754－1994）	N 科学研究和综合技术服务业	92 科学研究业 93 综合技术服务业	12	12
国民经济行业分类与代码（GB/T4754－2002）	M 科学研究、技术服务和地质勘查业	75 研究与试验发展 76 专业技术服务业 77 科技交流和推广服务业 78 地质勘查业	19	23
国民经济行业分类与代码（GB/T4754－2011）	M 科学研究和技术服务业	73 研究和试验发展 74 专业技术服务业 75 科技推广和应用服务业	17	31

资料来源：根据《国民经济行业分类与代码》1994年版、2002年版、2011年版整理。

根据《国民经济行业分类注释2011》，研究和试验发展，是指为了增加知识（包括有关自然、工程、人类、文化和社会的知识），以及运用这些知识创造新的应用，所进行的系统的、创造性的活动。该活动仅限于对新发现、新理论的研究，以及对新技术、新产品、新工艺的研制研究与试验发展，包括基础研究、应用研究和试验发展。专业技术服务业包括气象服务、地震服务、海洋服务、测绘服务、质检技术服务、环境与生态监测、地质勘查、工程技术和其他专业技术服务业。科技推广和应用服务业包括技术推广服务，是指将新技术、新产品、新工艺直接推向市场而进行的相关技术活动，以及技术推广和转让活动；科技中介服务，是指为科技活动提供社会化的服务与管理，在政府、各类科技活动主体与市场之间提供居间服务的组织，主要开展信息交流、技术咨询、技术孵化、科技评估和科技鉴证等活动；其他科技推广和应用服务业，是指除技术推广、科技中介以外的其他科技服务，但不包括短期的日常业务活动。与知识密集型服务业中的两大类别相对应，即第二类研发服务业，包括在医学技术开发、其他自然科学技术、工程技术、人文社会科学等研究领域中，为社会提供有偿服务的研究开发活动；第六类技术性服务则包括城市规划设计、民用工程服务、建筑服务、水电气技术设计、电力工程设计、其他建筑设计、机械工艺设计、技术测试分析、工业设计等。综合知识密集型服务业中相关类别的对应内容，以及中国国民经济行业分类中对其种类的划分，本研究中将涉及的相关行业统称为研究开发与科技服务业，分类则以《国民经济行业分类与代码》为参照标准。

6.2 中国研究开发与科技服务业的开放状况

6.2.1 中国研究开发与科技服务业的开放概况

20 世纪 80 年代以前，中国研究开发与科技服务业处于封闭式的发展阶段。1947—1977 年，中国所有的研究开发和工程活动均由国家发展计划委员会和国家科学技术委员会控制资金和调配人员并加以协调，国家发展计划委员会制订年度和五年计划，分配国内经济资源，各个管理和生产中心则按照这一指导原则作出投资、生产、定价、分配和其他运营的决定。国家科学技术委员会则监控中国的研究机构、大学和公司中的科学和技术活动的资助以及管理。中国科学院负责基础研究，企业和其他机构则从事应用研究，主要以国防和其他重工业的需求为主，比如钢铁和冶炼等，这一时期的民用科技占国家研究和生产活动的份额很小。

20 世纪 80 年代至 90 年代初，中国研究开发与科技服务业进入有限开放阶段。20 世纪 80 年代之后，中国研究开发与科技服务业开始了市场经济体制改革，各种科技服务机构如生产力促进中心、技术产权交易所、技术创新服务中心、科技评估中心和孵化器等得以发展起来，以应对中国国家科学技术体系较弱、技术能力和效率低下，以及研究开发过于集中在国防和重工业技术方面的弱点。除了实施"高技术研究发展计划（863 计划）"，从 1986 年开始，中国投入近 50 亿元跟进前沿技术研究发展，增强中国在生物技术、信息、能源、自动化、新材料等方面的能力，并将中央政府对国内研究的直接控制和决策转移到省级层面，资源配置转向以市场为基础，科技研究与科技服务业转向以民用为主，国家所属研究机构的评价体系转向以经济目标为主。开放中国研究开发与科技服务业，吸引国际投资和国外先进技术也是加强中国科学技术体系的重要方面，但在这一时期，中国大型国有企业和政府研究机构仍然是研究开发与科技服务业的主体，难以完全摆脱计划经济体制的模式，未能紧跟市场和产业对研究开发与科技服务业的需求，因而，这一时期中国研究开发与科技服务业的开放有限。

20 世纪 90 年代以来，特别是 1992 年邓小平南巡之后，中国放宽了市场进入限制，特别是对于外资的限制，并给予外资各种优惠政策，这些举措促进了外国直接投资大量涌入中国。随着外资的进入，特别是紧随着中国制造业融入全球生产网络，在研发国际化的背景下，外国直接投资进一步带来了研究开发中心的转移和技术的转移，带动了中国研究开发与科技服务业的开放。这一时期，中国也出台了各种有利于研究开发与科技服务业开放的政策。比如鼓励新一代研究技术公司从大学或政府研究机构独立出来，并给予其同样的税收优惠，由此，各种非国有的研究开发机构纷纷设立，推动了研究开发与科技服务业多种所有制体制的形成。1995 年，中国研究与开发的支出占 GDP 的 0.6%，2000 年增长到占 GDP 的 1.01%，达到 896 亿元。[①] 2001 年，中国国家计委颁布《关于"十五"期间加快发展服务业若干政策措施的意见》，其中提到在"十五"期间要大力发展科技服务业等科技中介服务业，提高服务水平和技术含量，优化服务业行业结构及经济结构。国家外经贸部也推出鼓励外商投资研究开发中心的各种税收优惠政策，吸引了微软技术服务中心、大众技术中心、爱立信通信软件研究开发中心以及美通生物科技有限公司等一批外商在中国投资设立研究开发中心和机构。中国研究开发与科技服务业在开放中体现出追随和支撑全球生产网络，并融入全球研发网络开放和发展的特征。

6.2.2　研究开发与科技服务业的全球化

美国将研发服务业定义为在系统化的基础上进行原始调查，以便获得新知识（研究），研究发现新应用、其他创造性或改良产品的科学知识创造活动（Anthony，2000）。中国学者认为研发服务业是指直接从事研究与开发活动，并以研发活动的产出为主要收入的行业，其主体包括独立的研发服务企业、高校、科研院所、企业中研发活动的机构（柳卸林等，2005）。也有学者认为研发服务业是从事 R&D 经营活动，提供智力成果、技术服务和现代商务服务的组织的集合，其中"组织"包括独立的研发型企业、高校、科研院所、企业中从事研发活动的机构（黄鲁成等，2005）。可见研发产业虽无统一定义，但都强调其主要内容是从事研究与开发活动，并提供研究开发产品或服务，在其作为创新型知识密集型服务业的观点上达成共识。

从总体上看，不管是在科学技术先进的发达国家，还是在科学技术发展较为落后的发展中国家，企业或其他类型的研究机构内部的研发活动仍然占据主导地位。与其他行业相比，研究与开发仍然是跨国公司最少进行的国际化活动（Paju，2007）。然而，随着技术的迅速发展以及越来越多复杂技术的出现，企业或其他研究机构难以全部掌握不断涌现的新技术并加以应用。开

---

① AnnaLee Saxenian, Government and Guanxi：The Chinese Software Industry in Transition, *DRC Working Papers*, 2003, No. 19.

放式创新的提出进一步推动研究开发活动打破原有的疆界，信息技术的发展使得沟通和交流的成本大幅下降，及时的信息沟通使研究开发活动能够分散在全球不同的地方进行。企业通过外部的研发力量开展研究开发活动或是直接获取外部的新技术，缩小内部研发部门。这种研发外部化的趋势在 20 世纪90 年代越来越明显，并且发展的速度也越来越快。1993 年，加拿大的研发外部支出占研发总支出的 7%。1995 年，英国的这一比例达到 10%。① 1999 年，美国麻省理工学院教授对北美、日本和欧洲年度研发超出 1 亿的 244 家公司的调查显示：依赖外部技术的企业所占比例越来越高，并且增长迅速。② 美国跨国公司的海外研发支出比例，1994 年为 11.5%，2002 年增长到 13.3%；瑞典跨国公司的海外研发支出比例在 1995 年至 2003 年期间，从 22% 增加到43%；日本跨国公司在国外进行研发活动的比重一直较少，在 1995 年至 2002年期间，海外研发的金额也增加了近 74%，研发支出金额从 1995 年的 19 亿美元增加到 2002 年的 33 亿美元。③ 在 UNCTAT 调查的公司中，海外研发支出（包括海外子公司内部的研发支出和对其他国家的研发支出）比例已达到28%，平均每个公司在 6.3 个国家进行研发投资，显示出跨国公司 R&D 国际化进一步扩大的趋势（UNCTAD，2005）。

伴随着研发活动外部化的迅猛发展，有学者提出应该将研究开发产业拓展为所有提供科学和技术研究的服务业，包括研发合作、试验与研究发展服务、科技咨询服务、工业设计服务等（Vittorio 等，2004）。这一广义的研发产业概念所包容的内容更加广泛，启发了相关研究中对研发产业的新认识，以及更加深入的思考。广义的研发概念涵盖了本研究中研究开发与科技服务业包含的相关内容，因而下文将以研发产业为重点来分析中国研究开发与科技服务业的开放。

第二次世界大战后，企业将之前主要委托给大学完成用以提供企业所需要的新技术的研究开发工作，转为由企业设立的内部研究机构来完成。直到20 世纪 60 年代，跨国公司将在海外设立研究开发分支机构作为进入国外市场的便利途径。此后，为了占领更多的市场，跨国公司针对东道国市场开发有针对性的新产品，推动了企业研究开发活动进一步向外转移并迅速发展。美国博思管理顾问公司与法国欧洲商学院共同发布的研究报告 *Innovation*：*Is*

---

① Deb Chatterji, A Rich Menu of Good Industry Practices Awaits Companies Wishing to Initiate or Improve Their Technology Sourcing Efforts, *Research Technology Management*, 1996, Vol. 39, No. 2, p. 48.

② Arora A., Fosfuri A., *Markets for Technology*：*The Economics of Innovation and Corporate Strategy*, Cambridge：MIT Press, 2001.

③ UNCTAD Survey on the Internationalization of R&D：Current Patterns and Prospects on the Internationalization of R&D, UNCTAD, 2005.

Global the Way Forward? 中指出：近30年来，跨国公司在本国设置研发中心的比率稳定下滑，1975年约为55%，2004年已经下降到34%，有66%的研发中心设在海外。① 1985年仅有26个国家在海外拥有研发分支机构，到2000年，全球已有45个国家在海外拥有研究开发分支机构。② 20世纪90年代以前，研发外部化主要发生在经济合作与发展组织成员国之间，也即跨国公司主要在发达国家开展研发活动。20世纪90年代以后，由于技术发展的突飞猛进，不断增加的创新压力和成本上升的压力促使跨国公司在发达国家之外寻找外部研发资源，与此同时，发展中国家也采取各种优惠政策吸引跨国公司来本国从事研发活动。据Diamond Cluster国际所作的IT外包调研结果显示，印度和中国是跨国公司研发外包所在国前三位中的两个。跨国医药公司将40%~50%的研发外包到发展中国家去完成。③ 美国已将之前转移到欧洲、加拿大和日本等发达国家的研发工作进一步转移到中国等发展中国家去完成。1994年，日本承接了64%的美国研究开发投资，到2004年下降了近一半，只占35%，中国和新加坡获取的研发投资份额则分别上升到17%和14%，亚洲其他发展中国家也通过研发服务外包和研发网络合作等形式承接来自美国跨国公司的海外研发任务。从1994年到2002年，发展中国家承担的跨国公司海外研发比例已由7.6%增长到13.5%。④

　　研发活动全球化主要通过两种模式开展，一种是跨国公司通过在海外建立自己的研究开发机构，将研究开发活动转移到国外的附属机构去完成，即研发控制离岸（R&D Captive Offshoring），或称为离岸内包；另一种是将研究开发环节转移到国外去完成，具体可以由东道国本国公司或是其他跨国公司在东道国设立的附属机构来完成，即研发离岸外包（R&D Offshore Outsourcing）。发达国家在科技方面的领先地位决定了其作为当今世界研发的主体地位，全球研发投入的90%、技术转移的80%都集中在发达国家。⑤ 其中，美国、欧盟国家和日本在研发国际化中占据主导地位。据欧盟对全球研发支出最高的1 400家公司研发投资的统计显示：2010年，全球研发支出最高的1 400家公司的国家和地区来源分别是美国占35.15%、欧盟占29%、日本占

---

　　① 马春. 国外研发服务业发展现状及对中国的启示. 科技管理研究，2008（12）.

　　② 范春晖. 跨国公司研发国际化——产业国际转移与中国的对策分析. 东北财经大学硕士学位论文，2007.

　　③ Reddy P., New Trends in Globalization of Corporate R&D and Implications for Innovation Capability in Host Countries: A Survey from India, *World Development*, 1997, Vol. 25, No. 11, pp. 1821 - 1837.

　　④ World Investment Report 2005: Transnational Corporations and the Internationalization of R&D, UNCTAD, 2005.

　　⑤ 杨玲雅. 对跨国公司在华 R&D 投资的思考. 商业经济，2008（10）.

21.7%，其他国家和地区占 14.2%。① 与产业国际化发展的程度相一致，化学和制药研发是国际化程度最高的两个产业，其次分别是电子、汽车和 IT 硬件（UNCTAD，2005），这些行业的跨国公司在海外的研发投资量最大，设立的海外研究开发机构也最多。

6.2.3 中国研究开发与科技服务业融入全球研发网络的开放

从 20 世纪 90 年代开始，中国凭借低成本制造的优势和广阔的市场吸引了外国直接投资涌入中国，中国作为世界重要的制造基地之一，成为以跨国公司为主导的全球生产网络的重要结点。随着中国作为全球制造基地的地位越来越重要，跨国公司进一步在中国设立研究开发中心，以充分利用中国丰富的智力资源，同时为制造活动提供创新来源（见图 6-1）。通过在东道国的附属机构设立研发机构、独立的研究中心或是通过把研究开发活动外包的形式来开展研究与开发合作、技术的许可等活动，这一直作为创新的重要来源，推动了跨国公司在东道国的各种生产制造活动，以及知识的转移和扩散。

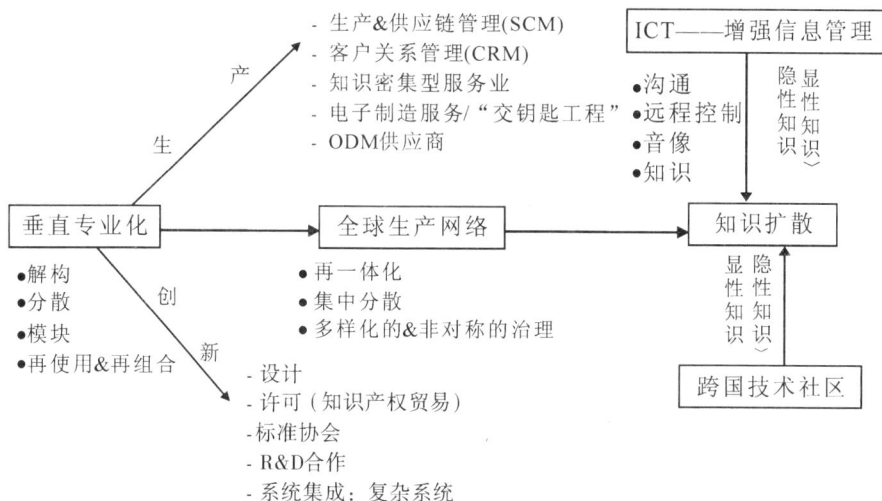

图 6-1 跨国研究开发对全球生产网络的补充作用

中国继承接国际生产转移之后，从 20 世纪 90 年代中期开始，吸引了越来越多的外资在中国设立研发中心。加拿大北方电讯公司于 1994 年在中国设立了北京邮电大学北方电讯研发中心。1996 年，昆泰公司将医药产业的医药研发外包合同研究组织（Contract Research Organization，CRO）引入中国。

---

① European Commission, Joint Research Centre Directorate General Research & Innovation, The 2011 EU Industrial R&D Investment Scoreboard.

1997 年，在中国出台《鼓励设立中外合作合资研发中心办法》后，更多的跨国公司在进行了生产的国际转移后进一步在华设立研究开发机构。1998 年，微软在北京投资 8 000 万美元设立微软研究院，并于 2001 年升级为微软亚洲研究院，INTEL 公司和朗讯公司也分别在中国投资兴建了 INTEL 中国研究中心和亚太地区研究总部，诺基亚公司在中国成立了产品开发中心，将其作为诺基亚全球四大手机产品研发中心之一，爱立信则成立了中国研究总院。跨国公司在中国设立的研究开发机构的数量飞速递增，1997 年才 24 家，但到 2004 年已经达到 750 家，而到 2010 年已经超过 1 200 家（见图 6 - 2）。

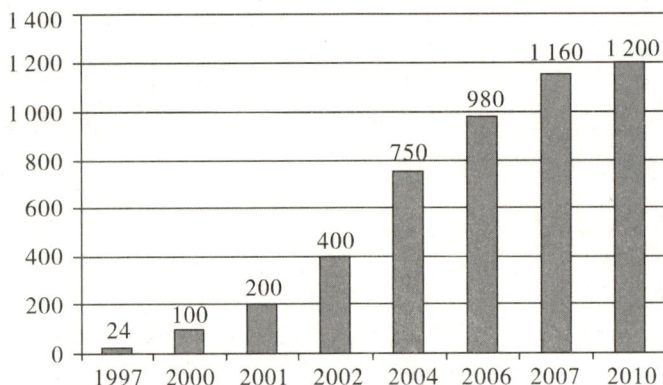

图 6 - 2　跨国公司在华研发中心各年规模（单位：家）

资料来源：根据商务部网站（http：//www. mofcom. gov. cn）等公布的统计数据整理得来。

随着外商在华研究开发机构数量的增加，跨国公司在中国的研发资金投入也不断增加。1997 年，中国研究开发与科技服务业外商投资企业数为 1 136 户，吸引的外商投资金额为 15. 65 亿美元。2007 年，该行业的外商企业增长到 8 919 户，吸引的外商投资总额增长到 476 亿美元。到 2011 年，该行业吸引的外商投资企业达到 16 212 户，吸引的外商投资总额突破千亿美元，达到 1 140 亿美元（见表 6 -2）。中国研究开发与科技服务业作为全球生产网络的重要延伸，融入到全球研发网络中，并不断得到开发与发展，体现在以下三个方面：

表 6 - 2　1997—2011 年科学研究和技术服务业吸引外资情况

年份	企业数（户）	外商投资总额（亿美元）	注册资本（亿美元）
1997	1 136	15. 65	11. 78
1998	1 042	17. 02	12. 44

（续上表）

年份	企业数（户）	外商投资总额（亿美元）	注册资本（亿美元）
1999	975	19.21	13.69
2000	1 189	26.73	16.72
2001	1 815	43.34	27.52
2002	2 705	75.83	47.49
2003	3 683	106.65	69.50
2004	4 504	207	121
2005	5 622	257	150
2006	6 954	322	188
2007	8 919	476	267
2008	11 756	586	347
2009	12 958	699	425
2010	14 813	914	552
2011	16 212	1 140	643

数据来源：1997—2012 年中国统计年鉴。

第一，中国外资研发机构的投资主体与在全球生产网络中旗舰企业的来源国一致。中国设立的外资研发中心基本都由跨国公司总部进行垂直管理，研发资金和其他投入通常通过境外母公司与在华外资研发中心签订技术合同的方式进行转移。中国外资研发中心的资金主要来源于美国、日本、欧盟、维尔京群岛、中国台湾和香港地区，据 2003 年对 82 家规模较大的在华跨国公司研发机构的调查显示：在研发机构总数中，美国有 34 家，欧盟有 21 家，日本有 18 家，韩国有 4 家，中国港台地区各有 1 家。其中，美国和日本设立的研究开发机构在外商在华设立研发机构总数中所占的比例达到 63%，在欧盟来源国中，德、法、英居多，平均为 4 家。[①]而中国制造业通过融入全球生产网络承接生产制造活动的来源，一方面是在全球生产网络中占据主导地位的来自美国、日本和欧盟等国的跨国公司，另一方面则是作为全球生产网络高层级供应商的中国台湾地区、中国香港地区和韩国公司。

第二，在中国设立的外资研发中心所属行业与中国融入全球生产网络承接国际产业转移的行业相对应。继承接服装、纺织、玩具、皮具制品等传统

---

① 俞毅. 跨国公司在华研发投资速度加快力度加强——从中国制造到中国研发. 国际商报，2005 – 12 – 12.

的劳动密集型产业国际转移之后，进入中国的外商集中投资于电子、电器设备、办公用品、通讯、计算机及生物制药等资本和技术密集型行业（刘德学等，2006），特别是电子、运输设备等行业发展尤其迅速。跨国公司在中国设立的研发机构主要集中在计算机、通讯设备、软件、交通运输设备、医药制造、化学品制造等行业，其中电子、信息行业的外资研发机构尤为集中。1992 年到 2003 年，在中国电子和信息行业设立的外资研发中心分别有 98 家和 78 家，占全部外资在华研发中心的一半以上（见图 6 - 3）。据一份对 141 家外资研发机构的调查结果显示：信息技术、通讯及计算机行业有 79 家，比例高达 56%；电子设备行业有 25 家，比例达到 7.73%；化工类有 16 家，所占比例为 11.35%；生物制药行业有 8 家，所占比例为 5.67%。① 外资研发中心在中国行业的集聚与中国承接的国际产业转移行业相一致。

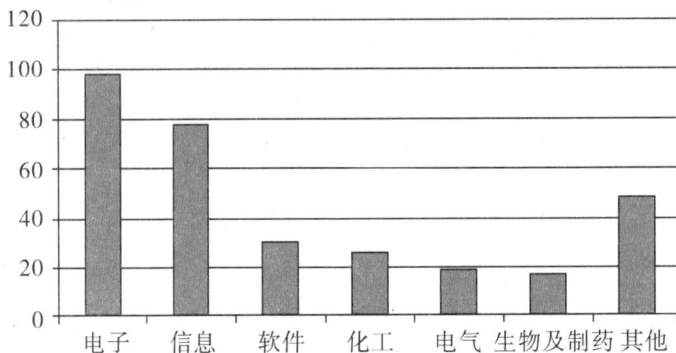

图 6 - 3　1992—2003 年在华外资 R&D 中心的数量（单位：家）

资料来源：孙瑶. 跨国公司研发离岸研究. 四川大学博士学位论文，2007.

　　北京作为承接国外信息和通信技术转移的重要基地，吸引了大量来自欧洲、美国和日本的跨国公司在此设立分支机构，像 IBM、微软、英特尔、法国电信等世界 500 强企业都在北京中关村聚集。2002 年，在具有代表性的 35 家跨国公司研发机构中，93% 的研究开发支出集中在电子及通讯设备制造业和计算机应用服务业上。② 在家电行业中，有 8 家跨国公司在中国长虹集团的技术中心投资设立联合实验室，日本东芝公司与长虹集团联合开发彩电机芯，日本、美国和德国等国的技术人员与长虹集团共同研究空调新泛媒技术，并在多个领域共同开展技术创新。荷兰的飞利浦公司、美国的 C-LD 公司和

① 杨玲雅. 对跨国公司在华 R&D 投资的思考. 商业经济，2008（10）.
② 俞毅. 跨国公司在华研发投资速度加快力度加强——从中国制造到中国研发. 国际商报，2005 - 12 - 12.

NET-CREEN 公司等 15 家公司的研究机构则先后与海尔集团结成研发联盟。①
在生物制药领域，到 2007 年，全球超过 150 家合同研究组织（CRO）在中国
成立，其业务领域包括化合物的合成、原料药中间体的生产、生物检测、高
通量筛选、制剂研究、临床前和临床期研究。据普华永道会计师事务所《亚
洲地区医药研发外包发展动态报告》显示：2008 年，中国医药合同研究组织
的市场总额已经上升到约 2.6 亿美元，较之 2005 年 2 500 万美元的市场总额，
足足增长了十倍。②

第三，外资研发机构在中国设立的区域与中国融入全球生产网络承接制
造业转移的产业集聚地相一致。外商投资企业在中国设立的研究开发机构主
要集中在北京、上海、广东和江苏等沿海省份，这些地区正是中国最早对外
资开放，吸收国外产业转移的中心地带。2005 年，在中国设立的近 700 家外
资研发机构中，有 200 家在北京，占全部在华外资研发机构的 28.82%；上海
有 174 家，占全部在华外资研发机构的 25.07%；广东和江苏各有 150 家和
120 家，分别占全部在华外资研发机构的 21.61% 和 17.2%（见表 6 - 3）。这
四个区域的外资研发机构总数占全部在华外资研发机构的 92.79%，剩余的不
到 8% 的在华外资研发机构则分散于其他 12 个省市。外资研发机构围绕跨国
公司在中国设立的生产机构的特征在各区域都有较明显的体现。随着摩托罗
拉公司、飞利浦公司和明基公司等外商投资企业在苏州落户，摩托罗拉、飞
利浦和明基等 12 家研发中心在苏州新区设立。投资于东莞的 124 家跨国公
司，已有 16 家相继建立了研发中心。

伴随着中国产业结构的转移升级，外国直接投资从长三角、珠三角等地
转移到中国内陆地区，跨国公司随后跟进并在西安、成都等内陆地区设立研
发机构。到 2006 年，约有 10 家跨国公司将其在世界各地的研发中心迁移到
天津开发区，成都、西安高新区吸引了十余家跨国公司研发机构到此落户，
爱立信研发中心在成都成立，IBM 在西安投资设立软件开发中心，惠普公司
在西安设立电子商务技术研究中心。③

经过产业结构的调整，中国吸收外商投资的产业发展呈现空间集聚的特
征，各地出现产业集群，与此相对应，外资在华研发活动也呈现出明显的空
间集聚状态。随着长三角、珠三角产业集聚带的形成，外资研发机构也呈现
出明显的地区集聚特征。在全国 1 223 家外资研发机构中，分布在东部沿海发
达地区的占 96%。外资研发消费支出在空间上也呈现出东部密集、中西部稀
疏的分布态势，且高度集中在东部沿海少数经济发达区域（张战仁、杜德斌

① 余律. 对跨国公司在中国研发本土化的思考. 经济问题探索，2005（1）.
② 王丹. CRO 抱团打天下. 医药经济报，2008 - 08 - 11.
③ 姜利军，卢俊义. 对跨国公司在中国设立研发中心的特征——存在的问题及政策分析. 特区
经济，2006（2）.

等，2010）。专业研究开发服务公司布局在区域优势产业周围，为其提供配套的研究开发和科技服务，实现研究开发与科技服务业与现代制造业的融合发展。

表6-3 2005年跨国公司在华研发机构的区位分布

地区	北京	上海	广东	江苏	陕西	天津	辽宁	浙江	四川	重庆	山西	山东	安徽	福建	河北	海南	合计
数量	200	174	150	120	12	9	6	6	6	3	2	2	1	1	1	1	694
比重（%）	28.82	25.07	21.61	17.29	1.73	1.3	0.86	0.86	0.86	0.43	0.29	0.29	0.14	0.14	0.14	0.14	

资料来源：杨玲雅. 对跨国公司在华R&D投资的思考. 商业经济，2008（10）.

中国在加入世界贸易组织以后，进一步开放了服务业，加上中国政府出台了相关的鼓励政策，推动了跨国公司不断在中国设立研发中心。中国国务院于2007年颁布的《关于加快发展服务业的若干意见》中提出要充分发挥科技对服务业发展的支撑和引领作用，鼓励科技研发、技术推广、工业设计和节能服务业的发展。党的十七大报告中提出要充分利用国际科技资源，发挥利用外资在推动自主创新、产业升级、区域协调发展等方面的积极作用，从战略上明确了《国家中长期科学和技术发展规划纲要》中提出的"鼓励跨国公司在华设立研究开发机构"的方针不动摇。

"十一五"期间，中国努力推动外商投资从简单的加工、装配向研究开发、高端设计等新领域拓展，鼓励跨国公司在华设立研发中心、培训中心等机构，提出进一步扩大国家科研计划对外开放。对于国家科研计划项目，除涉及国家安全或是其他特殊要求以外，跨国公司研发机构可参与到国家科研计划项目中，比如863项目和973项目等国家大型科研项目，外资研发机构不能作为申报和承担单位，但可以参与项目的实施。此后，为了推动进一步开放，外籍华人可作为863项目的负责人。2011年，在中国国务院办公厅颁布的《关于加快发展高技术服务业的指导意见》中，研发设计服务业、知识产权服务、检验检测服务、科技成果转化服务和生物技术服务等被列入重点推进的八个领域。同年，国家发改委颁布的《产业结构调整指导目录》将科技服务业列入鼓励类产业，加上之前颁布的《关于加速发展科技咨询、科技信息和技术服务业的意见》以及《关于大力发展科技中介机构的若干意见》等法律法规和政策文件，共同扶持中国研究开发与科技服务业的开放和发展。从2002年起，中国在《外商投资产业指导目录》中，就把研究开发与科技服务业作为鼓励外商投资产业目录中的一大类并专门列出，在对《外商投资产业指导目录》的修订中，对于这一产业的鼓励政策一直被延续了下来。其具体包括研究开发中心、高新技术、新产品开发与企业孵化中心、生物工程与生物工程技术、生物质能源开发技术、海洋开发及海洋能开发技术、环境污染治理及监测技术以及民用卫星应用技术等 14 项。

中国对外商投资研究开发中心的鼓励性政策主要集中在税收优惠方面，包括：第一，投资总额内进口自用设备及其配套的技术、配件、备件（不包括《外商投资项目不予免税的进口商品目录》中的商品和船舶、飞机、特种车辆、施工机械），且限于不构成生产规模的实验室或中试范围的，免征进口关税和进口环节税；第二，利用自用资金进行技术改造，按照《海关总署关于进一步鼓励外商投资有关进口税收政策的通知》的规定，在原批准的经营范围内进口符合条件的自用设备及其配套的技术、配件、备件，免征关税及进口环节税；第三，自行研发技术的转让收入免征营业税；第四，技术开发费比上年增长 10% 以上（含 10%）的，经税务机关批准，可再按技术开发费实际发生额的 50% 抵扣当年底应纳税的所得额。另外，允许外商投资研发中心为进行其研发产品的市场测试进口并销售少量其母公司生产的高新技术产品。中国各地市也相应出台了地方性法律法规和政策文件，鼓励外商在各地投资设立研究开发中心。北京出台了《北京市鼓励在京设立科技研究开发机构的暂行规定》、《关于鼓励跨国公司在京设立地区总部的若干规定》、《外商投资企业和外国企业所得税优惠政策》；上海出台了《上海关于外商投资设立研发机构的暂行规定》、《上海市鼓励外国跨国公司设立地区总部的暂行规定实施细则》、《上海市关于鼓励外商投资设立研究开发机构的若干意见》、《设立外商投资研究机构程序》；广州出台了《广州市鼓励外商投资设立总部和地区总部的规定》；江苏出台了《关于鼓励国（境）外组织和个人在我省设立研发机构的若干意见（试行）》、《苏州市人民政府关于鼓励和吸引国（境）内外研发机构的意见》。除了国家对外商投资研究开发中心给予的优惠政策外，这些法律法规和政策文件进一步在研发人员的管理、行政收费、财政资助、知识产权保护、资金奖励和土地使用等多个方面提供了更多的优惠政策，为中国研究开发与科技服务业进一步开放提供了有利的政策环境。

在中国研究开发与科技服务业开放政策的推动下，跨国公司在中国设立的研究开发机构规模向大型化发展。SUN 公司、松下公司、诺基亚公司、宝洁公司、爱立信公司和微软公司等在中国投资的研究开发机构金额都在数亿元以上。摩托罗拉公司在中国建立的中国研究院，共有 19 家研发中心和 2 000 多名研究人员。① 西门子公司、飞利浦公司等跨国公司都在中国设立了十余家

① 马春. 国外研发服务业发展现状及对我国的启示. 科技管理研究，2008（12）.

研究开发中心，分布在数个不同的省市。

不少跨国公司已将在中国设立的研发机构升级为全球性研发中心。上海通用电气（中国）全球研发中心是通用电气包括美国纽约全球研发总部在内的全球三大研发中心之一。北京通用电气（中国）医疗集团的全球产品开发中心是通用电气医疗系统集团的全球三大研发中心之一。联合利华公司将在中国设立的实验室升级为全球研发中心，成为联合利华公司的全球第二大研发机构。IBM 中国研究中心是 IBM 公司的全球八大研究中心之一。世界上最大的酶制剂公司诺维信在中国设立的诺维信中国研发部承担的项目 80% 是面对国际市场，朗盛公司在无锡的研发中心影响到整个亚太市场。作为全球研发网络的重要环节，外资在中国设立的研发机构被纳入到跨国公司的全球经营战略中，联结起跨国公司研发总部和在其他国家设立的研发机构，以及跨国公司在中国的制造基地。除了跨国公司设立的研究开发机构以外，一些由科学家主导，国际投资基金公司或私人财团参与的专业科技研发公司也开始在中国进行研发投资。比如亚申科技研发中心（上海）有限公司集科研、工程和信息技术于一体，由美国多家著名风险投资基金公司联合投资，在高通量实验技术领域的整体规模居亚洲第一。由此，中国融入全球研发网络，成为跨国公司重要的研发基地（见图6-4）。

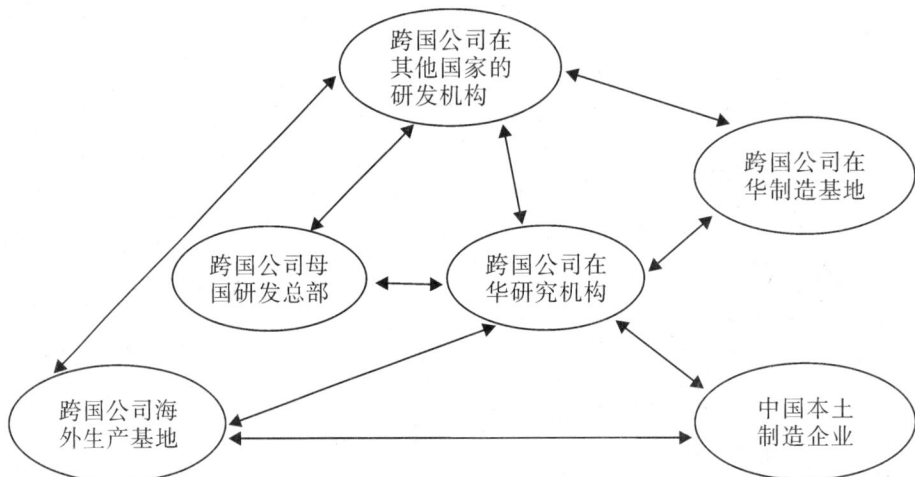

图6-4　跨国公司在华研究中心在全球研发网络中的地位

同时，中国企业也对外展开研发投资，进行海外研发的中国企业分布在通讯、家电、汽车、信息技术、食品和医疗器械等行业，尤其以家电、通讯和汽车领域的企业为主，比如海尔、华为等中国大型家电、通讯企业都相继在国外开展研究与开发活动，并进行全球研发网络布局，充分利用海外研发资源，促进了中国企业的技术创新和发展，也促进了中国研究开发与科技服务业更加全面的开放（见表6-4）。

表6-4　进行海外研发国际化的典型中国企业

企业名称	地点	行业	海外研发机构
中兴通讯	深圳	通讯	在美国新泽西、圣地亚哥、硅谷有三家研发机构，从事软件交换机、CDMA1X 高层协议研究
华为	深圳	通讯	8 个地区总部和 32 个分支，在硅谷、达拉斯、班加罗尔、斯德哥尔摩和莫斯科设立了研究所，并同摩托罗拉、英特尔、微软、日电等成立联合实验室
康佳集团	深圳	家电	1998 年 7 月在硅谷成立康盛实验室，率先研制出高清晰电视
创维集团	深圳	家电	在美国硅谷建有技术监测机构
奇瑞汽车有限公司	芜湖	汽车	2002 年，开始和奥地利 AVL 公司合作研发、拥有自主知识产权的 3 个系统、共 18 款最高水平的全铝发动机；委托意大利和德国的设计公司开发新车型
吉利控股集团	杭州	汽车	与德国吕克中克合作设计车型，请外方做造型，自己设计底盘结构；与意大利汽车集团合作，收购 VOLVO
万向集团	杭州	汽车零部件	收购美国舍勒公司，收购美国 UAI 公司
华立集团	杭州	电表	收购飞利浦在美国圣何塞的 CDMA 移动通信部门，在泰国建立工业园
上海轮胎橡胶集团	上海	轮胎橡胶	在美国 Goodyear 大本营——阿克隆建立研发机构
华虹集团	上海	芯片设计制造	1997 年 12 月，成立上海华虹国际（美国）公司；在美国投资 IC 设计公司，如新涛、Omnivision 和 Amlogic 公司；在美国设立微电子研发中心
联想集团	北京	IT	在美国北卡建立研发机构
首信集团	北京	网络安全产品	2002 年，在美国新泽西州投资组建 MOBICOM 公司，作为首信集团的海外研发机构，跟踪世界最新数字技术和移动通信网络技术
远大空调有限公司	北京	空调	与美国能源部、南加州燃气公司、法国燃气公司、大阪燃气公司、美国橡树岭国家实验室、美国马里兰大学建立了技术合作关系

（续上表）

企业名称	地点	行业	海外研发机构
海尔集团	青岛	家电	在美、加、法、荷、日、韩六个国家建立 11 个信息站，7 个海外设计中心；与美国 DOW、MOTOROLA 和巴西的 EMBRACO 等跨国公司结成全球技术联盟
海信集团	青岛	家电	成立美国海信有限公司、硅谷海信数字电视实验室；2002 年 6 月，与美国 Ligent International Inc 签署合资合同，在美国特拉华州成立合资公司 Ligent Photonics Inc；2002 年 7 月，与日本住友商事株式会社签署合资协议，在日本成立海信住商（日本）股份有限公司
TCL	惠州	家电	收购法国汤姆逊彩电部门，获得其在法国、美国和新加坡的研发中心；收购阿尔卡特手机部门，获得其移动通信研发中心
格兰仕	佛山	家电	1999 年 3 月，格兰仕北美分公司成立，同时美国微波炉研究所成立；投资 2 000 万美元在美国西雅图设立了研发中心
长虹	绵阳	家电	2000 年，与世界知名跨国公司组建九大联合实验室（长虹—微软联合实验室）；在美国硅谷建有技术监测机构，投资 3 000 万美元在捷克共和国设立长虹欧洲电器有限责任公司，专注于消费类电子的研究开发、制造、销售与服务等业务
国腾集团	成都	信息	在美国硅谷、加拿大、英国剑桥、中国香港等地设有联合实验室和研究院
金帝巧克力	深圳	食品	引进瑞士先进设备，同时进入国际行业协会获取海外资源
诺诗康瀛	北京	医疗器械	与德国科研实验室建立战略联盟
上汽	上海	汽车	成立伦敦上汽汽车海外（欧洲）研发中心

资料来源：杨震宁，李东红，王以华. 中国企业研发国际化：动因、结构和趋势. 南开管理评论，2010（4）.

6.3 研究开发与科技服务业开放度的测度

根据知识密集型服务业开放度测度的基本理论，我们构建了中国研究开发与科技服务业开放度测度的层次结构图。目标层是中国研究开发与科技服务业开放度，二级目标是研究开发与科技服务业所包含的三大种类，即研究和实验发展服务、专业技术服务以及科技推广和应用服务。按照三种服务提供的具体模式，设立三级目标即研究和实验发展服务、专业技术服务以及科技推广和应用服务所对应的跨境支付、境外消费、商业存在、自然人流动四种模式。对这四种服务提供模式的开放通过市场准入和国民待遇限制的逐渐取消而实现，因而研究和实验发展服务、专业技术服务以及科技推广和应用服务项下对应的四种服务提供模式的市场准入和国民待遇开放度构成了中国研究开发与科技服务业开放度测度的末级指标。

对于研究开发与科技服务业四种服务贸易提供方式下的市场准入和国民待遇限制主要体现在《外经贸部关于外商投资设立研发中心有关问题的通知》、《外商投资设立研发机构的暂行规定》、《外国的组织或者个人来华测绘管理暂行办法》、《北京市鼓励在京设立科技研究开发机构的暂行规定》、《上海市关于外商投资设立研发机构的暂行规定》，以及《财政部、海关总署、国家税务总局关于研发机构采购设备税收政策的通知》、《外商投资产业指导目录》和中国加入世界贸易组织承诺书及其附件等相关文件中。

按照中国加入世界贸易组织前、加入世界贸易组织五年以及加入世界贸易组织十年所颁布的对于研究开发与科技服务业市场准入和国民待遇限制的相关政策及规定，对研究开发与科技服务业包含的三大种类服务业即研究和实验发展服务、专业技术服务以及科技推广和应用服务对应的四种提供模式下，市场准入和国民待遇的开放程度进行赋值（见表6-5）。中国允许外资企业设立独资的研发机构，但考虑到有些领域仍然禁止设立研究与开发机构，因而对其国民待遇赋值为0.8。此外，在生物、测绘等专业技术服务和科技推广方面存在一些限制和禁止类规定，所以对其市场准入赋值比研究和实验发展领域市场准入赋值低。

表6-5 研究开发与科技服务业市场准入和国民待遇开放度赋值

		入世前		入世五年		入世十年	
		市场准入（赋值）	国民待遇（赋值）	市场准入（赋值）	国民待遇（赋值）	市场准入（赋值）	国民待遇（赋值）
研究和实验发展服务	跨境支付	0.4	0.8	0.6	0.8	0.8	0.8
	境外消费	0.4	0.8	0.6	0.8	0.8	0.8
	商业存在	0.4	0.8	0.6	0.8	0.8	0.8
	自然人流动	0.33	0.33	0.67	0.67	0.67	0.67
专业技术服务	跨境支付	0.2	0.8	0.4	0.8	0.6	0.8
	境外消费	0.2	0.8	0.4	0.8	0.6	0.8
	商业存在	0.2	0.8	0.4	0.8	0.6	0.8
	自然人流动	0.33	0.33	0.67	0.67	0.67	0.67
科技推广和应用服务	跨境支付	0.4	0.8	0.4	0.8	0.6	0.8
	境外消费	0.4	0.8	0.4	0.8	0.6	0.8
	商业存在	0.4	0.8	0.4	0.8	0.6	0.8
	自然人流动	0.33	0.33	0.67	0.67	0.67	0.67

按照徐泽水的10/10－18/2标度法，对研究开发与科技服务业对应的四种提供模式，即跨境支付、境外消费、商业存在和自然人流动按其重要程度进行赋值，得到判断矩阵，并进行归一化处理以及一致性检验。

表6-6 研究和实验发展服务判断矩阵

	跨境支付	境外消费	商业存在	自然人流动
跨境支付	1	12/8	6/14	14/6
境外消费	8/12	1	4/16	12/8
商业存在	14/6	16/4	1	16/4
自然人流动	6/14	8/12	4/16	1

最大特征值 $\lambda_{max} = 4.02$，特征向量 $W = (0.2354, 0.1528, 0.5069, 0.1049)^T$

$CR = 0.0075 < 0.1$，满足一致性检验。

表6-7　专业技术服务判断矩阵

	跨境支付	境外消费	商业存在	自然人流动
跨境支付	1	14/6	6/14	12/8
境外消费	6/14	1	4/16	8/12
商业存在	14/6	16/4	1	16/4
自然人流动	8/12	12/8	4/16	1

最大特征值 $\lambda_{max} = 4.02$，特征向量 $W =$ （0.235 4，0.104 9，0.506 9，0.152 8）^{T}

$CR = 0.007\ 5 < 0.1$，满足一致性检验。

表6-8　科技推广和应用服务判断矩阵

	跨境支付	境外消费	商业存在	自然人流动
跨境支付	1	14/6	6/14	12/8
境外消费	6/14	1	4/16	8/12
商业存在	14/6	16/4	1	14/6
自然人流动	8/12	12/8	6/14	1

最大特征值 $\lambda_{max} = 4.02$，特征向量 $W =$ （0.252 1，0.112 4，0.463 2，0.172 3）^{T}

$CR = 0.007\ 5 < 0.1$，满足一致性检验。

基于以上分析，得到研究开发与科技服务业项下三大种类服务业对应的四种服务提供模式权重的赋值结果（见表6-9）。

表6-9　研究开发与科技服务业项下三大种类服务业对应的四种服务提供模式权重赋值

服务模式权重	跨境支付	境外消费	商业存在	自然人流动
研究和实验发展服务	0.235 356 8	0.152 822	0.506 922	0.104 899
专业技术服务	0.235 356 8	0.104 899	0.506 922	0.152 822
科技推广和应用服务	0.252 139 2	0.112 379	0.463 206	0.172 276

基于入世前、入世五年以及入世十年的研究和实验发展服务、专业技术服务以及科技推广和应用服务的行业规模及其在行业中所占比重等综合指标，对研究开发与科技服务业项下研究和实验发展服务、专业技术服务以及科技

推广和应用服务三大种类的权重进行赋值（见表6-10）。

表6-10　研究开发与科技服务业项下三大种类服务业权重赋值

权重	入世前	入世五年	入世十年
研究和实验发展服务	0.13	0.11	0.11
专业技术服务业	0.7	0.67	0.67
科技推广和应用服务	0.16	0.21	0.21

根据知识密集型服务业开放度的计算公式：

服务业 A 开放度

$$= \sum \left\{ \text{服务业 } A \text{ 门类的 } A_i \text{ 权重} \times \left[\sum \text{服务模式 } M_j \text{ 的权重} \times \frac{\text{市场准入} + \text{国民待遇}}{2} \right] \right\}$$

得到研究开发与科技服务业项下研究和实验发展服务、专业技术服务以及科技推广和应用服务三大种类，研究开发与科技服务业整体在入世前、入世五年以及入世十年三个时段的开放度测度结果（见表6-11）。

表6-11　研究开发与科技服务业开放度测度

开放度	入世前	入世五年	入世十年
研究和实验发展服务	0.57	0.7	0.79
专业技术服务	0.47	0.61	0.7
科技推广和应用服务	0.55	0.61	0.69
研究开发与科技服务业整体	0.5	0.62	0.71

测度结果显示：研究开发与科技服务业项下研究和实验发展服务、科技推广和应用服务两大种类在入世前的开放程度相对较高，分别达到0.57和0.55。在中国加入世界贸易组织之后，研究和实验发展服务、专业技术服务的开放程度进一步提高，促进了研究开发与科技服务业整体的开放，开放度从入世前的0.5增加到入世五年后的0.62，入世十年后开放度进一步达到0.71，显示出中国在推动研究开发与科技服务业不断开放中所取得的成果。

第7章

全球产业转移下中国商务服务业的开放

7.1 商务服务业的定义和分类

人力资本密集，且具有高附加值的商务服务业，是服务业的重要组成部分，通常被称为"企业的外脑"（吴文治，2009），它不仅对企业的生产活动有着巨大的推动作用，还对服务业的转型升级有重要的促进作用。作为新型现代服务业的重要构成部分，商务服务业包含的内容较繁杂，学者们对它的定义也不统一，其中具有代表性的观点有：

Drejer 认为商务服务业是专门解决企业在生产、组织和管理活动中的各种问题和各项任务的一系列活动，包括法律和技术服务、管理服务、市场服务、金融服务等（Drejer，2002）。仇向洋教授等认为商务服务业主要是以生产者为服务对象，是一种作用于资产的无形服务活动，是一种高智力支持、高知识含量、低资源消耗、低环境代价的专业服务业（仇向洋等，2006）。汪永太认为商务服务业又可称为商业服务业，主要是指在商业活动中涉及的服务交换活动，并进一步对商务服务业的范畴进行了界定，认为商务服务业包括企业管理服务（企业管理机构、投资与资产管理、其他企业管理服务）、法律服务（律师及相关的法律服务、公证服务、其他法律服务）、咨询与调查（会计、审计及税务服务、市场调查、社会经济咨询、其他专业咨询）、广告业、知识产权服务、职业中介服务、市场管理、旅行社、其他商务服务（会议及展览服务、包装服务、保安服务、办公服务、其他未列明的商务服务）（汪永太，2007）。汪永太给出的商务服务业的概念与世界贸易组织给出的商务服务的概念相一致。世界贸易组织认为商务服务业（Commercial Service Industry）又可称为商业服务业，商务服务业是商业性服务业中的一个大类，主要是指在商业活动中涉及的服务交换活动，既包括个人消费的服务，又包括企业和政府消费的服务。

按照《WTO 服务部门分类表》，商务服务业对应的是世界贸易组织关于服务贸易 12 大类中的商业性服务，具体细分为：专业性（包括咨询）服务、计算机及相关服务、研究与开发服务、不动产服务、设备租赁服务、展览管理等其他服务。按照联合国统计司《国际标准产业分类》中的 21 个人类经济活动类别，商务服务业涉及的类别主要有：69 法律和会计活动、70 总公司的活动和管理咨询活动、73 广告业和市场调研、77 出租和租赁活动、78 就业活动、80 保安和调查活动、82 办公室行政管理、办公支持和其他商业辅助活动等行业门类。而在美国统计署公布的《北美产业分类法》中，商务服务业涉及专门知识与科技服务业、公司企业管理业、废弃物管理与处理服务业三个门类。与中国商务服务业统计门类标准行业分类重合的主要有：551 公司和企业管理、5411 法律服务、5412 会计税务账单工资服务、5416 管理科学技术咨询服务、5418 广告公关及相关服务、561 管理和支持服务业。2002 年，中国颁布的《国民经济行业分类》（GB/T4754–2002）中新增商务服务业主要属于门类 L 中的 74 大类，包含 9 个中类、20 个小类，具体包括：741 企业管理服务、742 法律服务、743 咨询与调查、744 广告业、745 知识产权服务、746 职业中介服务、747 市场管理、748 旅行社、749 其他商务服务（会议及展览服务、包装服务、保安服务、办公服务以及其他未列明的商务服务）。2011 年版的《国民经济行业分类》（GB/T4754–2011）中商务服务业仍属于门类 L，对应的是 72 大类商务服务业，包含 9 个中类，分别是 721 企业管理服务、722 法律服务、723 咨询与调查、724 广告业、725 知识产权服务、726 人力资源服务、727 旅行社及相关服务、728 安全保护服务、729 其他商务服务（市场管理、会议及展览服务、包装服务、办公服务、信用服务、担保服务以及其他未列明的商务服务业），下设 30 小类。

7.2　国际商务服务业全球转移下中国商务服务业的开放

在跨国公司大规模转移生产制造环节之后，全球产业转移延伸到服务业环节，并且服务业转移呈现加快趋势，特别是法律、会计、咨询等商务服务业的转移逐渐增多并且速度明显加快，带来了国际产业转移的新趋势。中国作为外国直接投资的重要目标国之一，在承接制造业转移的同时，也迎来了大量的配套服务业的转移，由此推动了中国商务服务业的开放。

7.2.1　入世前中国商务服务业的开放

7.2.1.1　入世前中国法律服务业的开放

中国商务服务业开放的帷幕在法律服务业领域拉开。改革开放后，随着外国投资进入的增加，对配套的法律服务的需求也越来越多。鉴于中国法律服务水平较低难于满足外商的需求，外商转而向本国律师事务所寻求法律服务。限于当时中国律师服务业仍受到政府诸多管制，比如政府控制律师资格认证和从业标准以及律师事务所的业务，并且中国的法律禁止外国律师事务所在中国大陆设立分支机构，外国律师事务所转而通过设立咨询公司的方式进入中国市场，提供相应的法律事务。比如美国的高特兄弟律师事务所

（Coudert Brothers）、贝克·麦肯思国际律师事务所（Baker & McKenzie）、宝维斯律师事务所（Paul Weiss）等外国律师事务所相继在北京、上海等地成立了咨询公司。

面对外国律师事务所在中国境内提供法律服务需求迫切的现实，中国政府对法律服务业的开放展开了研究。1992 年，中国司法部和国家工商行政管理局联合发布了《关于外国律师事务所在中国境内设立办事处的暂行规定》，标志着中国法律服务市场开始开放。随着《关于律师事务所与外国律师事务所建立业务协作关系有关问题的通知》、《关于外国律师事务所在中国境内设立办事处的暂行规定》、《外国律师事务所办事处审批、管理工作操作规程》、《关于外国律师事务所在华设立办事处有关事宜的通知》、《中国律师事务所在境外设立办事机构有关事宜的通知》以及《律师事务所在外国设立分支机构暂行管理办法》等一系列法规政策相继颁布，在相关政策指引下，中国法律服务市场进入初步开放阶段。

根据《关于外国律师事务所在中国境内设立办事处的暂行规定》，经中国司法部批准和国家工商行政管理局登记注册，外国律师事务所可在中国境内设立办事处。外国律师事务所驻华办事处及其成员，可以从事下列业务活动：向当事人提供该律师事务所律师已获准从事律师业务的国家的法律和有关国际条约、国际商事法律和国际惯例的咨询；接受当事人或中国律师事务所的委托，办理在该律师事务所律师已获准从事律师业务的国家的法律的事务；代理外国当事人，委托中国律师事务所办理在中国境内的法律事务。外国律师事务所驻华办事处及其成员不得从事的业务活动有：代理中国法律事务；向当事人解释中国法律；中国法律不允许从事的其他业务活动。未经批准和登记注册，外国律师事务所不得在中国境内设立办事处，不得开展该暂行规定允许从事的各项业务活动。外国律师事务所不得以咨询公司、商务公司或其他名义从事法律服务活动。

《关于外国律师事务所在中国境内设立办事处的暂行规定》颁布后，中国首先在北京、上海、广州、深圳和海口五个城市进行试点，允许外国律师事务所在中国境内设立办事处，提供外国法律服务，随后试点城市增加到 19 个。1999 年底，来自 10 个国家的 81 家外国法律事务所在中国建立了自己的代理机构，其业务只限于从事与中国境内的外国公司有关的法律事务。[①] 到 2001 年 4 月，中国已先后批准了来自美国、英国、法国、澳大利亚、意大利、荷兰、比利时、卢森堡、瑞典、瑞士、巴西、日本、新加坡、阿拉伯联合酋长国和约旦等 15 个国家的 103 家外国律师事务所和 28 家中国香港律师事务所

---

① 平新乔. 中国的市场中介服务业. 北京大学中国经济研究中心讨论稿系列，2000 - 12.

分别在北京、上海、天津、广州、深圳、海口、青岛、大连、成都、福州等城市设立办事处。① 这些办事处开展的业务涉及金融、房地产、证券、投资、保险、税收、商务、融资租赁、海商海事、知识产权等非诉讼业务领域，客户来自国内外。据国外一家权威律师杂志的报道，在全球规模和收入最大的50 家国际律师事务所中，有一半以上已在中国境内设立了办事处。②

同时，中国法律服务机构也向国外拓展市场。自 1993 年北京君合律师事务所在纽约设立分支机构后，深圳信达律师事务所、北京信利律师事务所分别在美国、日本设立了分支机构。到 1999 年，中国已有 18 家律师事务所在国外建立了分支机构，已有 150 多家律师事务所与境外律师事务所建立了业务联系。③

7.2.1.2　入世前中国广告服务业的开放

在中国法律服务业开放的同时，中国广告服务业、会计服务业、人力资源服务业等领域的开放也逐步展开。

中国实行改革开放的第二年就有外资进入中国广告业。1979 年，法国阳狮集团李奥·贝纳公司以占有 49％ 以下股份的合资方式首先进入中国市场。日本电通广告紧随其后，于 1980 年在北京、上海开设了办事处，博报堂、向阳社相继进入中国。美国扬·罗比凯广告公司和电通广告公司于 1986 年与中国国际广告公司成立了中外合资广告公司——中国电扬广告公司，这是中国内地第一家合资 4A 广告公司。同年，奥美办事处成立。

中国在 1991 年提交的服务贸易单中，广告业作为六个首先对外开放的行业之一被位列其中，标志着尚处于成长期的中国广告业已向国际市场开放。当时中国广告行业拥有国有、集体、外国投资等企业共计 11 769 家，其中，外国投资广告企业有 204 家，比重为 1.73％；外国投资广告企业就业人数为1 571人，占广告行业总体就业人数的 1.17％。国有广告公司在行业中处于绝对优势地位，占据广告业营业收入 88％ 的份额，而外国投资广告企业只占据广告业 3％ 的营业收入。④ 虽然 20 世纪 90 年代初全球十大广告公司中已有美国麦肯世界集团、电通集团和盛世公司三家在中国开设了合资广告公司，但总收入不到 130 万美元，到 1993 年，全球十大广告公司都已进入中国市场，总收入超过 200 万美元。⑤

---

① 杨新顺. 中国法律服务市场进一步开放——外国律师所驻中国内地办事处已逾百家. 法制日报，2001 - 04 - 13.

② 宋波，夏廷. 入世后中国法律服务市场的开放，中国法律，2003（4）.

③ 白中江，陈丹. GATS 与中国法律服务市场. 律师世界，2002（2）.

④ 平新乔. 中国的市场中介服务业. 北京大学中国经济研究中心讨论稿系列，2000 - 12.

⑤ 钱晨林. 经济全球化条件下中国广告业的发展. 上海社会科学院硕士学位论文，2007.

　　1995 年 1 月 1 日，中国颁布了《关于设立外商投资广告企业的若干规定》，其中第二条明确指出"本规定所称外商投资广告企业，是指中外合资、合作经营广告业务的企业"。规定提及设立外商投资广告企业，除符合有关法律、法规规定的条件外，还应具备以下条件：第一，合营各方必须是具有一定规模的以经营广告为主的企业法人；第二，能够引进国际先进的广告制作技术和设备；第三，具有市场调查、广告策划和广告效果测定等能力；第四，能够在广告策划、创意、设计、制作和经营管理等方面培训中国职员；第五，注册资本不低于 30 万美元。由此，各种形式的外国广告公司在中国各主要城市的广告业市场中出现，外国广告公司企业数、就业人数和总市场收入都有大幅度的增长。1997 年，外国投资广告企业数上升为 516 家，就业人数增加到 9 468 人，在广告行业营业收入中的份额上升到 7%。电通集团和大诚广告、中国国际广告公司合资成立北京电通广告有限公司，博报堂和上海广告有限公司合资成立上海博报堂广告有限公司，李奥·贝纳公司与韬奋基金会合资李奥贝纳广告有限公司，大多数跨国广告公司都在中国大陆北京、上海或是广州至少两地成立了合资公司，有些甚至在三地都设立了合资公司（见表 7 - 1）。为了适应客户的需求，一些跨国广告公司进一步在中国内陆城市设立分公司，比如电通公司在青岛设立分公司，电通公司、智威汤逊 - 中乔广告有限公司在成都开设子公司，重庆、昆明也陆续有跨国广告公司成立。到 1998 年，全球排名前十位的广告公司已全部进入中国市场，设立了合资公司，包括盛世长城国际广告有限公司、麦肯·光明广告有限公司、智威汤逊 - 中乔广告有限公司、上海奥美广告有限公司、上海灵狮广告公司、北京电通广告有限公司、美格广告有限公司等。

表 7 - 1　跨国广告公司在中国大陆发展一览表

跨国广告公司	国内合作对象	合资公司名称	成立时间		
			北京	上海	广州
电扬	中国国际广告公司	电扬广告有限公司	1986	1989	1992
奥美	上海广告有限公司	上海奥美广告有限公司	1993	1992	1993
麦肯	光明日报	麦肯·光明广告有限公司	1992	1992	1992
BBDO	中国广告联合总公司	天联广告有限公司	1991	1992	1993
Grey	国安广告公司	精信广告公司	1992		1993
盛世	长城工业公司 天马旅游公司	盛世长城广告有限公司	1992	1994	1992
DDB	北京广告公司	恒美广告有限公司	1992	1993	1993

（续上表）

跨国广告公司	国内合作对象	合资公司名称	成立时间		
			北京	上海	广州
电通	大诚广告 中国国际广告公司	北京电通广告有限公司	1994	1995	
博报堂	上海广告有限公司	上海博报堂广告有限公司	1998	1996	
李奥贝纳	韬奋基金会	李奥贝纳广告有限公司	1995	1994	1992
智威汤逊		智威汤逊—中乔 广告有限公司	1989	1991	1992
达彼斯		达彼斯（达华） 广告有限公司	1994	1994	1993
灵狮	自设办事处			1993	1993

资料来源：转引自万木春. 跨国广告公司在中国的发展——兼论缓行组建本土广告集团. 广告大观，2003（10）.

同时，外资广告公司凭借其经验丰富的人力资源和成熟的管理体制深得全球制造业巨头的信赖，随着全球制造巨头将生产制造转移到中国，他们也进一步在中国各地设立分公司，为其在中国市场的运营活动提供配套服务。比如盛世长城国际广告有限公司的主要跨国客户是宝洁公司、强生药业、柯达公司等；麦肯·光明广告有限公司的主要跨国客户是可口可乐公司、摩托罗拉公司、欧莱雅公司等；北京智威汤逊–中乔广告有限公司的主要跨国客户是耐克公司、西门子公司、联合利华公司等；奥美公司的主要跨国客户是IBM公司和肯德基。同时，它们也在中国积极拓展市场，聚焦了西安杨森、TCL、中国电信、中国平安保险等一批中国内地本土品牌客户（见表7-2）。

表7-2　跨国广告公司主要国际和本土客户

广告公司	主要客户	
	跨国品牌	内地品牌
盛世长城国际广告有限公司（Saachi & Saachi）	柯达、P&G系列产品、杜邦农化、强生药业	西安杨森、TCL王牌彩电、乐百氏
麦肯·光明广告有限公司（McCann-Erickson）	可口可乐、摩托罗拉、欧莱雅、美宝莲、雀巢、高露洁、吉列、杜邦、朗讯科技、强生医疗、UPS、德尔福、万事达卡	中国电信（宽频）、中国平安保险、北京日报、北京晚报

（续上表）

广告公司	主要客户	
	跨国品牌	内地品牌
北京智威汤逊－中乔广告有限公司（JWT）	耐克、西门子、联合利华、百事、戴比尔斯、凤凰、雀巢、壳牌（Shell）	伊利乳品、豪门啤酒、长安福特
奥美（Ogilvy & Mather）	IBM、肯德基	上海大众、中国网通
精信（GREY）	大众汽车、中美史克、假日酒店、诺华制药、斯克达汽车等	方正电脑、华北制药、亿网联通
北京电通（Dentsu）	佳能、雀巢、丰田、西铁城、松下、TOTO、三得利、爱果士、花王	美的空调、联想电脑、康师傅、小护士、科健、天津一汽、泰康人寿、东风汽车、北京移动、中国网通、大连三洋
李奥贝纳（Leo Burnett）	麦当劳、万宝路	李宁、中国移动、上海世博、北京蒙牛、广州深圳发展银行

资料来源：柏兰芝，陈诗宁. 从跨国广告业看全球化和全球城市——以中国广告业为例. 地理研究，2004（9）.

　　跨国广告公司在中国市场上的优势迅速显现出来。20世纪90年代初，中国广告公司经营额排在前十名的广告公司中，只有电扬公司位列其中，排在第八位。而到20世纪90年代中期以后，中国广告公司经营额排在前十名的广告公司中有一半以上都是外资广告公司，其中盛世长城广告有限公司、麦肯·光明广告有限公司等长期处于行业领先地位（见表7-3）。

表7-3　中国广告公司经营额前十名中的外资广告公司

年份	外资广告公司	在中国市场上的排名	年份	外资广告公司	在中国市场上的排名
1992	电扬广告公司 盛世长城广告有限公司	8 6	1998	盛世长城广告有限公司 麦肯·光明广告有限公司 智威汤逊－中乔广告有限公司 上海奥美广告有限公司 精信广告有限公司 上海灵狮广告有限公司	1 2 3 4 5 6
1994	盛世长城广告有限公司 精信广告有限公司 麦肯·光明广告有限公司	1 2 8	1999	盛世长城广告有限公司 麦肯·光明广告有限公司 智威汤逊－中乔广告有限公司 精信广告有限公司 上海奥美广告有限公司 上海灵狮广告有限公司	1 2 3 4 5 9
1995	盛世长城广告有限公司 精信广告有限公司 上海奥美广告有限公司 北京电通广告有限公司 麦肯·光明广告有限公司	1 2 3 8 9	2000	盛世长城广告有限公司 麦肯·光明广告有限公司 智威汤逊－中乔广告有限公司 上海奥美广告有限公司 精信广告有限公司 达美高广州公司 上海李奥贝纳广告有限公司 上海灵狮广告有限公司	1 2 3 4 5 6 7 10
1996	盛世长城广告有限公司 麦肯·光明广告有限公司 智威汤逊－中乔广告有限公司 上海奥美广告有限公司 精信广告有限公司 北京电通广告有限公司	1 2 3 4 5 8	2001	盛世长城广告有限公司 麦肯·光明广告有限公司 北京电通广告有限公司 上海奥美广告有限公司 智威汤逊－中乔广告有限公司 上海李奥贝纳广告有限公司 精信广告有限公司	1 2 3 4 6 7 10
1997	盛世长城广告有限公司 麦肯·光明广告有限公司 智威汤逊－中乔广告有限公司 上海奥美广告有限公司 精信广告有限公司 北京电通广告有限公司 上海灵狮广告有限公司	1 2 3 4 5 7 10			

资料来源：曾兰平. 低准入制度对中国广告产业发展的不利影响. 网络财富，2008（7）.

7.2.1.3 入世前中国人力资源服务行业的开放

中国人力资源管理行业早在 20 世纪 90 年代初就已经在实践中开始了对外资的开放。国际知名的人力资源服务公司以管理顾问、人力资源顾问等形式进入中国市场，比如咨询管理顾问公司（Boyden Global Executive Search）、雷文国际管理顾问香港公司（Norman Broadbent）分别在中国北京和上海设立办事处作为其联络机构，但受中国相关政策限制，它们不能直接开展业务。此后，史宾沙管理顾问公司（Spencer Stuart）、光辉国际咨询顾问公司（Korn/Ferry International）以及香港伯乐管理有限公司也先后在人才集散地北京、上海、深圳等地设立办事处。2001 年，中国国家外国专家局对 200 个国（境）外人才中介机构进行了资格认定。

7.2.1.4 入世前中国会计业的开放

中国会计业从 20 世纪 90 年代中期开始对外国会计服务机构进行了有条件的开放。1993 年，英国特许公认会计师公会（The Association of Chartered Certified Accountants，简称 ACCA）在上海开设会计培训中心，毕马威（KPMA）、安达信（Arthur Andersen）、安永（Ernst & Young）、普华永道（Price Waterhouse Coopers）、德勤（Deloitte Touche）等国际著名的会计师事务所也先后通过合资的方式在中国设立了分支机构。同时，境外人员可参加中国的会计资格考试，若通过考试可获得会计资格，并可从中国会计协会处获得开业许可证。尽管在这一时期，中国会计师事务所行业处于财政部直接或间接行政垄断之中，到 1998 年，中国的 6 683 家会计师事务所中只有大约 10 家合伙制事务所，而其余的会计师事务所则全部附属于政府（平新乔，2000）。外国会计师事务所进入中国必须经过中国财政部的批准，并且只限于从事与外国投资有关的会计业务。除代表处外，国际会计师事务所还可以通过设立中外合作会计师事务所、联系所和中国成员所的形式进入中国市场。入世前，中国共有 147 家外资会计中介机构，在北京、上海、天津、广州、沈阳、大连等地设立了 6 家中外合作所、3 家成员所和 22 家代表处。在中国设立的外国会计师事务所仅占全国 6 919 家会计师事务所的 0.5%，从业人员（包括外籍和聘用中国专业人员）仅占全国注册师行业 12 万人的 7%，却控制着国内 127 家上市公司的 B 股、N 股和 H 股的全部审计业务和进入中国的跨国公司、国际金融集团的 80% 的客户，业务收入占国内全行业收入的六分之一，[①] 其高效率的工作模式为中国会计师中介服务机构产生了示范效应。

同时，国际知名的会计师事务所相继进入管理咨询服务领域，毕马威、

---

① 幸强，何丹，邓莆晖，胡健. 加入 WTO 中国会计行业面临的考验与对策. 北京商学院学报（社会科学版），2000（9）.

安达信、安永、普华永道、德勤五大国际会计师事务所的咨询收入年增长率达到 26%，这为国内会计师事务所提供了可供借鉴的业务模式。比如毕马威在中国的合资伙伴华振会计师事务所，在毕马威的带动下，其咨询业务收入占总收入的比重从 20% 上升到 33%，成功地将会计业务向企业管理、咨询与组织业务拓展（平新乔，2000）。

7.2.2　入世后中国商务服务业的开放

7.2.2.1　入世后中国法律服务业的开放

2001 年底，中国正式加入世界贸易组织，承诺开放十大领域，其中律师服务业和会计服务业作为商务服务业中的主要部门，成为专业服务领域开放的两个主要部门。

根据《中华人民共和国加入协定书》附件 9 和《服务贸易具体承诺减让表》，中国对法律服务（不含中国法律业务）的承诺包括以下几个方面的内容：第一，市场准入没有限制；第二，外国律师事务所只能在北京、上海、广州、深圳、海口、大连、青岛、宁波、烟台、天津、苏州、厦门、珠海、杭州、福州、武汉、成都、沈阳和昆明这 19 个城市以代表处的形式提供法律服务；第三，驻华代表处的数量不得少于截至中国加入之日已设立的数量，一个外国律师事务所只能设立一个驻华代表处；第四，上述地域和数量限制将在中国加入世界贸易组织之后的 1 年内取消；第五，有关国民待遇的限制主要体现在商业存在的提供方式方面，对跨境提供和境外消费方面没有限制；第六，外国律师代表机构的代表每年在中国境内居留的时间不得少于 6 个月，少于 6 个月的，下一年度不予注册；第七，代表处不得雇用中国注册律师；第八，对自然人流动提供方式下，中国除水平承诺中的内容外，不作承诺。

随后，为了更好地履行入世承诺，中国国务院通过并公布《外国律师事务所驻华代表机构管理条例》，于 2002 年 1 月 1 日正式实施。该管理条件规定：外国律师事务所在华设立代表机构、派驻代表，应经中国国务院批准。外国律师事务所、外国其他组织或是个人不得以咨询公司或是其他名义在中国境内从事法律服务活动。中国国务院对许可设立的外国律师代表机构发放执照和执业证书。除了机构设立之外，外国律师事务所驻华代表处及其代表允许从事的业务范围有所增加，被允许通过订立合同与中国律师事务所保持长期的委托关系办理法律事务以及提供有关中国法律环境影响的信息；并且按照其与中国律师事务所达成的协议，外国律师事务所驻华代表处及其代表可以直接向受委托的中国律师事务所的律师提出要求。为了更好地贯彻执行管理条例，中国于 2002 年进一步颁布了《司法部关于执行〈外国律师事务所驻华代表机构管理条例〉的规定》，该规定明确了司法行政部门对于中国境内的外国法律服务活动的管理职责。同时，新颁布的《外商投资产业指导目录》

对商业、会计、审计、法律咨询等商务服务业的外商独资经营限制进一步放宽。

对于中国香港和中国澳门的服务业，中国司法部于 2002 年颁布了《香港、澳门特别行政区律师事务所驻内地代表机构管理办法》，其中限制香港律师事务所不得在内地以咨询公司或其他名义从事法律服务活动。CEPA 的正式实施给予了香港法律服务业特别准入。

到 2003 年底，中国已经批准了来自 16 个国家的 115 家律师事务所驻华代表处和 35 家中国香港律师事务所驻内地代表处，有 12 家外国律师事务所和 4 家中国香港律师事务所在内地设立了第二家代表处。外国律师事务所在中国以每年平均增长 20 家以上代表处的速度递增，到 2009 年底，已有来自 20 多个国家和地区的 188 家外国律师事务所和 65 家中国香港律师事务所在中国内地设立了代表处（见图 7-1）。外国律师事务所代表处在中国的业务范围涉及投资、金融、诉讼仲裁、货物贸易、技术转让、房地产、知识产权、股票债券、保险、担保、生物技术和信息工程等多个领域。[①]

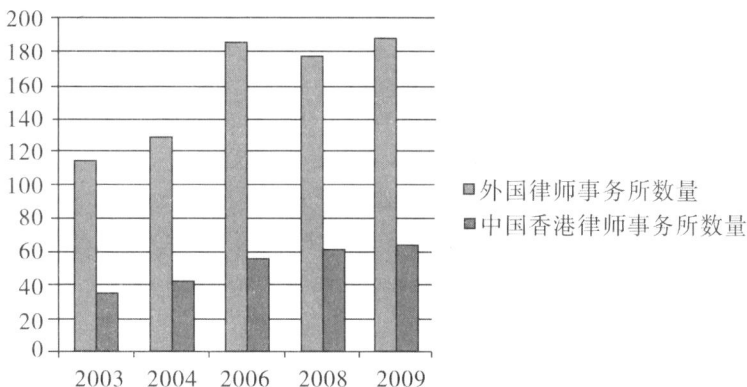

图 7-1 入世后外国和中国香港律师事务所在中国内地的增长情况（单位：家）

资料来源：根据中国司法部官方网站（www.moj.gov.cn）以及中国律师网（www.chineselawyer.com）等公布的数据整理得到。

7.2.2.2 入世后中国广告服务业的开放

中国加入世界贸易组织后，为全方位地促进广告服务市场的开放，作出了以下承诺：第一，从事广告业务的外国公司可以在中国设立中外合资广告公司；第二，在 2002 年 1 月 1 日以后允许外资控股；第三，在 2004 年 1 月 1

---

① 孟娜，傅双琪. 中国加入 WTO 时关于法律服务市场开放的承诺已基本全部履行. 新华每日电讯，2003-12-09.

日以后允许外国企业在中国设立外资独资广告企业；第四，凡外国企业在中国境内发布广告或中国企业到境外发布广告，必须通过在中国注册的具有经营外商广告权的广告公司代理。

在市场开放政策的推动下，外商投资广告公司在中国市场上的规模进一步扩大，实力进一步增强。入世一年后，外商投资广告经营单位增加到385户，从业人员增加到10 092人，广告经营额达到60.48亿元。入世五年过渡期结束后，市场全面放开，外商投资广告经营单位增加到497户，增加率达到29.1%；广告经营额达到132.4亿元，翻了一番。外商投资企业广告公司的户均营业额与人均营业额，分别是专业广告公司户均营业额与人均营业额的52倍和24倍。[①] 外资广告公司在中国广告市场上的活动更加活跃，并通过收购、兼并中国本土的广告公司或是与中国本土的广告公司结成战略联盟的形式，进一步向中国二线城市扩张。比如英国WPP集团的奥美公关集团与中国本土公司西岸咨询策划公司以各占60%和40%的股份，共同投资成立西岸奥美信息咨询服务有限公司；智威汤逊广告公司在广州收购了中国本土的广告公司；WPP集团和日本株式会社博报堂则均购买了上海广告有限公司25%的股权；精信广告则分别与南京卓越广告和浙江奇正开展战略联盟合作，因低成本而向北京、上海、广州以外的城市迅速扩张。

基于中国政府的入世承诺，中国国家工商行政管理总局和商务部联合发布了《外商投资广告企业管理规定》，凡是外商投资广告企业符合《外商投资广告企业管理规定》的条件，经批准均可以经营设计、制作、发布、代理国内外各类广告业务。按照入世承诺，在2002年1月1日之后允许外资控股广告企业。新的《外商投资广告企业管理规定》也对此明确说明，允许外资拥有中外合营广告企业多数股权，但股权比例最高不超过70%，投资主体扩大到兼营广告的企业。2005年底，外资可以在中国设立独资广告公司，标志着中国广告行业从半开放状态进入完全开放阶段。

为了促进香港和澳门的广告公司进入中国内地市场，中国国家工商行政管理总局和商务部就香港和澳门投资者投资广告业作出补充规定——《内地与香港关于建立更紧密经贸关系的安排》，规定自2004年1月1日起，允许香港服务提供者和澳门服务提供者在内地设立独资广告公司，但股权比例最高不超过70%，投资主体也扩大到兼营广告的企业。并且还规定，所谓香港公司，是指不论其投资者或股东属何国籍，只要是根据香港法例注册成立，缴纳香港利得税，在香港雇佣的员工不少于员工总人数的50%，在香港从事实质性商业经营的公司，即使是那些非香港的外来公司以收购或兼并的方式

① 钱广贵. 经济危机——产业整合与本土广告业的发展. 新闻爱好者, 2009 (9).

取得香港公司的控股权一年后，也可被视为香港公司。由此更加便利了在香港经营广告业务的外国公司以独资形式进入中国内地市场。

继第一家外国独资广告公司道琼斯广告（上海）有限公司成立后，在中国设立外商投资广告公司的数量呈现快速增长的态势，跨国广告公司在中国广告市场中所占地位也越来越重要。到2008年，跨国广告公司已经占整个中国广告市场40%的份额，仅WPP集团一家就占了10%～15%的份额。①

入世过渡期结束后，中国《国家"十一五"时期文化发展规划纲要》（以下简称《纲要》）将广告业列为几个重点发展的文化产业门类之一。《纲要》提出发展各类媒体的作用，积极促进广告业的健康发展，努力扩大广告产业规模，提高媒体广告的公信力，使广告营业额有较快增长。为了促进外商投资广告公司在中国广告业中发挥更大的作用，为广告行业吸引更多的外资提供便利，中国国家工商管理总局从2010年10月1日起，将外商投资广告企业及分支机构投资项目审批权下放到省一级，由此为外商投资广告企业在中国内地市场的发展提供了更加有利的政策环境。

7.2.2.3　入世后中国会计服务业的开放

根据世界贸易组织的《相互承认协定》，中国承诺开放会计市场，不仅对通过中国会计资格考试的国外会计从业人员给予国民待遇，鼓励国际知名会计师事务所进入中国，还进一步为国外小型会计师事务所进入中国市场提供政策上的便利。以德勤会计师事务所为例。2006年，德勤会计师事务所在中国内地的收入增长率高达60%。2010年，德勤会计师事务所在中国内地及港澳台地区拥有7 000名员工，在北京、上海、香港、澳门、大连、广州、南京、深圳、苏州和天津10个城市都设有分支机构。2011年，在此基础上进一步扩展到重庆、杭州、武汉、厦门等14个城市，拥有的员工数量则增长到超过8 000名。②

在香港回归祖国十五周年之际，中国政府与香港、澳门签订的《〈关于建立更紧密经贸关系的安排〉补充协议九》，对香港、澳门会计服务开放在两个层面上作出了进一步突破。一是允许取得中国注册会计师资格的香港专业人员在深圳前海先行先试担任合伙制会计师事务所的合伙人；二是适当简化港澳会计师事务所来内地临时执业的申报材料。由此，在考试豁免、执业经验互认、人员流动、业务开展等20余项内容上对香港和澳门会计服务业进行了大幅度的开放。

7.2.2.4　入世后中国人力资源服务业的开放

入世前夕，中国出台了《人才市场管理规定》，国外人力资源中介机构被

---

① 周茂君. 跨国广告公司进入中国的心路历程. 广告大观理论版, 2008（3）.

② 陈智国. 国际商务服务业发展特点、趋势及其对中国的启示. 科技创新与生产力, 2011（7）.

允许进入中国内地市场，由此，中国人力资源服务产业较早地主动进行了开放。两年后，中国国家人事部、商务部、国家工商行政管理总局联合发布《中外合资人才中介机构管理暂行规定》，大量外资人才服务机构比如万宝盛华集团（Manpower Group）、全球最大的人力资源公司——瑞士的阿第克公司（Adecco）等以合资的形式进入中国内地市场，其他如全球互联网招聘行业的第一品牌——Monster 公司入股中华英才网，日本领先的人力资源服务商——Recruit 公司入股前程无忧公司（51job），全球综合性人力资源服务机构——荷兰任仕达集团（Randstad Group）入股上海人才有限公司，美国的华信惠悦咨询公司（Watson Wyatt Worldwide）已在北京、深圳等中国内地三个城市设立了分支机构，拥有 270 多名专业顾问。到 2003 年，中国境内的中外合资人才服务机构已有 30 多家，中国人力资源服务市场形成了国有、民营、中外合资人才服务机构共同发展的格局。

入世过渡期结束后，中国人才资源服务市场开放的幅度进一步扩大。上海浦东作为改革试点地区，先行出台新规定，即从 2006 年 8 月 1 日起，在浦东新区成立中外合资人才中介机构，外方合资者控股比例最高允许达到 70%。由此突破了之前中外合资人才中介机构中外资控股比例仅为 25% 的限制，外方合资者可以控股，中国人才服务市场进一步向外资开放。众多的国际人才资源服务机构通过并购、合资和设立办公室等多种形式进入中国内地的人才服务市场。到 2006 年，据人事部统计的资料显示：中国中外合资人才中介机构已经达到 69 家，比 2003 年翻了一番。2007 年出台的《国务院关于加快发展服务业的若干意见》提出要发展人才服务业，鼓励各类就业服务机构发展，中国积极融入全球人力资源外包市场网络，推动中国人力资源外包产业的发展。当年，中国人力资源外包总收入达到 600 亿至 800 亿元，占全球人力资源服务市场营业收入的 10% 左右。其中，上海人力资源外包收入超过 200 亿元，北京人力资源外包收入超过 120 亿元，广州和深圳人力资源外包收入分别达到 50 亿元和 40 亿元。①

中国颁布的《国家中长期人才发展规划纲要（2010—2020）》提出在大力发展人才服务业的良好政策环境下，以及国家"十二五"规划中明确提出要健全统一规范灵活的人力资源市场，国家发改委发布《产业结构调整指导目录》，将"人力资源管理咨询、人力资源服务外包"等列为政策引导的投资项目，中国人力资源服务业进入快速发展的重要时期，同时推动中国人力资源服务市场上外资企业的迅速发展。入世十年后，全球人力资源服务机构中的

---

① 邓婷. 从基础到专业，我们还要走多远——中国人力资源基础服务产业回顾与展望. HR 经理人，2009（11）.

三大著名集团——德科、万宝盛华和任仕达，以及全球排名前十位的人力资源企业如光辉国际、海德思哲等都已经进入中国内地市场，500家大型国际人力资源服务机构中已有492家在上海落户。①

7.2.2.5　入世后中国知识产权服务业等商务服务业的开放

加入世界贸易组织后，中国商务服务业的开放进一步在商标代理等知识产权服务领域展开。自2005年1月1日起，国家允许香港、澳门服务提供者在内地以合资、合作、独资的形式，在企业设立所在地的省级工商行政管理机关登记设立有限责任公司后，可在中国内地从事商标代理服务。2008年末，在中国的3 506家知识产权服务业法人单位中，中国港澳台商投资和外商投资单位分别为17家和25家，从业人员分别为237人和1 142人，拥有资产总计分别达到9 518.4万元和60 111.3万元，全年营业收入分别为13 502.8万元和75 255.6万元。②

同时，到2009年《CEPA补充协议六》签署完毕，中国服务业开放的内容不断增加，行业数目也在不断增长，其中商务服务业由原来的6个扩展到职业介绍、市场调研服务、与管理咨询相关的服务等13个，进一步推动了中国商务服务业开放的进程。

7.3　中国商务服务业开放度的测度

根据知识密集型服务业开放度测度的基本理论，我们构建了中国商务服务业开放度测度的层次结构图。目标层是中国商务服务业开放度，二级目标是商务服务业所包含的四大种类，即法律服务、会计服务、广告服务和人力资源服务。按照四种服务提供的具体模式，设立三级目标即法律服务、会计服务、广告服务和人力资源服务所对应的跨境支付、境外消费、商业存在、自然人流动四种模式。对这四种服务提供模式的开放通过市场准入和国民待遇限制的逐渐取消而实现，因而法律服务、会计服务、广告服务和人力资源服务项下对应的四种服务提供模式的市场准入和国民待遇的开放度构成了中国商务服务业开放度测度的末级指标。

根据《服务贸易总协定》关于服务贸易方式的解释，法律服务贸易的提供方式包括：境外提供，主要指通过电讯、互联网等方式提供的服务，不涉及外国律师事务所和律师进入国境的问题；境外消费，主要指当事人在境外获得的法律服务；商业存在，主要指外国律师事务所进入一国境内设立相关机构，向国内当事人提供相关法律服务；自然人流动，主要指外国律师进入

---

① 陈玉萍. 人力资源服务市场上外资企业的迅速发展. 当代世界社会主义问题, 2012 (4).
② 规划. 我国知识产权服务业发展情况分析与政策建议. 中国发明与专利, 2011 (9).

他国为该国当事人提供法律服务。在法律服务业的开放进程中，商业存在作为最重要的一种服务提供方式，也是构成市场准入限制和国民待遇限制的主要内容。其次是自然人流动，而各国对于境外提供和境外消费一般不作限制，中国在法律服务开放中同样也是如此。

在四种法律服务提供方式的规定下，法律服务业的市场准入限制主要体现在以下几个方面：第一，对于外国法律服务者国籍的限制；第二，对于外国法律服务人员流动的限制；第三，对于外国法律服务机构进入本国设立法定组织形式的限制；第四，对于在本国设立的外国法律服务机构中外方股份的规定。对法律服务业的国民待遇限制主要体现在：第一，关于在本国设立的外国法律服务机构业务范围的限制；第二，关于在本国设立的外国法律服务机构与本国执业律师合作关系的限制，即外国律师是否能够直接成为本国律师事务所的律师或者合伙人；第三，关于在本国设立的外国法律服务机构是否能够雇佣本国律师的限制；第四，关于在本国设立的外国法律服务机构居所的限制，比如是否要求有永久性居所，对先前居所或住所是否有要求等。

加入世界贸易组织之前，中国法律服务市场开放的主要依据是《关于外国律师事务所在中国境内设立办事处的暂行规定》的相关规定。该暂行规定主要针对法律服务业中以商业存在形式提供的服务，自然人流动模式下的法律服务开放与此相适应。在市场准入方面，该暂行规定不允许外国律师事务所在中国境内设立办事处并从事业务活动，不得规避法律，以咨询公司、商务公司或其他名义从事法律服务活动，不允许外国律师直接在中国境内设立律师事务所或与中国律师联合在中国境内开放律师事务所，但可以以代表处的形式在北京、上海、广州等 19 个城市提供法律服务，从事营利性活动。一家外国律师事务所只能设立一个驻华代表处，期限一般为五年，经批准后可以延长。同时，暂时规定在市场准入方面实行互惠原则，如果外国律师事务所所在国允许中国律师事务所在其境内设立办事机构，则该外国律师事务所可根据《暂行规定》在中国境内设立办事处。在国民待遇方面，该暂行规定限制外国律师事务所驻华代表处的外国律师身份只能是外国律师，外国律师不能以个人身份在中国从事法律服务。外国律师事务所驻华代表处不得聘用中国律师。在业务范围上，外国律师事务所驻华代表处面临着不能作为中国当事人的诉讼代理人在法庭出席，代理中国法律事务，不得向当事人解释中国法律等限制。可从事的业务范围主要集中在三大类，即提供外国律师事务所所在国的法律和有关国际条约、国际商事法律以及国际惯例的咨询；接受当事人的委托办理外国律师事务所所在国的法律事务；代理外国当事人委托中国律师事务所办理中国境内的法律事务。

根据中国加入世界贸易组织的承诺，对于法律服务业的市场准入，中国承诺外国律师事务所可在北京、上海、广州等 19 个城市设立外国律师服务机构，该地域限制在中国入世一年后被取消，并在中国入世一年后取消外国律师事务所驻华代表处的数量限制。《外国律师事务所驻华代表机构管理条例2002》颁布和 CEPA 签订后，在中国内地设立代表机构的香港律师事务所被允许与内地律师事务所联营，但联营不得以合伙形式运作，联营组织中的香港律师不得办理内地法律事务。在国民待遇方面，规定外国律师事务所驻华代表处的所有代表在华居留时间不少于 6 个月。外国律师可从事的业务范围除上述的三大类以外，扩展到可订立合同以保持与中国律师事务所有关法律事务的长期委托关系，可提供有关中国法律环境影响的信息。根据 CEPA 在法律服务业方面的规定，香港律师事务所在深圳、广州设立代表处的代表无最少居留时间要求，驻内地代表处的代表每年在内地最少居留时间为 2 个月。允许香港永久性居民中的中国公民参加内地统一司法考试，取得内地法律职业资格，在内地律师事务所从事非诉讼法律事务。

入世五年后，中国在法律服务业开放上进一步向国民待遇推进，对包括香港律师事务所驻内地代表机构的代表在内的居留时间限制取消，为港澳事务所进入中国内地市场提供了便利。

在广告行业，中国的《广告法》、《广告管理条例》、《广告经营者、广告发布者资质标准》、《关于设立外商投资广告企业的若干规定》、《指导外商投资方向暂行规定》、《外商投资广告企业管理规定》、《外商投资产业目录》等对外国广告服务机构准入进行了相关限制。外资可以进入中国的广告行业，但不能控股，在以合资形式设立的广告企业中，外资不超过 49%。到 2002 年1 月 1 日允许外资控股。2004 年 12 月 31 日后，外国企业可以在中国设立外资独资广告公司。外资广告企业进入中国广告业面临的技术准入门槛是：合资双方必须是以广告为主业的企业；投资总额（注册资金）不低于 30 万美元；能够引进国际先进的广告制作技术和设备；具有市场调查、广告策划和广告效果测定等能力，能够在广告策划、创意、设计、制作和经营管理等方面培训中国的广告从业人员。外资广告企业进入中国市场后基本享受国民待遇。在自然人流动方面，中国没作特别承诺，只要遵守自然人入境和居留的规定条件，外国人即可到中国从事广告职业。

中国在会计行业的开放程度较高。加入世界贸易组织之前，财政部颁布了关于《外国会计师事务所在中国境内临时执行审计业务的暂行规定》的补充规定的通知，外国会计师事务所可以以开办成员所、合作所，成立代表处，申请临时执业许可证等形式进入中国内地市场，为国内外客户提供审计、资信证明、税务咨询、国内外投资咨询和资产评估服务。加入世界贸易组织后，中国通过废止《关于使用新版临时执行审计业务许可证书的通知》、

《〈港、澳、台地区会计师事务所来内地临时执行审计业务的暂行规定〉的补充规定》等相关政策法律，配合入世承诺，取消了市场准入方面的限制，全面允许外国注册会计师进入中国境内开办会计师事务所，并承接相关业务。国际会计师事务所甚至享受"超国民待遇"，中国国内有关企业的审计等业务被有关政府部门指定由国际会计师事务所完成。

加入世界贸易组织后，中国专门出台了《外籍中国注册会计师注册审批暂行办法》。允许外籍人士报考中国注册会计师资格考试，并允许通过考试的外籍人士加入中国注册会计师协会成为非执业会员，符合规定条件的外籍人士可成为中国注册会计师。中外合作会计师事务所可聘请外籍注册会计师或聘请中国注册会计师为雇员。2011 年，中国颁布了《境外会计师事务所在中国内地临时执行审计业务暂行规定》，推动了会计服务业的进一步开放。

在人才服务行业，中国在入世前颁布实施了《人才市场管理规定》，依据此规定，开展人才中介或者相关业务的外国公司、企业和其他经济组织在中国境内从事人才中介服务活动，必须与中国的人才中介服务机构合资经营。设立中外合资人才中介机构应当符合国家中外合资企业法律法规的规定，由拟设机构所在地的省级政府人事行政部门审批，并报人事部备案同意后，颁发许可证，同时按有关规定办理其他手续。入世后，中国对《人事部、国家工商行政管理总局关于修改人才市场管理规定的决定》进行了修正，明确规定开展人才中介服务的外国公司、企业和其他经济组织在中国境内从事人才中介服务活动，必须与中国开展人才中介服务的公司、企业和其他经济组织合资经营，设立专门的人才中介机构，不得设立外商独资人才中介机构，且中方合资者的出资比例不得低于51%。2006 年，中国国家人事部在上海浦东新区开展中外合资人才中介机构试点改革，规定今后在浦东新区成立中外合资人才中介机构，外方合资者可以控股，但拥有的股份比例最多不超过70%，其他条件仍按《中外合资人才中介机构管理暂行规定》执行。2008 年，中国颁布了关于《中外合资人才中介机构管理暂行规定》的补充规定，对香港服务提供者和澳门服务提供者在内地设立合资人才中介机构，取消股权比例限制条件，允许香港服务提供者和澳门服务提供者在内地设立独资人才中介机构。

按照中国加入世界贸易组织前、加入世界贸易组织五年以及加入世界贸易组织十年所颁布的对法律服务、会计服务、广告服务和人力资源服务市场准入和国民待遇限制的相关政策及规定，对商务服务业包含的四大种类服务业即法律服务、会计服务、广告服务和人力资源服务对应的四种提供模式下，市场准入和国民待遇的开放程度进行赋值（见表 7 - 4）。

表7-4 商务服务业市场准入和国民待遇开放度赋值

		入世前		入世五年		入世十年	
		市场准入（赋值）	国民待遇（赋值）	市场准入（赋值）	国民待遇（赋值）	市场准入（赋值）	国民待遇（赋值）
法律服务	跨境支付	0.2	0.2	0.4	0.4	0.4	0.6
	境外消费	0.2	0.2	0.4	0.4	0.4	0.6
	商业存在	0.2	0.2	0.4	0.4	0.4	0.6
	自然人流动	0.33	0.33	0.67	0.67	0.67	0.67
会计服务	跨境支付	0.4	0.4	0.6	0.6	0.8	0.8
	境外消费	0.4	0.4	0.6	0.6	0.8	0.8
	商业存在	0.4	0.4	0.6	0.6	0.8	0.8
	自然人流动	0.33	0.33	0.67	0.67	0.67	0.67
广告服务	跨境支付	0.4	0.4	0.8	0.6	0.8	0.8
	境外消费	0.4	0.4	0.8	0.6	0.8	0.8
	商业存在	0.4	0.4	0.8	0.6	0.8	0.8
	自然人流动	0.33	0.33	0.67	0.67	0.67	0.67
人力资源服务	跨境支付	0.2	0.4	0.4	0.4	0.6	0.6
	境外消费	0.2	0.4	0.4	0.4	0.6	0.6
	商业存在	0.2	0.4	0.4	0.4	0.6	0.6
	自然人流动	0.33	0.33	0.67	0.67	0.67	0.67

按照徐泽水的10/10-18/2标度法，对法律服务业、会计服务业、广告服务业和人力资源服务业对应的四种提供模式，即跨境支付、境外消费、商业存在和自然人流动按其重要程度进行赋值，得到判断矩阵，并进行归一化处理以及一致性检验。

表7-5 法律服务业的判断矩阵

	跨境支付	境外消费	商业存在	自然人流动
跨境支付	1	14/6	6/14	14/6
境外消费	6/14	1	4/16	8/12
商业存在	14/6	16/4	1	16/4
自然人流动	6/14	12/8	4/16	1

最大特征值 $\lambda_{max} = 3.349$，特征向量 $W = (0.265\ 5, 0.102\ 2, 0.493\ 8, 0.138\ 5)^T$

$CR = -0.241\ 2 < 0.1$，满足一致性检验。

表7-6 会计服务业的判断矩阵

	跨境支付	境外消费	商业存在	自然人流动
跨境支付	1	14/6	6/14	12/8
境外消费	6/14	1	4/16	8/12
商业存在	14/6	16/4	1	16/4
自然人流动	8/12	12/8	4/16	1

最大特征值 $\lambda_{max} = 4.020\ 1$，特征向量 $W = (0.235\ 4, 0.104\ 9, 0.506\ 9, 0.152\ 8)^T$

$CR = 0.007\ 5 < 0.1$，满足一致性检验。

表7-7 广告服务业的判断矩阵

	跨境支付	境外消费	商业存在	自然人流动
跨境支付	1	14/6	6/14	14/6
境外消费	6/14	1	4/16	6/14
商业存在	14/6	16/4	1	16/4
自然人流动	6/14	14/6	4/16	1

最大特征值 $\lambda_{max} = 4.134\ 3$，特征向量 $W = (0.258\ 8, 0.089\ 5, 0.481\ 3, 0.170\ 4)^T$

$CR = 0.007\ 5 < 0.1$，满足一致性检验。

表7-8 人力资源服务业的判断矩阵

	跨境支付	境外消费	商业存在	自然人流动
跨境支付	1	14/6	6/14	12/8
境外消费	6/14	1	4/16	8/12
商业存在	14/6	16/4	1	16/4
自然人流动	8/12	12/8	4/16	1

最大特征值 $\lambda_{max} = 4.020\ 1$，特征向量 $W = (0.235\ 4,\ 0.104\ 9,\ 0.506\ 9,\ 0.152\ 8)^T$

$CR = 0.007\ 5 < 0.1$，满足一致性检验。

基于以上分析，得到商务服务业项下四大种类服务业对应的四种服务提供模式权重的赋值结果（见表7-9）。

表7-9 商务服务业项下四大种类服务业对应的四种服务提供模式权重赋值

	跨境支付	境外消费	商业存在	自然人流动
法律服务	0.27	0.1	0.49	0.14
会计服务	0.24	0.1	0.51	0.15
广告服务	0.26	0.09	0.48	0.17
人力资源服务	0.24	0.1	0.51	0.15

基于入世前、入世五年以及入世十年法律服务业、会计服务业、广告服务业和人力资源服务业的就业人数和在行业中所占比重等综合指标，对商务服务业中法律服务业、会计服务业、广告服务业和人力资源服务业四大种类的权重进行赋值（见表7-10）。

表7-10 商务服务业项下四大种类服务业权重赋值

	入世前	入世五年	入世十年
法律服务	0.1	0.05	0.05
会计服务	0.41	0.35	0.35
广告服务	0.25	0.22	0.22
人力资源服务	0.24	0.38	0.38

根据知识密集型服务业开放度的计算公式：

服务业 A 开放度

$$= \sum \left\{ \text{服务业 } A \text{ 门类 } A_i \text{ 的权重} \times \left[\sum \text{服务模式 } M_j \text{ 的权重} \times \frac{\text{市场准入} + \text{国民待遇}}{2} \right] \right\}$$

得到商务服务业中四大种类即法律服务业、会计服务业、广告服务业和人力资源服务业以及商务服务业整体在入世前、入世五年以及入世十年三个时段的开放度测度结果（见表7-11）。

表7-11 商务服务业开放度测度

	入世前	入世五年	入世十年
法律服务业	0.22	0.44	0.52
会计服务业	0.39	0.61	0.78
广告服务业	0.39	0.7	0.78
人力资源服务业	0.3	0.44	0.61
商务服务业整体	0.35	0.55	0.7

测度结果显示：商务服务业项下法律服务业和人力资源服务业在入世前的开放程度都不高，对其开放度测度的结果分别为0.22和0.3。相比较而言，商务服务项下会计服务业和广告服务业的开放程度略高一些，达到0.39。中国加入世界贸易组织后，商务服务业进一步开放的措施也集中体现在会计服务业和广告服务业中，促进了商务服务业整体开放度从入世前的0.35提高到入世五年后的0.55，并在入世十年进一步提高到0.7。

第8章

全球产业转移下中国金融服务业的开放

8.1 金融服务业及金融服务业开放的定义

依据《服务贸易总协定》的相关内容，金融服务是指成员国的金融服务提供者所提供的关于银行、保险、证券以及其他金融服务，因而金融服务实质上涵盖的是金融服务产业，并通过跨境支付、境外消费、商业存在和自然人存在这四种服务提供模式来具体实现服务的转移。

国内外学者对金融开放进行了广泛的研究并取得了丰富的研究成果，金融开放研究也是目前对服务贸易开放和服务产业开放研究最深入的领域。金融开放是指一个国家（或地区）的金融活动跨出国界，其金融机构、金融市场分别与外资金融机构、国际金融市场整合的过程（胡智、文启湘，2002；钱小安，2002）。金融开放包含两个方面的含义：一是"请进来"，即外国金融机构进入本国金融市场；二是"走出去"，即本国金融机构进入国外金融市场。具体包括金融机构的开放、金融业务范围的开放、金融市场的开放、资本账户开放等内容，诸如股票市场的开放、资本账户开放、银行改革、私有化、资本流动、外国间接投资等都属于其中具体的内容（Bekaert & Harvey，1995；Kaminsky & Schmukler，2002）。从开放的状态来看，金融开放包括静态开放和动态开放两方面的内涵。从静态来看，金融对外开放是指在某一时点放松或取消金融对外开放参与者的市场准入、具体经营和服务项目及其具体途径和方式的管制，使境外金融机构能够进入东道国或地区金融市场来从事金融服务业务；从动态来看，金融对外开放是指放松或取消国际金融管制，在境内实现金融要素之间的跨国流动的过程（姜波克，1999；张金清等，2007）。金融开放的实质和关键因素在于放松金融管制，即一国或地区放松或取消金融对外开放参与者的市场准入、放松或取消金融对外开放具体经营和服务项目的管制，以及放松或取消金融对外开放经营和服务项目的途径和方式（贾俐贞，2005；张金清、赵伟、刘庆富，2008）。

本研究将着眼于金融行业的市场准入和国民待遇两方面管制的放松，从跨境支付、境外消费、商业存在和自然人流动这四种具体的服务提供模式进行分析，针对金融服务行业中的三大主要行业，即银行业、保险业和证券业的开放加以分析，主要研究中国金融行业的对外开放，即外国金融机构进入中国内地金融市场的状况，分为中国加入世界贸易组织前、加入世界贸易组织五年后以及加入世界贸易组织十年后三个阶段并对其开放度加以测度。

8.2　入世前中国金融服务业的开放

8.2.1　入世前中国银行业的开放

中国银行业的开放从 20 世纪 70 年代末允许外资银行业在华设立代表处开始，日本输出入银行于 1979 年被批准在北京设立第一家外资银行代表处。此后，南洋商业银行于 1982 年获批准在深圳设立分行。中国银行业开放刚起步，就吸引了来自美国、欧洲、日本等多个国家和地区的银行，美洲银行、大通银行、英国巴克莱银行、法国巴黎国民银行、芝加哥第一国民银行、日本三和银行都纷纷在北京设立了 31 家代表处。[①] 中国允许外资银行设立营业性机构的地域从经济特区深圳扩大到上海、大连、天津、青岛、南京、宁波、福州、广州等沿海城市。此后，中国进一步将开放的地域范围扩大到包括北京、天津和海南省等的 23 个中心城市。1999 年，外资银行在中国设立营业性分支机构的地域限制被完全取消。

在业务范围的对外开放上，1996 年前，外国金融机构只被允许经营针对外资企业、外国居民的外汇业务，从 1996 年开始，上海浦东外资金融机构首先被允许试点经营人民币业务。随后，在 1998 年，外资银行被允许在深圳经济特区试点经营人民币业务，业务范围包括人民币存贷款、结算、担保、国债以及金融债券投资。同年，在上海浦东经营人民币业务的八家外资银行被批准进入全国银行间同业拆借市场。次年，外资银行可经营人民币业务的地域范围扩大到包括其所在地临近的省（区）客户，这意味着在上海的外资银行可将人民币业务扩展至江苏和浙江两省，在深圳的外资银行可将人民币业务扩展至广东、广西和湖南。

除了设立代表处和营业性机构外，外资银行还通过入股中国内地银行的方式进入中国内地市场。1996 年，中国光大银行率先引入亚洲开发银行 1 900万美元资金入股，亚洲开发银行的持股比例为 2.7%。上海银行于 1999 年引入国际金融公司（IFC）3.91 亿元资金入股，国际金融公司的持股比例为7%，还于 2001 年引入香港汇丰银行和香港上海商业银行 5.18 亿元和 2 360万美元资金入股，香港汇丰银行和香港上海商业银行的持股比例分别为 8% 和3%。2001 年，南京商业银行引入国际金融公司 2 700 万美元资金入股，国际金融公司的持股比例为 15%。

---

① 乔生. GATS 与中国服务贸易的适度开放及立法完善. 现代法学，2002（9）.

在这一时期，中国人民银行和国务院分别于 1983 年和 1985 年公布了《关于侨资、外资金融机构在中国设立常驻代表机构的管理办法》、《中华人民共和国经济特区外资银行、中外合资银行管理条例》。1990 年，经国务院批准，中国人民银行颁布了《上海外资金融机构、中外合资金融机构管理办法》，1994 年至 1996 年间，又先后颁布和实施了《中华人民共和国外资金融机构管理条例》、《外国金融机构驻华代表机构管理办法》、《中外合资投资银行类机构管理办法》、《上海浦东外资金融机构经营人民币业务试点暂行管理办法》。这些法律法规构成了中国对外资银行的监管法规体系，规定了外资银行在华经营的市场准入条件和监管标准。这些规范性的指导文件推动了中国银行业开放稳步地从局部开放扩展至全国范围内的开放，从对外币业务开放推进到人民币业务开放，从对非居民业务的开放扩大到对本国居民业务的开放。

在中国加入世界贸易组织前，中国银行业的开放已经有二十余年，在不断开放的过程中，进入中国内地的外资金融机构数量不断增加。中国市场上外资银行营业性机构从 1993 年的 76 家增加到 1996 年的 158 家，到 2001 年底达到 190 家（见图 8－1），其中来自亚洲的外资银行数量接近一半，占总数的 48.2%，[①] 并且较为集中地分布在上海、深圳、北京、广州等大城市。

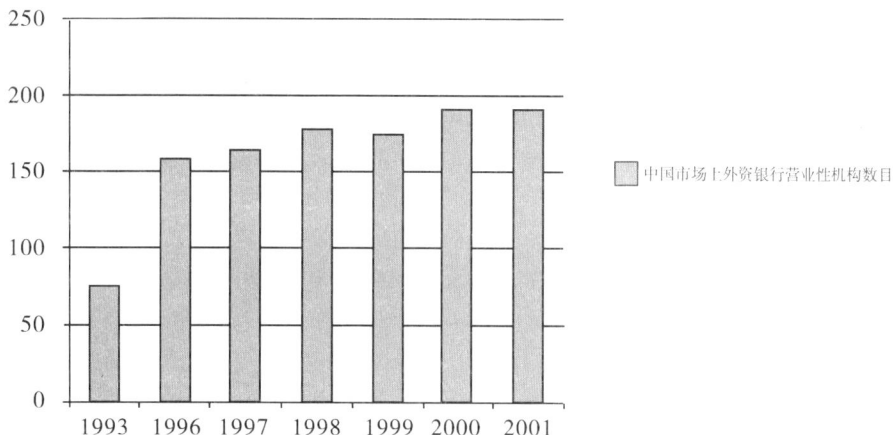

图 8－1　中国市场上外资银行营业性机构数目（单位：家）

资料来源：付军燕. 外资银行在中国的发展对中国银行业效率的影响分析. 山东大学硕士学位论文，2012.

----

① 米建国，李扬，黄金老. 中国银行业服务市场开放面临的挑战. 国务院发展研究中心调查研究报告，2001.

随着外资银行在中国内地业务范围的不断扩大，以及在外汇贷款和国际结算业务等业务领域市场份额所占比重的增加，外资金融机构已成为中国金融体系的重要组成部分。自中国银行业对外开放以来，进入中国内地的外资银行资产总额随着其数量的增加而不断增长，市场增速达到 40% ~ 60%。1991 年，外资银行在中国内地的资产总额为 42.9 亿美元，1996 年增长到 299.2 亿美元，到 2000 年进一步增长到 346 亿美元，是 1993 年的 8 倍多，外资银行资产在中国金融机构资产总额中的所占比重约为 3%（见图 8 - 2）。

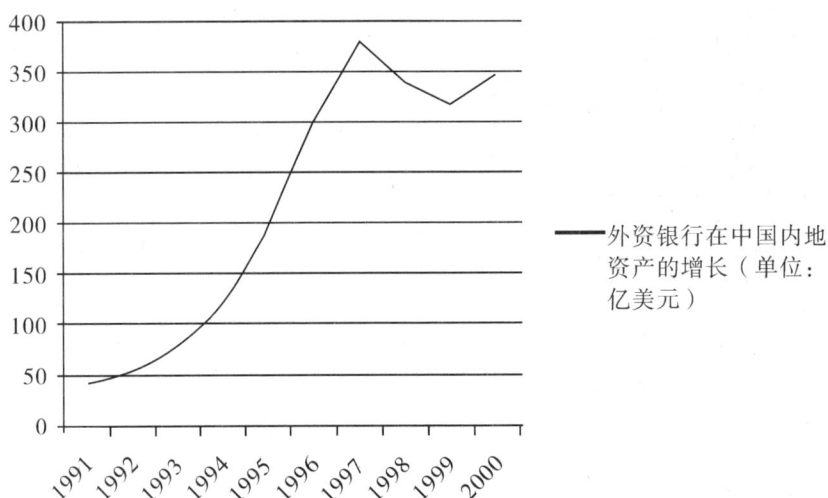

图 8 - 2　外资银行在中国内地资产的增长（单位：亿美元）

资料来源：Robert E. Litan, Paul Masson, Michael Pomerleano, *Open Doors*: *Foreign Participation in Financial Systems in Developing Countries*. Washington DC：The Brookings Institution, 2001.

同时，中国内地的银行机构也积极走出去拓展国外市场。1979 年，中国银行首先在卢森堡设立分行，成为中国银行业在境外设立的第一家营业机构。此后，中国工商银行、中国农业银行、中国建设银行、中国交通银行等大型银行陆续在巴黎、法兰克福、悉尼、东京、新加坡、中国香港等地设立分行（唐双宁，2011）。截至 1996 年底，中国金融机构的境外分支机构已经达到 658 个，其中，营业性机构 630 个，代表机构 28 个，境外资产规模逐年扩大。①

---

① 赵智. 金融开放下的中国金融安全. 四川大学博士学位论文，2006.

8.2.2 入世前中国保险业的开放

20 世纪 80 年代，外国保险公司被允许在华设立代表处，从而开始了中国保险业的开放历程。这一时期先后有来自美国、英国和日本等国的 16 家保险公司在中国设立了代表处或是联络机构，进入中国市场。

进入 20 世纪 90 年代，上海、广州两个城市被批准成为保险市场开放的试点城市，同时《上海外资保险机构暂行管理办法》颁布，成为对外资保险公司监管的主要指导性文件，《中华人民共和国保险法》中的很多条文也涉及外资保险公司。此后，保监会还颁布了《外资保险机构驻华代表机构管理办法》。在中国加入世界贸易组织前夕，《中华人民共和国外资保险公司管理条例》于 2001 年 5 月颁布。根据相关的法律法规和文件，外资保险公司进入中国内地市场的准入条件包括：最少具有三年以上的连续经营历史；在中国设立代表处两年以上；在递交申请的前一年，该公司的总资产不少于 50 亿美元。

继美国友邦保险公司于 1992 年获准在上海开设分公司，成为中国内地第一家外资保险公司以来，第一家外资保险经纪人公司——英国塞奇维克保险与风险管理咨询（中国）有限公司于 1993 年在北京开业。1996 年，第一家在中国保险市场上经营财产险的外资保险公司——瑞士丰泰在上海开业。同年，中国第一家中外合资人寿保险公司——中宏人寿由加拿大宏利保险公司与中国石化总公司合资在上海成立。此后，法国安盛、德国安联、美国安泰、日本东京海上、香港民安等外资保险公司与中国内地保险公司合资成立保险公司，到 1996 年底，已有 6 家外资保险公司在中国上海、广州、深圳、海口等地设立了 7 家分公司和 1 家合资公司。[1] 中国正式加入世界贸易组织前，中国内地保险市场上共有外资保险公司 29 家，其中合资保险公司 16 家，来自 17 个国家和地区的保险机构在华设立了代表处 196 个。外资保险公司的保费收入由 1992 年的 29.5 万元猛增至 1999 年的 18.2 亿元，2001 年进一步增长到 32.84 亿元。[2] 在保险业市场开放较早的上海和北京等地，外资保险市场所占份额已经超过 10%，比如上海的外资保险公司占上海保险市场 17.9% 的份额，北京的外资保险公司占北京保险市场 16.3% 的市场份额，广东和深圳的外资保险公司则分别占当地保险市场 8.2% 和 7.9% 的份额。[3]

中国对保险市场的开放持较谨慎的态度，自 20 世纪 90 年代首家外资保险公司在中国内地营业以来，每年仅一至两家外资保险公司获批在中国内地设立营业性机构，并且在营业范围、合资伙伴的选择和股权比例等方面对外

---

① 姚文平. 服务贸易自由化与我国保险市场的开放. 上海金融学报，1998（4）.
② 孙蓉. 改革开放三十年 中国保险业的变迁与发展. 保险研究，2008（12）.
③ 郝演苏.“入世”十年 中国保险市场评析. 解放日报，2011 – 06 – 08.

资保险公司设置了相应的限制。20世纪90年代末，中国保险市场对外开放的力度加大，在美国恒康相互人寿保险公司、英国保诚保险有限公司和加拿大永明人寿保险公司获批设立合资寿险公司时已无设立机构具体地点的规定。随着越来越多的外资保险公司进入中国内地市场，中国保险市场主体的多元化格局形成，即以国有商业保险公司为主体，中外保险公司共同竞争，但外资保险公司所占市场份额仍较小。2001年，外资保险公司在中国保险市场上所占份额仅为1.55%。[①]

与此同时，中国人民保险公司、中国平安保险公司和中国太平洋保险公司等保险机构也纷纷在海外市场上设立分支机构。中国人民保险公司在中国香港、中国澳门、新加坡、日本、美国、德国、英国等国家和地区设立分支代理机构，并在东南亚、欧洲和北美洲设立区域性保险集团公司。中国平安保险公司在中国香港、新加坡、美国、英国伦敦等地经营保险业务，中国保险经营机构还通过再保险方式对其他国家和地区的客户提供保险服务，并与世界上众多的保险和再保险公司建立起稳定的业务联系。

8.2.3　入世前中国证券业的开放

中国证券业的开放起步较晚，开放的程度也相应有限，主要的开放内容集中于中外合资证券公司的建立。在加入世界贸易组织前，中国成立了两家中外合资证券公司，分别是由美国摩根士丹利国际公司、香港名力集团和中国建设银行等合资成立的中国国际金融有限公司，以及由中银国际控股有限公司联合中国境内五家大型企业如国家开发投资公司上海国有资产经营有限公司等共同投资设立的中银国际证券有限责任公司。

此外，1992年，中国证券市场上B股市场建立，最初在上海和深圳两地试点，然后将B股的预选扩展到全国的上市公司，这些举措推动了中国证券投资的开放。

这一时期，对中国证券业开放起指导作用的法律法规有国务院颁布的《中华人民共和国外资金融机构管理条例》和中国人民银行印发的《中外合资投资银行类机构管理暂行办法》，以及中国加入世界贸易组织前由中国证监会发布的《中外合营证券公司审批规则》（征求意见稿）。

8.3　入世后十年中国金融服务业的开放

8.3.1　入世后十年中国银行业的开放

中国在2001年底加入世界贸易组织时，对银行业进一步的开放作出了具体承诺（见图8-3）。

第一，地域上的开放。

---

① 何浩. 外资进入对中国保险市场结构的影响及其监管. 天津大学博士学位论文，2008.

中国在加入世界贸易组织时，开放所有城市的外币业务，开放深圳、上海、大连和天津的本币业务；加入世界贸易组织一年内，开放广州、青岛、南京和武汉的本币业务；加入世界贸易组织两年内，开放济南、福州、成都和重庆的本币业务；加入世界贸易组织三年内，开放昆明、珠海、北京、厦门的本币业务；加入世界贸易组织四年内，开放汕头、宁波、沈阳、西安的本币业务；加入世界贸易组织五年内，全面取消人民币业务的地域限制。

在实际履行入世承诺的过程中，珠海提前两年于2002年向外资银行开放人民币业务，西安、沈阳提前一年于2004年向外资银行开放人民币业务。2005年，又提前开放哈尔滨、长春、兰州、银川和南宁的人民币业务，由此，中国加入世界贸易组织四年后向外资银行开放人民币业务的城市增加至25个。

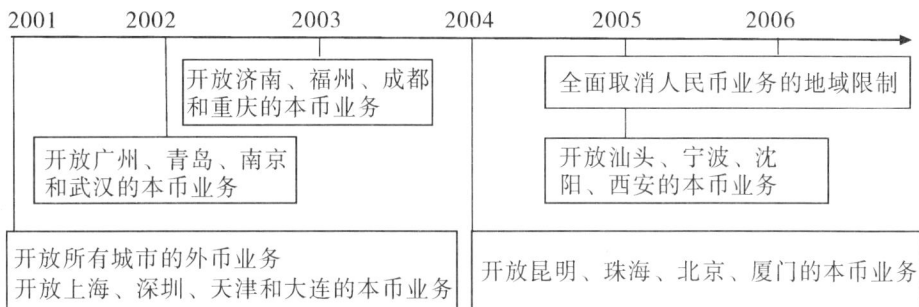

图8-3　中国城市向外资银行开放人民币业务的时间表

资料来源：根据中国银监会《中国银行业对外开放报告》（2007）调整而来。

第二，业务上的开放。

中国加入世界贸易组织时，开放外资银行在所有城市的外币业务；加入世界贸易组织五年后，允许外资银行对所有客户提供人民币业务。

第三，加入世界贸易组织五年内，取消现存的对外资银行在华经营的非审慎性限制，包括外资银行所有权、经营和设立形式，对分支机构和许可证发放的限制等。

为履行入世承诺，切实推动中国银行业的开放，中国在加入世界贸易组织后，修改并颁布了一系列的法律法规（见表8-1），以此规范对外资银行的管理和监督。

2002年，中国修订《外资金融机构管理条例》时，将外资金融机构从中国境内吸收存款不得超过总资产的比例从1994年的40%增加至70%。2004年，再次修订的《外资金融机构管理条例实施细则》对外资银行准入条件和程序作了许多修改，取消了外资银行增设分行的时间间隔要求，取消了设立外资金融机构的申请被拒绝后再次提出申请必须间隔一年的条款，将外国银行分行经营对中资企业人民币业务、对中国居民个人人民币业务的最低营运资金要求分别由原来的 4 亿元和 6 亿元调减至 3 亿元和 5 亿元。《境外金融机构投资入股中资金融机构管理办法》对境外投资者的资产规模、资本充足性、盈利持续性等方面进行了资格限制。作为监管外资银行主要规定的《中华人民共和国外资银行管理条例》和《外资银行管理条例实施细则》，在中国加入世界贸易组织后屡经修订，使外资银行的准入与监管标准与中资银行保持一致，保证了中国加入世界贸易组织时对银行业开放承诺的实施。

表 8 - 1　加入世界贸易组织后中国银行业开放的法律法规

年份	名称
2002	《中华人民共和国外资金融机构管理条例》（1994 年制定，2002 年修订）
	《中华人民共和国外资金融机构管理条例实施细则》（1994 年制定，2002 年修订）
	中国人民银行关于《中华人民共和国外资金融机构管理条例实施细则》颁布后外资金融机构市场准入问题的通知
	《外国金融机构驻华代表机构管理办法》（第二版）
2003	《境外金融机构投资入股中资金融机构管理办法》
	《中国银行业监督管理委员会关于调整银行市场准入管理方式和程序的决定》
	《外资银行并表监管管理办法》
2004	《中华人民共和国外资金融机构管理条例实施细则》（1994 年制定，2002 年修订，2004 年再修订）
2006	《中华人民共和国外资银行管理条例》（1994 年制定，2002 年修订，2006 年再次修订《外资金融机构管理条例》并更名为《外资银行管理条例》，颁布《实施细则》）
	《中国银行业监督管理委员会外资金融机构行政许可事项实施办法》

资料来源：作者整理得来。

中国加入世界贸易组织后，对外资银行准入门槛放低，外资银行在中国市场上享受国民待遇，这一举措吸引了外资银行争相进入中国市场。外资银行在中国内地的营业性机构从 2002 年的 181 家增加到 2006 年的 312 家，年均增长 60 家左右。中国加入世界贸易组织五年后，中国银行业完全开放，外资银行在中国内地的营业性机构的增长速度更是达到每年增加 100 家以上，到 2008 年已经达到 558 家。外资银行在中国内地的营业性机构的资产总额从

2000 年的 3 389 亿元增加到 2006 年的 9 279 亿元，2010 年进一步增加到 17 423 亿元（见表 8 - 2）。到 2010 年底，共有来自 45 个国家和地区的 185 家外国银行在中国内地设立了 216 家代表处。来自 14 个国家和地区的外国银行在中国内地设立了 37 家外商独资银行，下设分行 223 家；2 家合资银行，下设分行 6 家，附属机构 1 家；外商独资财务公司 1 家；另有来自 25 个国家和地区的 74 家外国银行在华设立了 90 家分行。[①]

表 8 - 2 中国内地的外资银行的基本情况

年份	2002	2003	2004	2005	2006	2007	2008	2010
外资银行在华营业性机构数目	181	192	211	254	312	440	558	360
外资银行在华营业性机构总资产（亿元）	3 389	3 969	5 823	7 155	9 279	12 525	13 448	17 423
外资银行在华资产总额占中国内地金融机构资产总额的比重（%）	1.9	1.5	1.84	1.91	2.11	2.38	2.16	1.83

资料来源：中国银监会历年年报。

进入中国内地市场的外资银行一半左右来自亚洲国家，其次为来自欧洲和北美洲国家。外资银行在中国境内主要分布在长江三角洲的上海、苏州、杭州、南京，珠江三角洲的深圳、广州，以及北京、天津、大连等京津唐地区。在中国履行入世承诺过程中实施的鼓励外资银行向中国东北和中西部地区发展的开放措施推动下，外资银行设立分行的地区延伸至长沙、南昌、昆明、重庆、沈阳、西安、乌鲁木齐等城市。到 2010 年底，外资银行机构网点遍及中国内地的 27 个省的 45 个城市。[②]

中国在自主开放银行业的过程中，还采取允许境外战略投资者入股中资银行的措施，推动外国大型银行金融集团通过入股中资银行的方式进入中国金融市场。2001 年底，中国放开了外资银行入股中资机构的限制，规定外资银行入股中资机构须个案报批，单家机构投资比例不得超过 15%，所有机构投资不得超过 20%。2003 年，中国银监会发布《境外金融机构投资入股中资金融机构管理办法》，将境外金融机构向中资银行入股的比例从 15% 提高到

[①] 施书芳. 全面开放与走向国际的中国银行业——中国入世十周年. 信息化论坛，2012（3）.

[②] 唐双宁. 构建更加开放的中国银行业竞争格局. 中国金融，2011（23）.

20%，总体入股比例从 20% 提高到 25%。中国加入世界贸易组织后，浦东发展银行、兴业银行、民生银行、交通银行、济南商业银行、西安商业银行、深圳发展银行、渤海银行等先后引入花旗银行、恒生银行、汇丰银行、澳洲联邦银行、加拿大丰业银行的资金。其中，美国新桥投资集团以 12.34 亿元收购了深圳发展银行 17.89% 的股份，成为深圳发展银行的第一大股东，花旗银行以持有广发银行 20% 的股份控股广发银行。到 2005 年，已有 22 家境外投资者入股 17 家中资银行，外资投资金额已经超过 165 亿美元，占国内银行总资本的 15% 左右。① 中国银行业完全开放后，外资银行进一步参股中资银行，到 2007 年末，共有 25 家中资银行引入 33 家境外投资者，投资总额达 212.5 亿美元。其中，外资银行参股的 3 家中国国有商业银行和 11 家股份制商业银行中外资在银行总股本中的持股达到 1046.14 亿股，所占比重达到 11.09%。可见，外资银行对中国银行业的参股程度已经相当大。② 中国银行、中国工商银行、中国建设银行等也在境外上市，也向外资开放了投资渠道。

在中国银行业国内市场逐步完全开放的同时，中国的银行机构也通过在境外设立分支机构和参股境外金融机构等方式对外开放。

其一是在境外设立分行或子行。中国国有大型商业银行和股份制商业银行在美国、日本、英国、德国、澳大利亚、新加坡等地设立了分支机构。到 2010 年底，中国工商银行、中国农业银行、中国银行、中国建设银行、中国交通银行五家大型国有商业银行在五大洲设立了 89 家一级境外营业性机构，6 家股份制商业银行在境外设立了 5 家分行和 5 家代表处，2 家城市商业银行在境外设立了 2 家代表处。③

其二是参股或收购境外金融机构。国家开发银行投资 30 亿美元入股巴克莱资本集团，持股量占 3.1%；中国工商银行投资持有印度尼西亚哈林银行（Bank Halim Indonesia）90% 的股份，并分别投资 46.83 亿澳门元和 55 亿美元持有中国澳门地区的澳门诚兴银行 79.93% 的股份和南非标准银行 20% 的股份；中国民生银行投资 2 989.9 万美元持有美国联合银行 9.9% 的股份；中国建设银行投资 97.1 亿港元收购美洲银行（亚洲）；中国银行以 9.65 亿美元收购新加坡飞机租赁公司。

---

① 巴曙松. 不必单方面提高外资入股比例上限——超越银行"贱卖"争论的思考. 新财经，2006（4）.

② 唐功爽. 外资银行进入对中国银行业的影响现状分析. 海南金融，2009（1）.

③ 牛丽君. 金融开放背景中国银行业国际竞争力研究. 云南财经大学硕士学位论文，2011.

8.3.2　入世后十年中国保险业的开放

根据中国加入世界贸易组织承诺书及相关附件，中国对保险行业开放的承诺主要有以下三个方面：

第一是在地域上的开放。

中国加入世界贸易组织后，允许外资保险公司在上海、广州、大连、深圳、佛山五个城市开展业务；中国加入世界贸易组织两年内，外资保险公司开展业务的地域扩展到北京、成都、重庆、福州、苏州、厦门、宁波、沈阳、武汉、天津，共计15个城市；中国加入世界贸易组织三年内，取消外资保险公司开展业务的地域限制。

第二是业务范围的开放。

对于外国非寿险公司，中国在加入世界贸易组织时，允许其跨境从事国际海运、航空和运输险及再保险业务，允许其从事没有地域限制的"统括保单"和大型商业保险业务，允许其提供境外企业的非寿险业务、在华外商投资企业的财产险以及与之相关的责任险和信用服务；中国加入世界贸易组织两年内，允许其向中国和外国客户提供所有的非寿险服务。

对于外国寿险公司，中国在加入世界贸易组织时，允许其向中国公民和外国公民提供个人（非团体）寿险服务。

对于外国保险经纪公司，中国在加入世界贸易组织时，允许其跨境或来华设立机构，从事大型商业保险经纪业务和国际海运、航空、运输险业务以及再保险经纪业务。

对于外国再保险公司，中国在加入世界贸易组织时，允许其设立分公司、合资公司和独立公司开展寿险和非寿险的再保险业务，且没有地域或发放经营许可的数量限制。

对于20%的法定再保险，中国加入世界贸易组织后每年降低五个百分点，直至取消。

第三是给予外资保险公司国民待遇。

对于外国非寿险公司，中国在加入世界贸易组织时，允许其在华设立分公司或合资公司，合资公司外资比例可达到51%；中国加入世界贸易组织两年内，允许其设立独资子公司。

对于外国寿险公司，中国在加入世界贸易组织时，允许其在华设立合资公司，但外资比例不超过50%；外方可自由选择合资伙伴。

对于外国财保险公司，中国在加入世界贸易组织时，允许其设立合资公司、分公司和子公司。

对于外国保险经纪公司，中国在加入世界贸易组织时，允许其设立合资公司，比例可达到50%，但三年内比例不超过51%，五年内允许其设立独资子公司。

对于以上各类保险机构，在地域限制取消后，允许它们在华设立分支机构。

在营业许可方面，中国在加入世界贸易组织时，对外资保险机构营业许可的发放不进行经济需求测试或执照数方面的限制。

为了更好地履行入世承诺，中国于 2002 年由国务院颁布了《外资保险公司管理条例》并正式实施，并于 2004 年修订了 1999 年颁布的《外资保险机构驻华代表机构管理办法》，以适应中国加入世界贸易组织后的政策环境变化。中国颁布了《关于外国财产保险分公司改造为独资财产保险公司有关问题的通知》，允许已经设立的外资财产保险分公司在符合条件的前提下改建为独资保险公司；还颁布了《中华人民共和国外资保险公司管理条例实施细则》，配合《保险公司管理规定》和《中华人民共和国外资保险公司管理条例》的实施。在相关政策和法律文件的指引下，中国保险业除在外资介入寿险领域只能采取成立合资公司的形式，外方股份比不得超过 50% 的限制以及外资保险公司不得经营法定保险业务的限制以外，对外资保险公司的设立形式、业务范围以及地域的限制在 2004 年已经全面放开，成为金融领域开放力度最大的行业（巴曙松，2006）。

中国加入世界贸易组织一年内共有 34 家外资保险公司获批在中国营业或筹建机构 54 个，中意人寿、中英人寿、光大永明、海尔纽约人寿和首创安泰五家合资寿险公司相继成立。[1] 到 2004 年中国全面放开保险市场时，已有来自 20 个国家和地区的 124 家外资保险机构在中国内地设立了 187 个代表机构和办事处，中国内地保险市场上的外资保险公司从入世前的 18 家增加到 33 家，占中国内地保险市场上保险公司总数的 58.5%。外资保险公司在中国保险市场上所占份额为 2.3%，保费年均增长率高达 30%。[2] 2010 年，中国保险市场上外资保险公司的数量进一步上升至 49 家（见图 8 - 4），其中包括美亚、东京海上、丰泰、皇家太阳、联邦、三井住友、苏黎世、中意财安、爱和谊等 19 家外资财产保险公司，以及中宏人寿、太平洋安泰、中德安联、信诚、中保康联、恒康天安、海尔纽约、首创安泰和中新大东新等 30 家外资人寿保险公司，外资保险公司在中国内地保险市场上的份额进一步增长到 4.4%。[3]

---

[1]　彭方. WTO 体制下中国保险服务贸易市场准入研究. 湖南大学硕士学位论文，2005.

[2]　陈道富. 中国金融业对外开放的现状分析. 国研专稿，2007 - 01 - 10.

[3]　郝演苏. 入世十年 中国保险市场详析. 解放日报，2011 - 06 - 08.

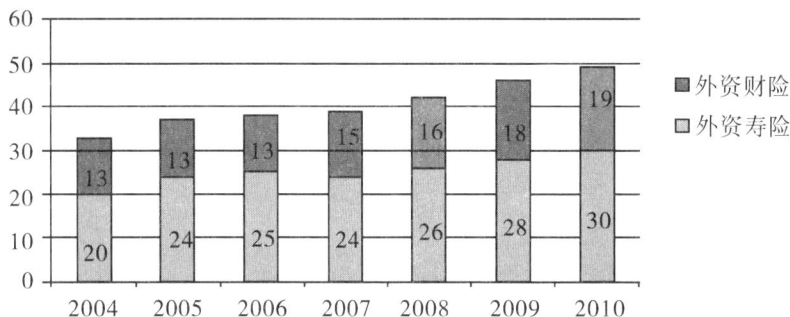

图8-4　中国内地保险市场上外资保险公司数量（单位：家）
资料来源：《中国保险年鉴》历年数据。

　　中国保险业开放的第二个方面是中外合资保险公司的建立。外资寿险公司与中粮、五矿、中海油、海尔等大型国有企业合作，如美国最大的互助寿险公司纽约人寿和海尔投资各出资并持有50%的股份成立海尔纽约人寿；意大利忠利保险有限公司与中石油各出资50%成立中意财险；荷兰保险与北京首都创业集团合资成立首创安泰等（见表8-3）。这些中外合资保险公司作为外资保险公司进入中国内地市场的一种形式，已经成为中国内地保险市场上的重要力量。

表8-3　部分中外合资寿险公司股东情况

公司名称	股东背景
金盛人寿保险	法国安盛保险集团、中国五矿集团
瑞泰人寿保险	瑞典斯堪的亚公司，北京国有资产管理有限责任公司
中美大都会人寿	美国大都会集团、首都机场集团公司
中英人寿保险	Aviva、中粮集团
信诚人寿保险	英国保诚集团、中国中信集团公司
中宏人寿	加拿大宏利人寿、中国对外经济贸易信托投资公司
中意人寿	意大利忠利保险、中国石油天然气集团
首创安泰	荷兰保险、北京首都创业集团
海尔纽约人寿	美国纽约人寿、青岛海尔投资
海康人寿	荷兰AEGON保险集团、中国海洋石油总公司
招商信诺人寿	美国信诺北美人寿、招商局关联企业
广电日生	日本生命保险相互会社、上海广电（集团）有限公司
光大永明人寿	加拿大永明人寿、光大集团
恒安标准人寿	英国标准人寿、天津泰达投资控股有限公司
太平洋安泰人寿	荷兰国际集团、太平洋保险集团

（续上表）

公司名称	股东背景
中保康联人寿	澳大利亚康联集团、中国人寿
恒康天安人寿	美国恒康人寿、中国天安保险
中德安联	德国安联保险集团、中国大众保险
中法人寿	法国国家人寿、中国邮政总局
国泰人寿	东方航空集团公司、国泰人寿股份
联泰大都会	上海联合投资有限公司、美国大都会集团下属公司
中航三星	中国航空集团、韩国三星生命保险株式会社
人保寿险	中国人保、泰国盘谷银行、亚洲投资公司、住友保险
中新大东方	大东方寿险、重庆市地产集团

资料来源：陈道富. 中国金融业对外开放的现状分析. 国研专稿，2007 – 01 – 10.

中国保险业开放的第三个方面是对外资参股中国国内保险公司的放开。继摩根和高盛集团参股之后，汇丰保险控股有限公司参股平安保险公司，到2004 年，平安保险公司的外资参股比例已经达到 23.74%。[1] 境外金融保险机构同时投资持有新华保险公司、泰康保险公司等国内多家保险公司的股份。2005 年底，外资参股的保险公司达到 22 家，[2] 优化了中国内地保险公司的股权结构。截至 2010 年底，有 25 家中资保险公司在创建或发展过程中引进股份比例小于 25% 的境外资本，外资在参股的 25 家中资保险公司中所占股份比例平均达到 17.7%。[3]

随着全球主要的跨国保险公司进入中国保险业市场，中国保险业市场上的国内经营主体增加，促进了全面竞争，外资市场份额的增加打破了市场集中度过高的格局。同时，中国保险公司也开始进入国际市场，中国人保、中国人寿、中国太平洋公司、中国平安保险公司在国外设立分支机构，截至2008 年底，中国国内保险公司已在境外设立了 51 个保险机构。中国国内保险机构还通过境外上市的方式筹集资本，促进了中国保险市场全方位的开放。[4]

8.3.3　入世后十年中国证券业的开放

依据中国加入世界贸易组织承诺书及其附件，中国对证券业的开放作出了以下承诺。中国加入世界贸易组织时，外国证券机构驻华代表处可以成为

[1]　王曦. 保险业外资占半壁河山　独资将引领潮流. 中国投资，2004（8）.
[2]　北京国际金融论坛课题组. 中国金融对外开放：历程、挑战与应对. 经济研究参考，2009（4）.
[3]　郝演苏. "入世"十年中国保险市场评析. 解放日报，2011 – 06 – 08.
[4]　佚名. 中国保险改革开放 30 年记录. 中国保险，2008（11）.

所有中国证券交易所的特别会员；允许外国服务提供者设立合营公司，从事国内证券投资基金管理业务，外资比例可以达到33%。中国加入世界贸易组织三年内，中外合资基金管理公司中的外资比例可以达到49%；允许外国证券公司设立合营公司，但外资比例不超过三分之一；合营公司可以从事A股的承销、B股和H股、政府和公司债券的承销和交易、基金的发起业务。证券服务行业营业许可的发放完全是审慎性的，没有经济需求测试或数量限制。

为了保障证券业入世承诺的履行，中国证监会颁布了《外资参股证券公司设立规则》和《外资参股基金管理公司设立规则》。中国证监会和中国人民银行联合发布《合格境外机构投资者境内证券投资管理暂行办法》，允许境外投资者投资A股市场，深圳证券交易所和上海证券交易所则分别颁布了关于《境外机构申请B股席位和境外特别会员》的相关管理规定。2007年，中国对《外资参股证券公司设立规则》进行修改并实施《证券公司设立子公司试行规定》，允许外资参股比例在33%以下的合资资信评级机构和合资投资咨询机构按照有关法规和监管要求的规定，从事相应的证券服务业务，放松了外资参股内资证券公司的准入条件，扩大了外资券商在中国的业务种类。同年，中国证监会颁布并实施了《境外证券交易所驻华代表机构管理办法》，规范了境外证券交易所驻华代表机构的设立及其业务活动。

根据相关政策的说明，成立中外合资证券公司是外资进入中国证券业的主要方式。中国加入世界贸易组织后，湘财证券和法国里昂证券合资成立华欧国际证券有限责任公司，各持有67%和33%的股份；长江证券和法国巴黎百富勤合资成立长江巴黎百富勤证券有限责任公司，各持有67%和33%的股份。中国加入世界贸易组织五年过渡期结束后，中国已批准成立了中金公司、中银国际、华欧国际、长江巴黎百富勤、海际大和、高盛高华、华安美林和瑞银北证八家中外合资证券公司，到2011年时，合资证券公司已增加至13家。

中国证券业市场上的合资基金公司建立的步伐迈得更大，法国兴业资产管理有限公司参股的华宝兴业基金管理有限公司、德国安联集团参股的国联安基金管理有限公司、荷银资产管理公司参股的湘财荷银基金管理有限公司，以及比利时富通基金管理公司参股的海富基金管理有限公司等外资参股的基金管理有限公司先后成立。中国加入世界贸易组织五年过渡期满后，中国已经批准成立了23家中外合资基金管理公司，远远超过了合资证券公司的数量，占中国基金管理公司的40.35%，发行了88只基金，管理的资产占中国内地全部基金公司管理资产的35.08%。其中，上投摩根、景顺长城、海富、国投瑞银、国海富兰克林、汇丰晋信、友邦华泰、泰达荷银、中欧基金、诺德基金十家合资基金管理公司中外资持股比例达到49%的上限。合资基金管理公司中参股的外资金融机构主要来自美国、英国、德国、瑞士、法国和意大利等发达国家，合资基金已经成为中国基金行业中具有重要地位的主体。

瑞银经证监会批准获得 QFII 资格，并在完成中国国内市场上第一单 QFII 后，宣告外资金融机构可直接投资中国 A 股市场。中国加入世界贸易组织五年过渡期结束后，获得 QFII 资格的境外机构从 2003 年的 12 家增加到 51 家，投资总额从 17 亿美元增加到 126 亿美元。① 新修订的《合格境外机构投资者境内证券投资管理办法》实施后，进一步放宽了 QFII 的资格条件，增加了 QFII 的投资便利，并允许外国投资者对 G 股（股权分置改革试点股票）公司进行战略投资。

中国加入世界贸易组织五年过渡期结束后，中国允许外资证券机构直接参与中国证券市场，中国证监会先后批准了纽约证券交易所、纳斯达克、东京证券交易所、新加坡交易所、韩国交易所和伦敦证券交易所设立北京代表处的申请。外资证券经营机构在北京、上海和深圳三地共设立了 100 家代表处，其中有 4 家外资证券机构驻华代表处成为深圳交易所和上海交易所的特别会员。② 此外，银河期货经纪有限公司和荷兰银行合资成立的合资期货公司成立，标志着中国正式对外资金融机构开放期货市场。

中国加入世界贸易组织五年过渡期结束后，中国也放宽了国内证券公司在海外市场上参与部分的政策，中金公司、申银万国、国泰君安、中信证券、招商证券等公司陆续在海外市场上设置了分支机构，主要集中于中国香港地区。

8.3.4　入世后十年中国金融业其他领域的开放

除了在银行业、保险业和证券行业作出开放承诺并积极履行承诺外，中国还在其他金融领域推动开放（巴曙松，2006）。在信托业的开放方面，中国政府明确表示鼓励外资机构通过参股中国信托公司的方式进入中国市场，并鼓励境内信托公司积极和境外战略投资者合作。中国颁布了《外商投资租赁业管理办法》，降低外资进入租赁业的门槛，规定设立外资融资租赁企业的注册资本不低于 1 000 万美元，取消了之前中国合营者股权比例不低于 20% 的规定，允许外商独资成立融资租赁公司，对于没有融资租赁业务的外资租赁公司，取消注册资本的限制。根据入世承诺，中国开放了汽车消费信贷服务，允许外资非银行金融机构设立独资或合资汽车金融公司，提供汽车消费信贷业务，享受中资同类金融机构的待遇。自 2010 年起，外国投资者可以在华设立独资的个人消费金融公司，外国投资于个人信贷领域进一步扩大到个人消

费。《外资金融机构管理条例》对独资及合资财务公司的设立主体、设立条件及业务范围作出了规定，要求其最低注册资本为2亿元。2004年颁布的《企业集团财务公司管理办法》，允许外资投资性公司设立财务公司，并可为所投资的企业提供财务支持。

8.4 入世十年后中国金融服务业的开放

加入世界贸易组织十年后，中国银行业、保险业、证券业的开放格局已经形成，并且开放的渠道进一步拓宽。

在银行业方面，截至2011年底，来自45个国家和地区的181家银行在华设立了209个代表处；14个国家和地区的银行在华设立了37家外商独资银行（下设245家分行），2家合资银行（下设7家分行、1家附属机构），1家外商独资财务公司；26个国家和地区的77家外国银行在华设立了94家分行。外资银行在中国27个省市区50个城市设立了机构网点，在华外资银行营业性机构资产总额（含外资法人银行和外国银行分行）达到2.15万亿元。[1] 中国银行业也在全球50多个国家和地区设立了近2 000家分支机构。

在保险业方面，截至2011年底，已有16个国家或地区的保险公司在中国设立了外资保险公司。2012年，中国允许外资保险公司进入交强险等法定险种市场，这是中国保险业市场开放进入新阶段的标志。到2012年底，中国保险市场上共有58家外资保险公司，其中各级分支机构将近1 300家，还有21家外资财产险公司，28家外资寿险公司，5家外资再保险公司，上海、北京、天津、深圳、广州、大连、厦门、重庆等城市均设有外资保险公司总部。

在证券行业，合资证券公司和合资基金公司的数量也在不断增加。外资证券经营机构在中国内地增设代表处，来自法国的领先资产管理、意大利的忠利保险有限公司以及中国台湾的宝来证券投资信托股份有限公司等获得QFII资格。中国国内的二十余家证券公司如中金公司、中信证券、国泰君安、海通证券等，除在中国香港市场设立分公司或子公司外，还进一步在美国、欧洲、新加坡等发达资本市场设立分支机构。[2]

8.5 中国金融服务业开放度的测度

根据知识密集型服务业开放度测度的基本理论，我们构建了中国金融服务业开放度测度的层次结构图。目标层是中国金融服务业开放度，二级目标是金融服务业所包含的三大种类，即银行服务、保险服务和证券服务。按照

---

① 王旭. 外资银行对中国银行业安全的影响. 中国国情国力, 2013（2）.

② 邓敏. 发展中国家金融开放的时机抉择及政策选择. 华东师范大学博士学位论文, 2012.

三种服务提供的具体模式，设立三级目标即银行服务、保险服务和证券服务所对应的跨境支付、境外消费、商业存在、自然人流动四种模式。对这四种服务提供模式的开放通过市场准入和国民待遇限制的逐渐取消而实现，因而，银行服务、保险服务和证券服务服务项下对应的四种服务提供模式的市场准入和国民待遇的开放度构成了中国金融服务业开放度测度的末级指标。

对这三种服务贸易提供方式下的市场准入和国民待遇限制主要体现在以下法律法规和相关管理条件中。在银行业开放方面，主要集中在《境外金融机构投资入股中资金融机构管理办法》、《外资金融机构行政许可事项实施办法》、《中华人民共和国外资银行管理条例》等；在保险业开放方面，主要集中在《中华人民共和国外资保险公司管理条例》、《中华人民共和国外资保险公司管理条例实施细则》、《中国保险监督管理委员会关于允许外国保险经纪公司设立外商独资保险经纪公司的公告》、《保险公司设立境外保险类机构管理办法》等；在证券业开放方面，主要集中在《关于上市公司涉及外商投资有关问题的若干意见》、《证券公司管理办法》、《外资参股基金管理公司设立规则》、《合格境外机构投资者境内证券投资管理办法》、《外国投资者对（A股）上市公司战略投资管理办法》、《境外证券交易所驻华代表机构管理办法》、《关于修改〈外资参股券公司设立规则〉的决定》和《合格境外机构投资者境内证券投资外汇管理规定》等。同时，外商投资产业和中国加入世界贸易组织承诺书及其相关附件涉及金融服务业开放的具体条款。

按照中国加入世界贸易组织前、加入世界贸易组织五年以及加入世界贸易组织十年所颁布的对银行服务、保险服务和证券服务业的市场准入和国民待遇限制的相关政策及规定，对金融服务业包含的三大种类服务业即银行服务、保险服务和证券服务对应的四种提供模式下，市场准入和国民待遇的开放程度进行赋值（见表8-4）。

表8-4　金融服务业市场准入和国民待遇开放度赋值

		入世前		入世五年		入世十年	
		市场准入（赋值）	国民待遇（赋值）	市场准入（赋值）	国民待遇（赋值）	市场准入（赋值）	国民待遇（赋值）
银行服务	跨境支付	0.2	1	0.6	1	0.8	1
	境外消费	0.2	1	0.6	1	0.8	1
	商业存在	0.2	0.2	0.6	1	0.8	1
	自然人流动	0.33	0.33	0.67	0.67	0.67	0.67

（续上表）

		入世前		入世五年		入世十年	
		市场准入（赋值）	国民待遇（赋值）	市场准入（赋值）	国民待遇（赋值）	市场准入（赋值）	国民待遇（赋值）
证券服务	跨境支付	0.4	1	0.6	1	0.6	1
	境外消费	0.4	1	0.6	1	0.6	1
	商业存在	0.4	0.2	0.6	0.4	0.6	0.4
	自然人流动	0.33	0.33	0.67	0.67	0.67	0.67
保险服务	跨境支付	0.2	1	0.4	1	0.6	1
	境外消费	0.2	1	0.4	1	0.6	1
	商业存在	0.2	0.2	0.4	0.8	0.6	0.8
	自然人流动	0.33	0.33	0.67	0.67	0.67	0.67

按照徐泽水的10/10-18/2标度法，对银行服务、保险服务和证券服务业对应的四种提供模式，即跨境支付、境外消费、商业存在和自然人流动按其重要程度进行赋值，得到判断矩阵，并进行归一化处理以及一致性检验。

表8-5　银行服务业的判断矩阵

	跨境支付	境外消费	商业存在	自然人流动
跨境支付	1	16/4	6/14	16/4
境外消费	4/16	1	4/16	14/6
商业存在	14/6	16/4	1	18/2
自然人流动	4/16	6/14	2/18	1

最大特征值 $\lambda_{max} = 4.105$，特征向量 $W = (0.300\,4, 0.122\,1, 0.520\,5, 0.057\,0)^T$，$CR = 0.039 < 0.1$，满足一致性检验。

表8-6　证券服务业的判断矩阵

	跨境支付	境外消费	商业存在	自然人流动
跨境支付	1	14/6	8/12	16/4
境外消费	6/14	1	6/14	14/6
商业存在	12/8	14/6	1	18/2
自然人流动	4/16	6/14	2/18	1

最大特征值 $\lambda_{max} = 4.054$，特征向量 $W = (0.287\ 6,\ 0.150\ 7,\ 0.497\ 4,$ $0.064\ 3)^T$，$CR = 0.020 < 0.1$，满足一致性检验。

表 8 - 7　保险服务业的判断矩阵

	跨境支付	境外消费	商业存在	自然人流动
跨境支付	1	16/4	6/14	16/4
境外消费	4/16	1	4/16	14/6
商业存在	14/6	16/4	1	18/2
自然人流动	4/16	6/14	2/18	1

最大特征值 $\lambda_{max} = 4.105$，特征向量 $W = (0.300\ 4,\ 0.122\ 1,\ 0.520\ 5,$ $0.057\ 0)^T$，$CR = 0.039 < 0.1$，满足一致性检验。

基于以上分析，得到金融服务业项下三大种类服务业对应的四种服务提供模式权重的赋值结果（见表 8 - 8）。

表 8 - 8　金融服务业项下三大种类服务业对应的四种服务提供模式权重赋值

	跨境支付	境外消费	商业存在	自然人流动
银行服务	0.3	0.12	0.52	0.06
证券服务	0.29	0.15	0.5	0.06
保险服务	0.3	0.12	0.52	0.06

基于入世前、入世五年以及入世十年银行服务、保险服务和证券服务业的资产总额和在行业中所占比重等综合指标，对金融服务业中银行服务、保险服务和证券服务业三大种类的权重进行赋值（见表 8 - 9）。

表 8 - 9　金融服务业项下三大种类服务业权重赋值

	入世前	入世五年	入世十年
银行服务	0.97	0.92	0.94
证券服务	0.01	0.03	0.01
保险服务	0.03	0.05	0.05

根据知识密集型服务业开放度的计算公式：

服务业 A 开放度

$$= \sum \left\{ 服务业\ A\ 门类\ A_i\ 权重 \times \left[\sum 服务模式\ M_j\ 的权重 \times \frac{市场准入 + 国民待遇}{2} \right] \right\}$$

得到金融服务业中三大种类即银行服务、保险服务和证券服务业以及金融服务业整体在入世前、入世五年以及入世十年三个时段的开放度测度结果（见表8－10）。

表8－10 金融服务业开放度测度

	入世前	入世五年	入世十年
银行服务业	0.38	0.8	0.89
证券服务业	0.48	0.64	0.64
保险服务业	0.38	0.65	0.74
金融服务业整体	0.38	0.78	0.88

测度结果显示：金融服务业项下各种类，即银行服务业、保险服务业和证券服务业在入世前的开放程度差别不大，分别为0.38、0.38和0.48。中国加入世界贸易组织后，在银行服务业领域开放的步伐最快，入世五年后达到0.8，证券服务业和保险服务业的开放也稳步进行，入世五年后分别达到0.64和0.65。这几方面的开放有力地推动了金融服务业整体开放程度的提高，金融服务业的开放从入世前的0.38提高到入世五年后的0.78，入世十年进一步提高到0.88。

结　语

　　本研究通过在全球生产转移的框架下，构建知识密集型服务业开放度测度的模型，综合知识密集型服务业和现代服务业涉及的行业种类，结合中国加入世界贸易组织承诺书以及履行承诺书的现实情况，分析了中国加入世界贸易组织前、加入世界贸易组织五年后以及加入世界贸易组织十年后五大类知识密集型服务业，即通信服务业、信息服务业、研究开发与科技服务业、商务服务业和金融服务业，并对五大服务业的开放程度进行了测度。测试结果显示：在中国加入世界贸易组织前，信息服务业的开放程度最高，达到0.72，其次是金融服务业和商务服务业，分别达到0.38和0.35，通信服务业的开放程度在知识密集型服务业的五大种类中最低，仅为0.13。这主要是各行业的特性和中国的相关产业政策导致的结果。软件行业由于其自身开放的特性，使中国在承接计算机硬件的国际生产转移后，融入到全球软件业转移中并获得了自身的发展。同时，中国政府为促进中国软件业承接国际软件转移并推动中国软件业的发展，较早地颁布了多项政策和法律法规，也为软件行业及相关的信息技术服务业开放营造了良好的政策环境。而通信服务业中的广播电视和卫星传输行业由于其产业特性，涉及国家安全和意识形态问题，因而国家对其开放持审慎态度。中国加入世界贸易组织后，积极履行入世承诺，对知识密集型服务业项下各种类服务业放开市场准入给予国民待遇，极大地促进了中国知识密集型服务业开放度的提高。目前，金融业的开放程度最高，达到0.88，其次是信息服务业，其开放度为0.79，研究开发与科技服务业的开放度达到0.71，排在第三位，随后是商务服务业和通信服务业，其开放度分别为0.7和0.68。其中，通信服务业领域的开放步伐迈得最快，其开放度从入世前的0.13增长到入世十年后的0.68。

　　通过对全球产业转移下的中国知识密集型服务业开放历程的考察和开放度的测度，可以较清晰地看到中国知识密集型服务业开放与制造业开放的差距，以及中国知识密集型服务业项下各类服务业开放的进程及开放程度的差异。研究结果显示：与制造业的完全开放相比较，知识密集型服务业的开放程度偏低，说明我国产业结构还存在着制造业和服务业开放不均衡的问题。

但不可否认的是，中国在加入世界贸易组织后通过履行入世承诺，极大地促进了知识密集型服务业的开放，特别是在金融服务业和信息服务业等领域的开放的进程较快，极大地提高了中国服务业的整体开放程度。

限于研究篇幅和时间等因素，本研究未对产业开放的其他问题进行进一步的展开研究，比如产业开放与产业安全的关系、产业开放的国际比较等，但这是进一步研究的方向。

附录一

五大类知识密集型服务业

对应《国民经济行业分类与代码 GB_ T4754 –2011》内容

类别一　通信服务业

代码				类别名称	说　明
门类	大类	中类	小类		
I				信息传输、软件和信息技术服务业	本门类包括 63 ~ 65 大类
	63			电信、广播电视和卫星传输服务	
		631		电信	指利用有线、无线的电磁系统或者光电系统，传送、发射或者接收语音、文字、数据、图像以及其他任何形式信息的活动
			6311	固定电信服务	指从事固定通信业务活动
			6312	移动电信服务	指从事移动通信业务活动
			6319	其他电信服务	指除固定电信服务、移动电信服务外，利用固定、移动通信网从事的信息服务
		632		广播电视传输服务	
			6321	有线广播电视传输服务	指有线广播电视网和信号的传输服务
			6322	无线广播电视传输服务	指无线广播电视信号的传输服务
		633	6330	卫星传输服务	指人造卫星的电信传输和广播电视传输服务
		64			互联网和相关服务

（续上表）

代 码				类别名称	说 明
门类	大类	中类	小类		
		641	6410	互联网接入及相关服务	指除基础电信运营商外，基于基础传输网络为存储数据、数据处理及相关活动，提供接入互联网的有关应用设施的服务
		642	6420	互联网信息服务	指除基础电信运营商外，通过互联网提供在线信息、电子邮箱、数据检索、网络游戏等信息服务
		649	6490	其他互联网服务	指除基础电信运营商服务、互联网接入及相关服务、互联网信息服务以外的其他未列明互联网服务

类别二 信息服务业

代 码				类别名称	说 明
门类	大类	中类	小类		
I				信息传输、软件和信息技术服务业	本门类包括63～65大类
	65			软件和信息技术服务业	指对信息传输、信息制作、信息提供和信息接收过程中产生的技术问题或技术需求所提供的服务
		651	6510	软件开发	指为用户提供计算机软件、信息系统或者设备中嵌入的软件，或者在系统集成、应用服务等技术服务时提供软件的开发和经营活动；包括基础软件、支撑软件、应用软件、嵌入式软件、信息安全软件、计算机（应用）系统、工业软件以及其他软件的开发和经营活动

（续上表）

代　码				类别名称	说　明
门类	大类	中类	小类		
		652	6520	信息系统集成服务	指基于需方业务需求进行的信息系统需求分析和系统设计，并通过结构化的综合布缆系统、计算机网络技术和软件技术，将各个分离的设备、功能和信息等集成到相互关联的、统一和协调的系统之中，以及为信息系统的正常运行提供支持的服务；包括信息系统设计、集成实施、运行维护等服务
		653	6530	信息技术咨询服务	指在信息资源开发利用、工程建设、人员培训、管理体系建设、技术支撑等方面向需方提供的管理或技术咨询评估服务；包括信息化规划、信息技术管理咨询、信息系统工程监理、测试评估、信息技术培训等
		654	6540	数据处理和存储服务	指供方向需方提供的信息和数据的分析、整理、计算、编辑、存储等加工处理服务，以及应用软件、业务运营平台、信息系统基础设施等的租用服务；包括各种数据库活动、网站内容更新、数据备份服务、数据存储服务、在线企业资源规划（ERP）、在线杀毒、电子商务平台、物流信息服务平台、服务器托管、虚拟主机等

（续上表）

代码				类别名称	说　明
门类	大类	中类	小类		
		655	6550	集成电路设计	指 IC 设计服务，即企业开展的集成电路功能研发、设计等服务
		659		其他信息技术服务业	
			6591	数字内容服务	指数字内容的加工处理，即将图片、文字、视频、音频等信息内容运用数字化技术进行加工处理并整合应用的服务
			6592	呼叫中心	指受企事业单位委托，利用与公用电话网或因特网连接的呼叫中心系统和数据库技术，经过信息采集、加工、存储等建立信息库，通过固定网、移动网或因特网等公众通信网络向用户提供有关该企事业单位的业务咨询、信息咨询和数据查询等服务
			6599	其他未列明信息技术服务业	

类别三　研发与科技服务业

代　码				类别名称	说　明
门类	大类	中类	小类		
M				科学研究和技术服务业	本门类包括 73~75 大类
	73			研究和试验发展	指为了增加知识（包括有关自然、工程、人类、文化和社会的知识），以及运用这些知识创造新的应用，所进行的系统的、创造性的活动；该活动仅限于对新发现、新理论的研究，新技术、新产品、新工艺的研制研究与试验发展，包括基础研究、应用研究和试验发展
		731	7310	自然科学研究和试验发展	
		732	7320	工程和技术研究和试验发展	
		733	7330	农业科学研究和试验发展	
		734	7340	医学研究和试验发展	
		735	7350	社会人文科学研究	
	74			专业技术服务业	
		741	7410	气象服务	指从事气象探测、预报、服务和气象灾害防御、气候资源利用等活动
		742	7420	地震服务	指地震监测预报、震灾预防和紧急救援等防震减灾活动
		743	7430	海洋服务	
		744	7440	测绘服务	

（续上表）

代码				类别名称	说　明
门类	大类	中类	小类		
		745	7450	质检技术服务	指通过专业技术手段对动植物、工业产品、商品、专项技术、成果及其他需要鉴定的物品所进行的检测、检验、测试、鉴定等活动，还包括产品质量、计量、认证和标准的管理活动
		746		环境与生态监测	
			7461	环境保护监测	指对环境各要素，对生产与生活等各类污染源排放的液体、气体、固体、辐射等污染物或污染因子指标进行的测试和监测活动
			7462	生态监测	指对森林资源、湿地资源、荒漠化、珍稀濒危野生动植物资源的调查与监测活动；野生动物疫源疫病与防控以及对生态工程的监测活动
		747		地质勘查	指对矿产资源、工程地质、科学研究进行的地质勘查、测试、监测、评估等活动
			7471	能源矿产地质勘查	
			7472	固体矿产地质勘查	
			7473	水、二氧化碳等矿产地质勘查	
			7474	基础地质勘查	指区域、海洋、环境和水文地质勘查活动
			7475	地质勘查技术服务	指除矿产地质勘查、基础地质勘查以外的其他勘查和相关的技术服务

（续上表）

代　码				类别名称	说　明
门类	大类	中类	小类		
		748		工程技术	
			7481	工程管理服务	指工程项目建设中的项目策划、投资与造价咨询、招标代理、工程监理、项目管理等服务
			7482	工程勘察设计	指建筑工程施工前的工程测量、工程地质勘查和工程设计等活动
			7483	规划管理	指对区域和城镇、乡村的规划，以及其他规划
		749		其他专业技术服务业	
			7491	专业化设计服务	指除工程规划设计、软件设计、集成电路设计以外的独立的专业化设计活动
			7492	摄影扩印服务	
			7493	兽医服务	
			7499	其他未列明专业技术服务业	
	75			科技推广和应用服务业	
		751		技术推广服务	指将新技术、新产品、新工艺直接推向市场而进行的相关技术活动，以及技术推广和转让活动
			7511	农业技术推广服务	
			7512	生物技术推广服务	
			7513	新材料技术推广服务	
			7514	节能技术推广服务	
			7519	其他技术推广服务	

（续上表）

代码				类别名称	说　明
门类	大类	中类	小类		
		752	7520	科技中介服务	指为科技活动提供社会化服务与管理，在政府、各类科技活动主体与市场之间提供居间服务的组织，主要开展信息交流、技术咨询、技术孵化、科技评估和科技鉴证等活动
		759	7590	其他科技推广和应用服务业	指除技术推广、科技中介以外的其他科技服务，但不包括短期的日常业务活动

类别四　商务服务业

代码				类别名称	说　明
门类	大类	中类	小类		
L				租赁和商务服务业	本门类包括71和72大类
	72			商务服务业	
		721		企业管理服务	
			7211	企业总部管理	指不具体从事对外经营业务，只负责企业的重大决策、资产管理，协调管理下属各机构和内部日常工作的企业总部的活动，其对外经营业务由下属的独立核算单位或单独核算单位承担，还包括派出机构的活动（如办事处等）
			7212	投资与资产管理	指政府主管部门转变职能后，成立的国有资产管理机构和行业管理机构的活动；不包括资本活动的投资
			7213	单位后勤管理服务	指为企事业、机关提供综合后勤服务的活动

（续上表）

代　码				类别名称	说　明
门类	大类	中类	小类		
			7219	其他企业管理服务	指其他各类企业、行业管理机构的活动
		722		法律服务	指律师、公证、仲裁、调解等活动
			7221	律师及相关法律服务	指在民事案件、刑事案件和其他案件中，为原被告双方提供法律代理服务，以及为一般民事行为提供的法律咨询服务
			7222	公证服务	
			7229	其他法律服务	
		723		咨询与调查	
			7231	会计、审计及税务服务	
			7232	市场调查	
			7233	社会经济咨询	
			7239	其他专业咨询	指社会经济咨询以外的其他专业咨询活动
		724	7240	广告业	指在报纸、期刊、路牌、灯箱、橱窗、互联网、通讯设备及广播电影电视等媒介上为客户策划、制作的有偿宣传活动
		725	7250	知识产权服务	指对专利、商标、版权、著作权、软件、集成电路布图设计等的代理、转让、登记、鉴定、评估、认证、咨询、检索等活动
		726		人力资源服务	指提供公共就业、职业中介、劳务派遣、职业技能鉴定、劳动力外包等服务

（续上表）

代　码				类别名称	说　明
门类	大类	中类	小类		
			7261	公共就业服务	指向劳动者提供公益性的就业服务
			7262	职业中介服务	指为求职者寻找、选择、介绍工作，为用人单位提供劳动力的服务
			7263	劳务派遣服务	指劳务派遣单位招用劳动力后，将其派到用工单位从事劳动的行为
			7269	其他人力资源服务	指职业技能鉴定、人力资源外包及其他未列明的人力资源服务
		727		旅行社及相关服务	指为社会各界提供商务、组团和散客旅游的服务，包括向顾客提供咨询、旅游计划和建议、日程安排、导游、食宿和交通等服务
			7271	旅行社服务	
			7272	旅游管理服务	
			7279	其他旅行社相关服务	
		728		安全保护服务	指为社会提供的专业化、有偿安全防范服务
			7281	安全服务	指保安公司及类似单位提供的安全保护活动
			7282	安全系统监控服务	
			7289	其他安全保护服务	
		729		其他商务服务业	
			7291	市场管理	指各种交易市场的管理活动

（续上表）

代码				类别名称	说 明
门类	大类	中类	小类		
			7292	会议及展览服务	指为商品流通、促销、展示、经贸洽谈、民间交流、企业沟通、国际往来而举办的展览和会议等活动
			7293	包装服务	指有偿或按协议为客户提供包装服务
			7294	办公服务	指为商务、公务及个人提供的各种办公服务
			7295	信用服务	指专门从事信用信息采集、整理和加工，并提供相关信用产品和信用服务的活动，包括信用评级、商账管理等活动
			7296	担保服务	指保证人和债权人约定，当债务人不履行债务时，保证人按照约定履行债务或者承担责任的行为活动；本类别特指专业担保机构的活动
			7299	其他未列明商务服务业	指上述未列明的商务、代理等活动

类别五 金融服务业

代码				类别名称	说 明
门类	大类	中类	小类		
J				金融业	本门类包括66~69大类
	66			货币金融服务	
		661	6610	中央银行服务	指代表政府管理金融活动，并制定和执行货币政策，维护金融稳定，管理金融市场的特殊金融机构的活动

（续上表）

代　码				类别名称	说　明
门类	大类	中类	小类		
		662	6620	货币银行服务	指除中央银行以外的各类银行所从事存款、贷款和信用卡等货币媒介活动，还包括在中国开展货币业务的外资银行及分支机构的活动
		663		非货币银行服务	指主要与非货币媒介机构以各种方式发放贷款有关的金融服务
			6631	金融租赁服务	指经中国人民银行批准以经营融资租赁业务为主的非银行金融机构的活动
			6632	财务公司	指经中国人民银行批准，为企业融资提供的金融活动
			6633	典当	指以实物、财产权利质押或抵押的放款活动
			6639	其他非货币银行服务	指上述未包括的从事融资、抵押等非货币银行的服务，包括小额贷款公司、农村合作基金会等融资活动，以及各种消费信贷、国际贸易融资、公积金房屋信贷、抵押顾问和经纪人的活动
		664	6640	银行监管服务	指代表政府管理银行业活动，制定并发布对银行业金融机构及其业务活动监督管理的规章、规则
	67			资本市场服务	
		671		证券市场服务	
			6711	证券市场管理服务	指非政府机关进行的证券市场经营和监管，包括证券交易所、登记结算机构的活动

（续上表）

代　码				类别名称	说　明
门类	大类	中类	小类		
			6712	证券经纪交易服务	指在金融市场上代他人进行交易、代理发行证券和其他有关活动，包括证券经纪、证券承销与保荐、融资融券业务、客户资产管理业务等活动
			6713	基金管理服务	指在收费或合同基础上为个人、企业及其他客户进行的资产组合和基金管理活动，包括证券投资基金、企业年金、社保基金、专户理财、国内资本境外投资管理（QDII）等活动
		672		期货市场服务	
			6721	期货市场管理服务	指非政府机关进行的期货市场经营和监管，包括商品期货交易所、金融期货交易所、期货保证金监控中心的活动
			6729	其他期货市场服务	指商品合约经纪及其他未列明的期货市场的服务
		673	6730	证券期货监管服务	指由政府或行业自律组织进行的对证券期货市场的监管活动
		674	6740	资本投资服务	指经批准的证券投资机构的自营投资、直接投资活动，以及风险投资和其他投资活动
		679	6790	其他资本市场服务	指投资咨询服务、财务咨询服务、资信评级服务，以及其他未列明的资本市场的服务
	68			保险业	
		681		人身保险	指以人的寿命和身体为保险标的的保险活动，包括人寿保险、健康保险和意外伤害保险

（续上表）

代 码				类别名称	说　明
门类	大类	中类	小类		
			6811	人寿保险	指普通寿险、分红寿险、万能寿险、投资连结保险等活动（不论是否带有实质性的储蓄成分）
			6812	健康和意外保险	指疾病保险、医疗保险、失能收入损失保险、护理保险以及意外伤害保险的活动
		682	6820	财产保险	指除人身保险外的保险活动，包括财产损失保险、责任保险、信用保险、保证保险等
		683	6830	再保险	指承担与其他保险公司承保的现有保单相关的所有或部分风险的活动
		684	6840	养老金	指专为单位雇员或成员提供退休金补贴而设立的法定实体的活动（如基金、计划和/或项目等），包括养老金定额补贴计划以及完全根据成员贡献确定补贴数额的个人养老金计划等
		685	6850	保险经纪与代理服务	指保险代理人和经纪人进行的年金、保单和分保单的销售、谈判或促合活动
		686	6860	保险监管服务	指根据国务院授权及相关法律、法规规定所履行的对保险市场的监督、管理活动
		689		其他保险活动	
			6891	风险和损失评估	指保险标的或保险事故的评估、鉴定、勘验、估损或理算等活动，包括索赔处理、风险评估、风险和损失核定、海损理算和损失理算，以及保险理赔等活动

（续上表）

代　码				类别名称	说　明
门类	大类	中类	小类		
			6899	其他未列明保险活动	指与保险和养老金相关或密切相关的活动（理赔和保险代理人、经纪人的活动除外），包括救助管理、保险精算等活动
	69			其他金融业	
		691	6910	金融信托与管理服务	指根据委托书、遗嘱或代理协议代表受益人管理的信托基金、房地产账户或代理账户等活动，还包括单位投资信托管理
		692	6920	控股公司服务	指通过一定比例股份，控制某个公司或多个公司的集团，控股公司仅控制股权，不直接参与经营管理，以及其他类似的活动
		693	6930	非金融机构支付服务	指非金融机构在收付款人之间作为中介机构提供下列部分或全部货币资金转移服务，包括网络支付、预付卡的发行与受理、银行卡收单及中国人民银行确定的其他支付等服务
		694	6940	金融信息服务	指向从事金融分析、金融交易、金融决策或者其他金融活动的用户提供可能影响金融市场的信息（或者金融数据）的服务
		699	6990	其他未列明金融业	指主要与除提供贷款以外的资金分配有关的其他金融媒介活动，包括保理活动、掉期、期权和其他套期保值安排、保单贴现公司的活动、金融资产的管理、金融交易处理与结算等活动，还包括信用卡交易的处理与结算、外币兑换等活动

《电信业务分类目录》
对基础电信和增值电信业务的分类

A.	基础电信业务
A1	第一类基础电信业务
A11	固定通信业务
A11 – 1	固定网本地通信业务
A11 – 2	固定网国内长途通信业务
A11 – 3	固定网国际长途通信业务
A11 – 4	国际通信设施服务业务
A12	蜂窝移动通信业务
A12 – 1	第二代数字蜂窝移动通信业务
A12 – 2	第三代数字蜂窝移动通信业务
A12 – 3	LTE/第四代数字蜂窝移动通信业务
A13	第一类卫星通信业务
A13 – 1	卫星移动通信业务
A13 – 2	卫星固定通信业务
A13 – 3	卫星国际专线业务
A14	第一类数据通信业务
A14 – 1	互联网国际数据传送业务
A14 – 2	互联网国内数据传送业务
A14 – 3	互联网本地数据传送业务
A14 – 4	国际数据通信业务
A15	IP 电话业务
A15 – 1	国内 IP 电话业务
A15 – 2	国际 IP 电话业务
A2	第二类基础电信业务
A21	集群通信业务
A21 – 1	数字集群通信业务
A22	第二类卫星通信业务

A22 - 1	卫星转发器出租、出售业务
A22 - 2	国内甚小口径终端地球站（VSAT）通信业务
A23	第二类数据通信业务
A23 - 1	固定网国内数据传送业务
A24	网络接入设施服务业务
A24 - 1	无线接入设施服务业务
A24 - 2	有线接入设施服务业务
A24 - 3	用户驻地网业务
A25	国内通信设施服务业务
A26	网络托管业务
A27	转售的基础电信业务
A27 - 1	移动通信转售业务
B.	增值电信业务
B1	第一类增值电信业务
B11	互联网数据中心业务
B12	互联网资源协作服务业务
B13	内容分发网络业务
B14	国内互联网虚拟专用网业务
B15	互联网接入服务业务
B2	第二类增值电信业务
B21	在线数据处理与交易处理业务
B22	国内多方通信服务业务
B23	存储转发类业务
B24	呼叫中心业务
B24 - 1	国内呼叫中心业务
B24 - 2	离岸呼叫中心业务
B25	信息服务业务
B26	编码和规程转换
B26 - 1	域名解析服务业务

参考文献

中文部分

［1］巴曙松. 外资金融机构进入中国市场的现状评估和政策开放趋势. 中国计算机报，2006 – 11 – 20.

［2］迟福林，李昌邦，詹长智，陈文. 产业开放：海南经济特区的希望. 开放导报，2000 – 10 – 10.

［3］陈钰芬，陈劲. 开放度对企业技术创新绩效的影响. 科学学研究，2008（4）.

［4］陈淑芸. 服务业利用外商直接投资对中国经济影响的研究. 河北工业大学硕士学位论文，2006.

［5］陈禹. 管理信息系统的发展与变化. 管理信息系统，1996（5）.

［6］陈禹，谢康. 信息经济学及其应用. 改革，1998（2）.

［7］曹晨曦，徐玲敏. 我国服务贸易开放度研究. 经济师，2009（7）.

［8］曹新. 区域开放与产业开放. 桂海论丛，1999（2）.

［9］程愚，胡翼亮. 产业开放格局与经济增长后劲. 当代经济科学，2003（3）.

［10］程国强. 加入世贸组织与中国农业发展——中国农业国际化 10 年的经验、启示与战略选择. 农民日报，2011 – 11 – 19.

［11］崔大沪. 中国农业对外开放的国际环境及措施. 世界经济研究，1999（4）.

［12］程大中. 生产者服务论——兼论中国服务业发展与开放. 上海：文汇出版社，2006（3）.

［13］邓于君，胡擎擎. 广东产业对外开放非均衡性及其对服务业增长的影响. 广东行政学院学报，2011（10）.

［14］方远平，毕斗斗. 国内外服务业分类探讨. 国际经贸探索，2008（1）.

［15］樊瑛. 中国服务业开放度研究. 国际贸易，2012（10）.

[16] 封旭红，盛斌. 中国服务贸易市场准入定量分析. 天津师范大学学报（社会科学版），2006（3）.

[17] 郭正纯. 电信业市场准入制度研究. 湖南大学硕士学位论文，2007.

[18] 郭根龙. 我国金融业开放度估计及过渡期内的政策取向探索. 生产力研究，2002（5）.

[19] 韩鲁南. 北京市科技服务业发展环境分析及对策研究. 科技进步与对策，2013（6）.

[20] 韩国丽. 广西北部湾经济区主要领域的产业开放研究. 科技进步与对策，2008（12）.

[21] 何茂春. 国际服务贸易：自由化与规则——兼论扩大开放与国家经济安全. 北京：世界知识出版社，2007.

[22] 何自国. 经济全球化、跨国公司与产业结构调整. 山东财政学院学报，2003（2）.

[23] 胡智，文启湘. 人民币国际化模式探讨. 河北经贸大学学报，2002（5）.

[24] 胡智，刘志雄. 中国经济开放度的测算与国际比较. 世界经济研究，2005（7）.

[25] 胡超，张捷. "服务—制造"新形态国际分工的演进及可持续性分析. 广东商学院学报，2010（3）.

[26] 胡超. 新形态国际分工与国际经济失衡研究. 暨南大学博士学位论文，2011.

[27] 胡汉辉，刘怀德. 产业开放背景下的普遍服务问题之我见. 东南大学学报（哲学社会科学版），2002（5）.

[28] 胡晓鹏. 中国区域产业开放与价值创造——基于区域间投入产出关系的实证研究. 财经研究，2007（5）.

[29] 黄亚生. 中国"外资依赖症"的原因和代价. 中国招标，2005（52）.

[30] 黄鲁成，颜振军，马宁. 综述——研发产业及其发展. 北京：北京科学技术出版社，2005.

[31] 贾俐贞. 金融自由化与中国金融开放. 中央党校博士学位论文，2005.

[32] 姜波克. 论开放经济下中央银行的冲销手段. 金融研究，1999（5）.

[33] 江静，刘志彪. 服务业外包：深度开放中的产业新选择. 学海，

2007（5）.

　［34］江生忠，邵全权，薄滂沱. 开放程度对财险业产业组织影响的经济效应——基于新产业组织理论的研究. 当代经济科学，2009（11）.

　［35］江小涓. 服务业增长：真实含义、多重影响和发展趋势. 经济研究，2011（4）.

　［36］江小涓. 中国开放三十年的回顾与展望. 中国社会科学，2008（6）.

　［37］蒋国庆. 我国信息服务产业的市场开放及发展对策. 四川大学学报（哲学社会科学版），2000（2）.

　［38］贾秋然. 金融开放测度方法与指标体系述评. 经济评论，2011（3）.

　［39］姜红. 浙江服务业对外开放的现状与对策. 浙江树人大学学报，2009（7）.

　［40］蒋清海. 中国对外开放模式的战略选择. 新疆社会经济，1995（4）.

　［41］金茂. 上海软件外包拓展对外开放度. 国际市场，2003（11）.

　［42］孔令丞. 全球化背景下产业开放的结构升级效应. 江汉论坛，2005（2）.

　［43］来有为. 软件和服务外包产业的机遇与挑战. 经济日报，2013－06－21.

　［44］李秀香. 幼稚产业开放式保护问题研究. 江西财经大学博士学位论文. 2004.

　［45］李欣. 我国承接国际服务业产业转移的现状与对策研究. 河北师范大学硕士学位论文，2009.

　［46］李朝鲜，李宝仁. 现代服务业评价指标体系与方法研究. 北京：中国经济出版社，2007.

　［47］李欣广，戴月. "适应性开放"对我国产业的影响. 广西大学学报（哲学社会科学版），2005（4）.

　［48］李坤望，黄玖立. 中国贸易开放度的经验分析：以制造业为例. 世界经济，2006（8）.

　［49］李坤望，黄玖立，施炳展. 中国与主要贸易伙伴的双边贸易自由度——基于新经济地理学的一个衡量. 世界经济文汇，2006（4）.

　［50］李海舰. 经济对外开放对产业结构变动的影响及对策研究. 经济与管理研究，1999（3）.

　［51］李海舰. 中国流通产业创新的政策内容及其对策建议. 中国工业经济，2003（12）.

　［52］李维森，黄雄. 切入中国实际的现代经济研究方法——评《开放经

济与中国产业组织研究》. 东岳论丛, 2005 (9).

[53] 李红梅. 台湾发展知识密集型服务业的经验与启迪. 海峡科技与产业, 2005 (6).

[54] 吕政, 刘勇, 王钦. 中国生产性服务业发展的战略选择——基于产业互动的研究视角. 中国工业经济, 2006 (8).

[55] 刘绍坚. 中国现代服务业进一步对外开放的思考和政策建议. 宏观经济研究, 2008 (9).

[56] 刘荣明. 现代服务业统计指标体系及调查方法研究. 上海: 上海交通大学出版社, 2006.

[57] 刘戒骄. 服务业的开放及其对工业的影响. 管理世界, 2002 (6).

[58] 刘志中. 服务业国际转移及其溢出效应研究. 辽宁大学博士学位论文, 2009.

[59] 刘曙华, 沈玉芳. 生产性服务业的区位与驱动力与区域经济发展研究. 人文地理, 2007 (1).

[60] 刘昭东. 落实全国科技大会精神 大力发展科技信息服务业. 中国信息导报, 1995 - 06 - 25.

[61] 刘静一, 曹兵, 王景侠. 今日美国信息服务业发展及其启示研究. 浙江高校图书情报工作, 2008 (6).

[62] 刘德学等. 全球生产网络与加工贸易升级. 北京: 经济科学出版社, 2006.

[63] 刘彩兰. 服务业对外开放度对产业结构水平的影响. 暨南大学硕士学位论文, 2011.

[64] 柳卸林, 刘建兵. 北京研发产业建设的机遇、现状与对策. 北京: 北京科学技术出版社, 2005.

[65] 卢峰. 我国承接国际服务外包问题研究. 经济研究, 2007 (9).

[66] 林菁. 世界工厂与中国制造业发展战略. 对外经济与贸易大学硕士学位论文, 2003.

[67] 骆正清, 杨善林. 层次分析法中几种标度的比较. 系统工程理论与实践, 2004 (9).

[68] 罗立彬. 服务业 FDI 与东道国制造业效率. 中国社会科学院博士学位论文, 2010.

[69] 马芳. 跨国公司与中国开放型产业集群互动关系研究. 上海社会科学院硕士学位论文, 2008.

[70] 马费成. 步入 21 世纪的信息服务. 武汉大学学报（哲学社会科学版）, 1996 (6).

［71］美企对中国渐失乐观，人民币汇率未成议题．美国之音财经周刊，2012－10－13．

［72］美中对世贸电子支付业务争端裁决做出不同解读．美国之音财经周刊，2012－07－21．

［73］聂平香．2010年中国吸收外国直接投资评述及展望．国际经济合作，2011（7）．

［74］潘思思．经济开放与服务业发展研究．宁波大学硕士学位论文，2012．

［75］潘亮．农业开放：中国经济的新亮点．浙江经济，1997（9）．

［76］裴长洪，彭磊等．后危机时代中国开放型经济研究：转变外贸发展方式与对外经贸合作新趋势．北京：社会科学文献出版社，2010．

［77］王洛林．中国服务业开放与发展：特点与区域分析．北京：经济管理出版社，2009．

［78］平新乔．中国的市场中介服务业．北京大学中国经济研究中心讨论稿系列，2000．

［79］钱小安．金融开放条件下货币政策与金融监管的分工与协作．金融研究，2002（1）．

［80］秦海．市场选择，同步化效应与"标准之争"——中国电信产业开发，开放亟待关注的一个战略视点．电子展望与决定，1998（6）．

［81］秦海林．在开放中合作，在合作中共赢——中国与巴西在信息产业上的合作模式初探．中国高新区，2009（3）．

［82］全毅．加入WTO与我国产业政策调整．福建论坛（经济社会版），2002（10）．

［83］任靓．中国服务业产业内贸易的影响因素与效应．北京：经济科学出版社，2010．

［84］任俊英．论对外开放的阶段性特征．学习论坛，1996（10）．

［85］盛世豪．现代服务业：新一轮经济增长的重要支柱．中共浙江省委学校党报，2005（6）．

［86］盛斌．中国加入WTO服务贸易自由化的评估与分析．世界经济，2002（8）．

［87］邵桂兰，王涛．基于因子分析方法的青岛市经济开放．青岛农业大学学报，2010（2）．

［88］沈玉良，汤海燕．新一轮服务业开放的政策选择．国际贸易，2007（11）．

［89］沈凤武，娄伶俐，顾秋霞．金融开放及其测度方法述评．金融理论

与实践，2012（7）

[90] 宋耀，张伟. 中国金融服务贸易开放度评价. 安徽大学学报（哲学社会科学版），2003（11）.

[91] 谭红旭，高霖宇. 我国服务业开放的现状及对策. 财政研究，2005（12）.

[92] 唐双宁. 构建更加开放的中国银行业竞争格局. 中国金融，2011（23）.

[93] 王仙锦. 开放条件下浙江产业集群竞争力提升研究. 浙江大学硕士学位论文，2008.

[94] 王洛林. 中国服务业开放与发展：特点与区域分析. 北京：经济管理出版社，2009.

[95] 王中昭，李欣广. 产业开放中技术竞争风险的综合评估. 改革与战略，2001（4）.

[96] 王晓红，魏浩，李耀辉. 我国产业开放战略的转变与深化. 经济学动态，2009（4）.

[97] 王双正. 扩大农业对外开放：现状、趋势及建议. 经济理论与经济管理，2011（4）.

[98] 魏龙，文姝. 适度开放与中国产业结构优化. 发展经济学研究，2011（9）.

[99] 魏中许. 航空运输产业对外开放度量指标及其测量模型分析. 现代商业，2008（11）.

[100] 吴一丁，毛克贞. 从区域开放向产业开放转换——对中国现行开放模式的反思及未来开放模式的选择. 经济问题探索，1996（7）.

[101] 吴基传. 加入 WTO 与我国电信业的对策. 国家行政学院学报，2002（2）.

[102] 汪永太. 商务服务业——社会发展的新动力. 安徽商贸职业技术学院学报，2007（1）.

[103] 肖振宇. 承接现代服务产业转移 加快广州国际服务贸易发展. 广州市外经局工作报告，2004.

[104] 熊启泉，邓家琼. 不同产业开放模式差异的经济学解析. 国际经贸探索，2001（3）.

[105] 熊启泉，温思美. 中国农业对外开放度的指标与测算 1997—2011 年. 改革，2012（12）.

[106] 夏海勇，曹方. 服务业三种生产模式的选择：外包、FDI 和本国生产. 河北科技大学学报（社会科学版），2008（6）.

［107］夏京文，刘彩兰. 服务业对外开放度对产业结构影响的实证分析——基于广东省 1990—2008 年数据. 产业经济研究，2011（7）.

［108］项义军，潘俊，尹龙. 产业外向度综合评测指标体系构建研究. 商业研究，2009（11）.

［109］项义军，齐福. 我国产业外向度发展与经济增长的关系研究. 对外经贸，2013（4）.

［110］徐沙. 中国商业银行开放度对其绩效的影响研究. 江西财经大学硕士学位论文，2009.

［111］徐翌. 我国文化产业开放度研究. 南昌大学硕士学位论文，2011.

［112］徐泽水. 关于层次分析中几种标度的模拟评估. 系统工程理论与实践，2000（7）.

［113］许统生，熊正德，刘永辉. 对我国服务贸易开放度的度量. 统计与决策，2007（8）.

［114］姚国会. 全球服务业涌动转移潮——发达国家知识型服务业开始成规模地向发展中国家转移. 国际商报，2004 - 11 - 17.

［115］严北战. 后发产业集群"开放式"技术学习模式及其公共政策研究. 工业技术经济，2009（5）.

［116］姚星，黎耕. 服务贸易自由化与经济增长的关系研究——基于吸收能力角度的实证分析. 国际贸易问题，2010（7）.

［117］殷凤. 开放服务经济与中国的实践. 北京：经济管理出版社，2010.

［118］杨玉英. 面向 2020 年的中国服务业发展战略. 宏观经济研究，2008（11）.

［119］杨向明. 关于我国信息服务业发展的几点思考. 图书馆理论与实践，2007（5）.

［120］叶明法. 经济全球化背景下我国对外开放的风险及其防范. 淮南工业学院学报（社会科学版），2001（3）.

［121］于滇. 基于系统开放性的产业集群抗衰退机制研究. 广西大学硕士学位论文，2007.

［122］岳敏，李含琳. 改革开放以来甘肃经济发展动态分析——基于产业结构演进的角度. 人文地理，2009（2）.

［123］张捷，张媛媛. 经济全球化与二元经济结构的转变——中国外向型工业化的失衡效应与加速效应. 经济前沿，2009（1）.

［124］张战仁，杜德斌，黄力韵. 国际研发投资与我国城市经济发展的空间规律和关联分析. 经济地理，2010（3）.

[125] 张金清，刘庆富. 中国金融对外开放的测度与国际比较研究. 国际金融研究，2007（12）.

[126] 张金清，赵伟，刘庆富. "资本账户开放"与"金融开放"内在关系的剖析. 复旦学报（社会科学版），2008（5）.

[127] 张金清，刘庆富，赵伟. 金融开放水平测度方法的评述与比较. 产业经济研究，2007（3）.

[128] 张金清，刘庆富. 中国金融对外开放的测度与国际比较研究. 国际金融研究，2007（12）.

[129] 张金清. 金融开放程度指标评价体系及其在我国的应用研究. 产业经济研究，2008（3）.

[130] 张金清，管华雨，刘庆富. 中国金融市场准入和国民待遇承诺水平的测度研究. 财经问题研究，2008（3）.

[131] 张金清，赵伟，刘庆富. "资本账户开放"与"金融开放"内在关系的剖析. 复旦学报（社会科学版），2008（5）.

[132] 张金清，刘庆富. 中国金融业对外开放新形势的综合判断与分析. 系统工程理论与实践，2008（8）.

[133] 张磊，徐琳. 中国服务业市场开放的历程与前景. 世界经济研究，2008（12）.

[134] 张一鸣. 论服务业开放度的度量. 江苏商论，2003（5）.

[135] 张海冰. 银行业开放度的指标体系构建与国际比较. 对外经济贸易大学硕士学位论文，2007.

[136] 张萃. 二重开放与中国制造业区域集聚——理论与实证. 浙江大学博士学位论文，2007.

[137] 张纪康. 产业开放进程中上海中小企业的产业分工定位. 上海经济研究，2001（3）.

[138] 张蕴如. 加工贸易与开放式产业结构升级探析. 国际经贸探索，2001（3）.

[139] 张蕴如. 开放式产业结构升级与加工贸易的互动发展. 现代经济探讨，2001（4）.

[140] 张晓莹. 中国物流领域的对外开放及产业安全问题分析. 对外经贸实务，2009（1）.

[141] 张立，王学人. 我国产业对外开放中的风险与控制. 人文杂志，2002（5）.

[142] 张磊. 外商直接投资中国制造业的效应与决定因素研究. 中国社会科学院博士学位论文，2010.

[143] 张育林. 中国服务业对外开放三十年业绩斐然. 百度文库，2011 - 12 - 08.

[144] 赵伟. 对外开放程度度量方法的研究综述. 国际贸易问题，2005 (6).

[145] 晁刚令. 服务业分类统计核算研究. 科学发展，2010 (10).

[146] 郑捷. 开放源代码现象影响软件产业市场结构的经济学分析. 清华大学硕士学位论文，2005.

[147] 郑瑜，孙丽辉. 巴勒斯坦的产业结构、经济开放与经济增长的实证研究. 企业研究，2007 (10).

[148] 周茂荣. 对外开放度测度研究述评. 国际贸易问题，2009 (8).

[149] 周师豪. 我国服务业对外开放度的度量与国际比较分析. 湖南大学硕士学位论文，2010.

[150] 庄丽娟. 服务定义的研究线索和理论界定. 中国流通经济，2004 (9).

[151] 庄丽娟. 国际服务贸易与经济增长的理论和实证研究. 北京：中国经济出版社，2007.

[152] 中山大学中国第三产业研究中心课题组. CEPA 背景下广东服务业的对外开放. 广东社会科学，2005.

[153] 中国（海南）改革发展研究院. 以产业开放拉动产业升级　实现海南经济持续快速增长——中国加入 WTO 背景下的海南. 海南金融，2000 (9).

英文部分

[1] Amett J. , Sensation Seeking: A New Conceptualization and New Scale, *Personality and Individual Differences*, 1994, Vol. 16, No. 2.

[2] Venables, A. J. , Cities and Trade: External Trade and Internal Geography in Developing Economies. , *NBER Working Paper*, 2000, No. 2.

[3] Harrison A. , Openness and Growth: A Time-series, Cross-country Analysis for Developing Countries, *NBER Working Paper*, 1997.

[4] Saxenian, A. L, Government and Guanxi: The Chinese Software Industry in Transition, *DRC Working Papers*, 2003, No. 19.

[5] Panagariya A. , Miracles and Debacles in Defense of Trade Openness, *The World Economy*, 2004, Vol. 27, No. 8.

[6] Baltagi, B. H. , P. O. , Demetriadesand & Siong Hook Law. Financial Development and Openness Evidence from Panel Data, *Center for Policy Research Working Paper*, 2008, No. 107.

[7] Baldwin, C. Y. , K. B. Clark. , Managing in an Age of Modularity, *Harvard*

Business Review, 1997, Vol. 75, No. 5.

[8] Bernard H. , An Assessment of the Uruguay Round Agreement on Service, *Policy Research Working paper*, 1995.

[9] Javorcik, B. S. , W. Keller, J. R. Tybout, Openness and Industrial Response in a Wal – Mart World: A Case Study of Mexican Soaps, Detergents and Surfactant Producers, *World Bank Policy Research Working Paper*, 2006.

[10] BagchiuSen S. , FDI in US Producer Service: A Temporal Analysis of Foreign Direct Investment in the Finance, Insurance and Real Estate Sectors, *Regional Studies*, 1995, Vol. 29, No. 2.

[11] Chen, Baizhu, Yi FENG, Openness and Trade Policy in China, *China Economic Review*, 2000, Vol. 11, No. 4.

[12] Baldwin, C. Y. , K. B. Clark, Capabilities and Capital Investment: New Perspectives on Capital Budgeting, *Journal of Applied Corporate Finance*, 1992, Vol. 5, No. 2.

[13] Chanda R. , Trade Liberalization and Foreign Direct Investment in Producer Services, Doctoral Thesis, Columbia University, 1994.

[14] Müller C. , W. Wienken, Degree of Market Openness of the German Electricity Supply Industry, Slides, 2003.

[15] Dihel N. , B. Shepherd, Modal Estimates of Services Barriers, *OECD Trade Policy Working Papers*, 2007.

[16] Quinn, D. P. , C. Inclan, The Origins of Financial Openness: A Study of Current and Capital Account Liberalization, *American Journal of Political Science*, 1997, Vol. 41, No. 3.

[17] Den Hertog P. , R. Bilderbeek, The New Knowledge Infrastructure: The Role of Technology-Based Knowledge-Intensive Business Services in National Innovation Systems. In Boden and Miles (ed.), *Services and the Knowledge – Based Economy*, 2000.

[18] Dollas D. , Outward-oriented Developing Economic Really Do Grow More Rapidly: Evidence from 95LDCs, 1976—1985, *Economic Development and Cultural Change*, 1992, Vol. 40.

[19] Edwards S. , Openness, Productivity and Growth: What Do We Really Know, *Journal of Development Economics*, 1998, Vol. 108, No. 447.

[20] Ernst D. , How Globalization Reshapes the Geography of Innovation Systems-Reflections on Global Production Networks in Information Industries, DRUID 1999 Summer Conference on Innovation Systems, 1999.

［21］Ernst D. ，Global Production Network and the Changing Geography of Inno-
vation Systems：Implications for Developing Countries，*East-West Center Working Pa-
per*，2000，No. 9.

［22］Eurostat，Employment and Share of Employment in Knowledge-Intensive
Services in the Acceding Countries Still Below EU Average，*STAT*，2003 Nov. 7.

［23］Gonzaga，G. M. ，The Effects of Openness on Industrial Employment in
Brazil，Presented at the Latin American Macroeconomics Network Seminar on "The
Effects of Structural Reforms on Labor Markets and Income Distribution in Latin A-
merica"，1996.

［24］Golub，S. S. ，Measures of Restrictions on Inward Foreign Direct Investment
for OECD Countries，*OECD Economics Department Working Papers*，2003，No. 357.

［25］Bekaert G. ，C. R. Harvey，Time-Varying World Market Integration，*The
Journal of Finance*，1995，Vol. 50，No. 2.

［26］Kaminsky G. ，S. L. Schmukler，Emerging market instability：do sovereign
ratings affect country risk and stock returns，*The World Bank Economic Review*，
2002，Vol. 16，No. 2.

［27］Gereffi G. ，International Trade and Industrial Upgrading on Apparel Com-
modity Chain，*Journal of International Economics*，1999，Vol. 48，No. 1.

［28］Hardin A. ，L. Holmes，Services Trade and Foreign Direct Investment，*In-
dustry Commission Working Paper*. 1997.

［29］Harrison A. ，Openness and Growth：A Time-series，Cross-country Analysis
for Developing Countries，*Journal of Development Economics*，1996，Vol. 1，No. 48.

［30］Hermelin B. ，Location of Professional Business Services-A Swedish Case
Study. In Toivonen（ed. ），*Growth and Significance of Knowledge Intensive Business
Services*，2001.

［31］Drejer I. ，A Schumpeterian Perspective on Service Innovation，*DRUID
Working Papers*，2002.

［32］Koyama T. ，S. S. Golub，OECD's FDI Regulatory Restrictiveness Index，
OECD Working Papers on International Investment，2006.

［33］Laursen K. ，A. Salter，Open for Innovation：the Role of Openness in Ex-
plaining Innovation Performance among U. K. Manufacturing Firms，*Strategic Man-
agement Journal*，2006，Vol. 27，No. 2.

［34］Lowendahl，B. R. ，*Strategic Management of Professional Service Firms*，Co-
penhagen：Handelshojskolens Forlag，1997.

［35］Miles I. ，Services and the Knowledge-Based Economy：Not So Peculiar

After All, Seventh International Forum for Technology Management, 1997.

[36] Garcia-Alonso M. D. C. , P. Levine, Strategic Procurement, Openness and Market Structure, *International Journal of Industrial Organization*, 2007, Vol. 26, No. 5.

[37] Chinn, M. D. , H. Ito, A New Measure of Financial Openness, *Journal of Comparative Policy Analysis*, 2008, Vol. 10, No. 3.

[38] Chinn, M. D. , E. S. Prasadb, Medium-term Determinants of Current Accounts in Industrial and Developing Countries: An Empirical Exploration, *Journal of International Economics*, 2003, Vol. 59, No. 1.

[39] Mattoo A. , Financial Services and the WTO: Liberalization in the Developing and Transition Economies, *WTO Working Paper*, 1998.

[40] Nguyen-Hong D. , Restrictions on Trade in Professional Services, *Productivity Commission Staff Research Paper*, 2000.

[41] OECD, Benchmarking Knowledge-Based Economies, Paris: Organization for Economic Cooperation and Development, OECD Science, Technology and Industry Scoreboard, 1999.

[42] Paju T. , Conceptual Model of R&D Offshore Outsourcing, *Journal of Global Business and Technology*, 2007, Vol. 3, No. 1.

[43] Patrick L. , O. Marcelo, S. Javier, Does Globalization Cause a Higher Concentration of International Trade and Investment Flow, *WTO Working Paper*, 1998, No. 8.

[44] Lane, P. R. , G. M. Milesi-Ferretti, The External Wealth of Nations—Measures of Foreign Assets and Liabilities for Industrial and Developing Countries, *Journal of International Economics*, 2001, Vol. 55, No. 2.

[45] Propris, L. D. , S. Menghinello, S. Roger, The Internationalisation of Production Systems: Embeddedness, Openness and Governance, *Entrepreneurship & Regional Development: An International Journal*, 2008, Vol. 20, No. 6.

[46] Rodriguez F. , D. Rodrik, Trade and Policy and Economic Growth: A Skeptic's Guide to the Cross-National Evidence, *NBER Macroeconomics Annuals*, 2000, Vol. 15.

[47] Stern, R. M. , Quantifying Barriers to Trade in Services, University of Michigan, 2000.

[48] Baldwin, R. E. , Openness and Growth: What's the Empirical Relationship, *NBER Working Paper*, 2003.

[49] Udegbunam, R. I. , Openness, Stock Market Development, and Industrial

Growth in Nigeria, *The Pakistan Development Review*, 2002, Vol. 41, No. 1.

[50] Sachs, J. D., A. Warner, A. Aslund, S. Fischer, Economic Reform and the Process of Global Integration, *Brookings Papers on Economic Activity*, 1995, No. 1.

[51] Edwards S., Openness Productivity and Growth: What Do We Really Know, *NBER Working Paper*, 1997, No. 5978.

[52] Edwards S., Openness, Trade Liberalization, and Growth in Developing Countries., *Journal of Economic Literature*, 1993, Vol. 31, No. 3.

[53] Bagai S., J. S. Wilson, The Data Chase What's Out There on Trade Costs and Nontariff Barriers, *World Bank Policy Research Working Paper*, 2006, No. 3899.

[54] Skogli E., Knowledge Intensive Business Services: A Second National Knowledge Infrastructure, *Oslo: Stiftelsen STEP Working Paper*, 1998.

[55] Sturgeon T., How do We Define Value Chains and Production Networks, *IDS (Institute of Development Study, University of Sussex) Bulletin*, 2002, No. 32.

[56] Golub, S. S., Openness to Foreign Direct Investment in Services: An International Comparative Analysis, *The World Economy*, 2009, Vol. 32, No. 8.

[57] Colombo S., L. Grilli, C. R. Lamastra, On the Determinants of the Degree of Openness of Open Source Firms: An Entry Model, *Universita' Sita' Cattolica Del Sacro Cuore Working Paper*, 2009. No. 5.

[58] Démurger S, On the Role of Openness in the Chinese Industrial Growth Process—A City-level Assessment, *OECD Working Paper*, 1996.

[59] Tschang T., China's Software and Its Implications for India, *OECD Development Centre Working Paper*, 2003, No. 205.

[60] Gao T., Openness and China's Industrial Location: An Empirical Investigation. http://www. ccunix. ccu. edu. tw/ ~ economic/science/2004conference/Ting – Gao. pdf.

[61] Tomlinson M., The Contribution of Knowledge-Intensive Services to the Manufacturing Industry, Services and the Knowledge-based Economy, 2000.

[62] UCTCT, *The Transnationalization of Service Industries: An Empirical Analysis of the Determinants of Foreign Direct Investment by Transnational Service Corporations*, New York: United Nations publication, sales No. E. 93. II. A. 3.

[63] UNCTAD, Survey on the Internationalization of R&D: Current Patterns and Prospects on the Internationalization of R&D, UNCTAD, 2005.

[64] UNCTAD, World Investment Report, UNCTAD, 2005.

[65] Chiesa V., R. Manzini, E. Pizzurno, The Externalisation of R&D Activities and the Growing Market of Product Development Service, *R&D Management*, 2004,

Vol. 34.

［66］Walmsley，T. L. ，L. A. Winters，Relaxing the Restrictions on the Temporary Movement of Natural Persons：A Simulation Analysis，*Journal of Economic Integration*，2005，Vol. 20，No. 4.

［67］Weinstein A. ，Foreign Investment by Service Firms：The Case of the Multinational Advertising Agency，*Journal of International Business Studies*，1997，Vol. 8，No. 1.

［68］Aspray W. ，F. Mayadas，M. Y. Vardi，Globalization and Offshoring of Software，*Association for Computing Machinery Working Paper*，2006.

［69］Werner R. ，Knowledge-Intensive Business Services in the Oulu Region-Business Development and Geographical Linkage in Toivonen（ed. ），*Growth and Significance of Knowledge Intensive Business Services*，2001.